हिन्दी भाषा का स्वरूप

हिन्दी भाषा का स्वरूप

ध्वनि, लिपि, व्याकरण, रस, अलंकार, छंद, उक्तियाँ आदि सहित

लेखक

आर० एस० रमन

भारतीय कला प्रकाशन

दिल्ली (भारत)

प्रथम संस्करण : २००४

प्रकाशक : **सी०पी० गौतम**
भारतीय कला प्रकाशन
३४२१-ए, द्वितीय तल, नारंग कालोनी, त्रीनगर,
दिल्ली-११००३५ फोन : २७१५३०८३ (O), २७५२२१२९ (R)

ISBN : 81-8090-038-X

लेजर टाइप सेटिंग :
ए-वन ग्राफिक्स
एक्स-४, गली नं० २, ब्रह्मपुरी
दिल्ली-११००५३ फोन : २२१८३४७०

मुद्रक : सन्तोष ऑफसेट प्रेस
दिल्ली

HINDI BHASHA KA SWAROOP
BY
R.S. RAMAN

–समर्पण–

पूज्य दादी अम्मा स्व० दुर्गा देवी

को

जिन्होंने सदैव

अध्ययन के लिए

प्रेरित किया

मन की बात

ऐसा माना जाता है कि महाभारत में अर्जुन का मोह भंग करने तथा संसार की वास्तविकता का ज्ञान कराने के लिए श्रीकृष्ण ने अपना 'विराट् स्वरूप' दिखाया था। कैसा होगा वह विराट् स्वरूप यह तो अर्जुन ही जान सका होगा अथवा अन्य किसी ने देखा होगा तो वह जान पाया होगा।

श्रीकृष्ण के उस स्वरूप के बारे में तो कुछ कहना असम्भव है, परन्तु सांसारिक स्वरूप परिवर्तनशील है। संसार की ऐसी कोई भी जड़-चेतन वस्तु नहीं, जिसका स्वरूप परिवर्तित न होता हो। लेकिन श्रीकृष्ण के विराट् स्वरूप के समान एक गुण अवश्य है वह यह कि किसी भी वस्तु की थाह पाना असम्भव है।

ऐसा ही कुछ मैं इस पुस्तक 'हिन्दी भाषा का स्वरूप' के विषय में कहना चाहता हूँ। सत्य यह है कि हिन्दी भाषा का स्वरूप शब्दों में बाँधा नहीं जा सकता, उसके आदि-अंत का वैज्ञानिक विश्लेषण नहीं किया जा सकता। जब जड़-चेतन परिवर्तनशील हैं, तब भाषा और बोली का अस्तित्त्व ही क्या। पेड़ भी चरचराता और भरभराता है, पत्ते खड़बड़-खड़बड़ करते हैं, पानी कल-कल-कल बोलता है, पशुओं की अपनी-अपनी बोलियाँ हैं, चिड़ियों का अपना-अपना कलरव है, कीड़े-मकौड़ों की भनभन और झनझन है, साँय-साँय और सूँय-सूँय है। चौरासी लाख योनियों में भटकने वाले जीवों की कोई आवाज़ है, कोई स्वर है—यही सब बोली है। मनुष्य ऐसा प्राणी है जो दूध से दही बना लेता है, आग जलाकर रोटी-सब्ज़ी पका लेता है, गर्म पानी करके नहा लेता है और अपनी बोली को लिपिबद्ध कर भाषा बना लेता है। ऐसा कोई अन्य प्राणी नहीं कर सकता।

ऐसे ही मनुष्य द्वारा बना ली गई है हिन्दी भाषा जिसके स्वरूप को अनेक विद्वानों ने बाँधने, सजाने, संवारने और निखारने का कार्य किया है। वायु से ध्वनि, ध्वनि से स्वर, स्वर तथा शारीरिक अवयव के सहयोग से वर्ण, वर्णों के सहयोग से शब्द और वाक्य बनाये गये हैं। इस प्रकार बोली का जन्म हुआ। बोली को लिपिबद्ध कर भाषा बनाई गई और भाषा को व्याकरण से जकड़ दिया गया। उस जकड़ी भाषा को रस, अलंकार, छन्द आदि से सजाया–संवारा गया।

रागात्मक भाषा को गेयता अथवा धुन प्रदान कर पद्य तथा इनसे मुक्त भाषा को गद्य का रूप दे दिया गया। यह क्रम कब किसने आरम्भ किया होगा और कब तक ऐसा क्रम बना रहेगा–इस विषय में कुछ नहीं कहा जा सकता।

हिन्दी भाषा को आधुनिक स्वरूप प्रदान करने में अनन्य विद्वानों का प्रत्यक्ष–अप्रत्यक्ष सहयोग है। इनमें अनेक ऐसे भी होंगे जिनको मैं नहीं जानता हूँ। मैंने अनेक विद्वानों के अनेक ग्रन्थ, पुस्तकें, आलेख आदि पढ़े हैं और उन विद्वानों की धरोहर में से जो कुछ खोज पाया हूँ, उसी के सहारे यह पुस्तक लिख रहा हूँ।

हाँ, एक बात अवश्य स्पष्ट करना चाहूँगा कि मैं हिन्दी के श्रेष्ठतम् अनेक प्राचार्यों का प्रिय छात्र रहा हूँ, जिनमें डॉ० नगेन्द्र, डॉ० विजयेन्द्र स्नातक, डॉ० भोलानाथ तिवारी, डॉ० महीप सिंह, डॉ० रामदरश मिश्र, डॉ० सुरेश त्रिपाठी आदि के नाम उल्लेखनीय हैं। इन विद्वानों से मैंने हिन्दी भाषा और साहित्य का मरम जानने का प्रयास भी किया है।

इस पुस्तक में मैंने, हिन्दी को भाषा के रूप में क्यों और किस तरह स्वीकार किया गया, इसके स्वरूप को कौन सा आकार क्यों दिया गया–इस विषय पर लिखने का प्रयास किया है। अनेक स्थानों पर अपनी शंका के समाधान के लिए मैंने अपने विचार भी प्रयुक्त किए हैं, जिन पर पाठकों की अपनी अलग राय भी हो सकती है।

पुस्तक को छात्रों के लिए उपयोगी बनाने पर मैंने अधिक बल दिया है। अनेक विषय संक्षेप में समझाये गये हैं। भाषा भी आम बोलचाल की है जिसे आसानी से समझा जा सकता है। महत्त्वपूर्ण बात यह है कि अहिन्दी भाषी क्षेत्रों

के विद्यार्थी इस पुस्तक से 'हिन्दी भाषा' का अच्छा और कम समय में महत्त्वपूर्ण ज्ञान प्राप्त कर सकते हैं।

पुस्तक में व्याकरण और काव्य शास्त्र पर भी संक्षिप्त चर्चा की गई है। हिन्दी भाषा में कविता लिखने वाले कवि भी इस पुस्तक से लाभ उठा सकते हैं। पुस्तक में अनेक गलतियां भी होंगी। मैं चाहूँगा विद्वज्जन पत्र द्वारा सूचित करें ताकि अगले संस्करण में सुधार किया जा सके।

मैं उन सभी विद्वानों का हृदय से आभारी हूँ, जिनके रचित ग्रन्थों का अध्ययन कर मैंने इस पुस्तक को बाँधा है। मैं अपने गुरुजनों का भी आभारी हूँ जिनके चरणों में बैठकर मैंने कुछ सीखा है।

भारतीय कला प्रकाशन के संस्थापक श्री सी० पी० गौतम का भी मैं हृदय से आभारी हूँ, जिन्होंने यह पुस्तक तैयार करने के लिए मुझे बेहद उत्साहित किया।

जैसा भी लिख पाया हूँ, 'हिन्दी भाषा का स्वरूप' पुस्तक आपके हाथ में है। आपके लिए, विद्यार्थियों के लिए और अध्यापकों के लिए कितनी उपयोगी है-यह तो निर्णय स्वयं आप सब करेंगे।

जनवरी, सन् २००४
दिल्ली

–आर० एस० रमन
जैड-४२७ए
सैक्टर १२, नौएडा,
गौतमबुद्ध नगर (उ०प्र०)
दूरभाष: ९५१२०-२५३३४२३

अनुसूची

अध्याय-१

ध्वनि

भारतीय दर्शन के अनुसार ब्रह्माण्ड में सृष्टि से पूर्व शिव थे, सृष्टि में शिव व्याप्त हैं और सृष्टि के विनाश के बाद शिव ही शेष रह जाते हैं। ऐसा ही शब्द के विषय में कहा जाता है और शब्द को ब्रह्म माना गया है। आधुनिक वैज्ञानिकों के अनुसार हम सबके मुख से जो शब्द निकल जाते हैं, वे कभी मिटते नहीं हैं। ब्रह्माण्ड की धरोहर के रूप में एकत्र होते रहते हैं। वैज्ञानिक प्रयत्नशील हैं और वे महत्त्वपूर्ण व्यक्तियों की आवाजें ध्वन्यंकित (रिकार्ड) करना चाहते हैं।

शब्द 'अक्षरों' अथवा 'वर्णों' के योग से बनता है और अक्षर अथवा वर्ण की व्युत्पत्ति ध्वनि से होती है। ध्वनि का जन्म हवा से होता है जिसका विश्लेषण हम आगे करेंगे। ग्रीक भाषा का शब्द है-'फोन' जिसका हिन्दी में अर्थ है-'ध्वनि'। 'फोन' शब्द से अंग्रेजी भाषा में 'फोनोलोजी' और 'फोनेटिक्स' जैसे शब्दों का विकास हुआ। संस्कृत भाषा में 'भण' धातु विद्यमान है जिसका अर्थ है-'ध्वनि करना' अथवा 'कहना'।

ध्वनि से वर्ण की व्युत्पत्ति किस प्रकार हुई-इस दिशा में पाश्चात्य विद्वानों से भी अधिक महत्त्वपूर्ण कार्य हमारे देश के व्याकरणाचार्य महर्षि पाणिनि ने किया है जिनका समय ४५० ई० पू० से ४०० ई० पू० के मध्य माना जाता है। 'अष्टाध्यायी' उनका श्रेष्ठतम् व्याकरणिक ग्रन्थ माना जाता है, जिसमें उन्होंने लौकिक संस्कृत भाषा के साथ-साथ वैदिक संस्कृत भाषा के व्याकरण की भी संरचना की है। यह ग्रन्थ सूत्र पद्धति के आधार पर तैयार

किया गया है, जिसमें आठ अध्याय तथा तीन हज़ार नौ सौ सत्तानवे सूत्र उपलब्ध हैं। इस ग्रन्थ में पद विज्ञान, वाक्य विज्ञान, अर्थ विज्ञान तथा तुलनात्मक व्याकरण के अलावा ध्वनि विज्ञान का विशद वर्णन किया गया है। पाणिनि ने कहा है–

आत्मा बुद्धया समेत्यार्थान मनो युङक्ते विवक्षया
मनः कायाग्नि माहन्ति स प्रेरयति मारुतम
मारुत स्तूरसि चरनमन्द्रं जनयाति स्वरम
सो दीर्णो मूर्ध्नयामि हतो वक्त्रमापद्य मारुतः
वर्णान जनयते तेषां विभागः पंचधा स्मृतः

अर्थात् सबसे पहले आत्मा का बुद्धि के साथ सम्पर्क स्थापित होता है और वह अपना अभीष्ठ अर्थ व्यक्त करने की इच्छा से मन को प्रेरित करता है। यह प्रेरित वायु उर:स्थल अर्थात् फेफड़ों में घुमड़कर साधारण ध्वनि उत्पन्न करती है। यही वायु ऊपर उठ कर मूर्धा (मुख के ऊपरी हिस्से) में अवरुद्ध होकर मुख में पहुँचती है और पाँच प्रकार से विभक्त होकर ध्वनि उत्पन्न करती है।

व्याकरणाचार्य पाणिनि ने संस्कृत भाषा की पूरी वर्णमाला तैयार की है जिसमें स्वर, अंतस्थ, पंचम, चतुर्थ, तृतीय, द्वितिय और प्रथम स्पर्श वर्ण और ऊष्म ध्वनियों को क्रम दिया है। ध्वनि विज्ञान की कसौटी पर यह क्रम एक दम सही माना जाता है।

भर्तृहरि ने ध्वनि उत्पत्ति के विषय में इस प्रकार कहा है–

अथायमान्तरो ज्ञाता सूक्ष्मे वागात्मनि स्थितः
वक्तये स्वस्य रूपस्य शब्दत्वेन विवर्तते
स मनोभावमापद्य तेजसा पाकमागतः
वायुमाविशति प्राणमथासौ समुदीर्यते
विभजन स्वात्मनो ग्रन्थीन श्रुतिरूपैः पृथग्विधैः
प्राणो वर्णानभिव्यज्य वर्णोष्वे वोपलीयते।

अर्थात् जीवात्मा वाक् रूप (वाणी रूप) में विद्यमान है। वही अपना स्वरूप अभिव्यक्त करने के लिए शब्द रूप में परिवर्तित होता है और शारीरिक

ऊष्मा से युक्त होकर प्राण वायु में प्रवेश करता है। इसके बाद ऊपर उठता है। वह अपनी ग्रंथियों को विभक्त करके अलग-अलग ध्वनियों के रूप में परिवर्तित होता है। इस तरह प्राण वर्णों (अक्षरों) को व्यक्त करता है और उनमें लीन हो जाता है।

इस प्रकार स्पष्ट होता है कि ध्वनि आत्मा द्वारा चेतनशीलता, बुद्धि द्वारा ज्ञान का आभास, मन द्वारा प्रेरणा और वायु के संचरण द्वारा दिया गया एक निर्देश है जिससे वर्ण (अक्षर) का जन्म होता है।

विद्वानों ने वर्ण के दो रूप स्वीकार किए हैं। एक स्वर और दूसरा व्यंजन।

दो सौ ई० पू० के आसपास यूरोप में थोरेक्स ने स्वर तथा व्यंजन की परिभाषायें लिखी थीं–

स्वर–

स्वर वे ध्वनियां हैं जिनका उच्चारण बिना किसी अन्य ध्वनि की सहायता से किया जा सकता है।

व्यंजन–

व्यंजन वे ध्वनियां हैं जिनका उच्चारण स्वरों की सहायता के बिना नहीं किया जा सकता है।

लगभग उसी समय भारतीय महर्षि पतंजलि ने भी स्वर तथा व्यंजन की ऐसी ही परिभाषायें लिखी थीं। उन्होंने आचार्य पाणिनि के ग्रन्थ 'अष्टाध्यायी' तथा आचार्य कात्यायन के वार्तिकों का अध्ययन कर अष्टाध्यायी पर व्याख्या के रूप में महाभाष्य लिखा। इस महाभाष्य में व्याकरण बहुत ही सरल भाषा में समझाया गया है। इसके साथ ही इसमें ध्वनि विज्ञान, पद विज्ञान और अर्थ विज्ञान के गूढ़ सिद्धान्तों का विवेचन भी उपलब्ध है।

ध्वनि का स्वरूप

ध्वनि विज्ञान के माध्यम से किसी भी भाषा के अक्षरों की उत्पत्ति, सही उच्चारण करने की विधि तथा उनके बारे में पूरी जानकारी प्राप्त की जा सकती है। अक्षर ज्ञान तीन प्रकार से प्राप्त किया जा सकता है–

१. विश्लेषण :–

विश्लेषण के माध्यम से वाग्यंत्र की संरचना और कार्य का ज्ञान प्राप्त किया जा सकता है।

२. वर्णन :–

वर्णन के माध्यम से वास्तविक ध्वनि का, किसी भी स्थान पर किस तरह से उच्चारण किया जाय, यह जाना जा सकता है।

३. वर्गीकरण :–

वर्गीकरण के माध्यम से वास्तविक ध्वनि का मूल स्थान और सूक्ष्मता से विभाजन करने की जानकारी प्राप्त की जा सकती है।

ध्वनि दो वर्गों में विभक्त की जा सकती है–

१. सार्थक ध्वनि :–

मनुष्य का सम्बन्ध सार्थक ध्वनि से ही होता है। सार्थक ध्वनि में किसी भी भाषा अथवा बोली के स्पष्ट अक्षंरों और शब्दों की संरचना होती है।

२. निरर्थक ध्वनि :–

यह ऐसी ध्वनि होती है जिसे मनुष्य समझ नहीं सकता और ऐसी ध्वनि से किसी अक्षर अथवा शब्द की व्युत्पत्ति नहीं होती।

भाषा की संरचना

इस प्रकार ध्वनि से वर्ण और वर्णों से शब्द की संरचना होती है। शब्दों से वाक्य बनते हैं। वाक्य लिखे तथा पढ़े जाते हैं। यही भाषा का आधुनिक रूप है जिसे व्याकरण, रस, छंद, अलंकार आदि से सजा-संवार कर सुस्पष्ट, सुगठित एवं शुद्ध बनाया जाता है।

इसके अलावा भाषा के कुछ अन्य प्रारूप भी हैं–

१. पशु-पक्षी आदि की भाषा :–

महाकवि तुलसीदास ने कहा है-खग जाने खगई की भाषा अर्थात् पक्षी ही पक्षी की भाषा समझ सकता है। कुत्ते, बिल्ली, बंदर, गाय, भैंस, सारस,

मोर, सर्प आदि पशु-पक्षियों तथा कीड़ों-मकौड़ों की अपनी-अपनी भाषायें हैं। परन्तु इनको लिपिबद्ध नहीं किया जा सकता है। इसलिए इनको बोलियां कहा जाता है।

अण्डमान निकोबार द्वीप समूह के जारवा तथा अफ्रीका के पिगनी आदि ऐसे आदिवासी मनुष्य भी हैं जिनकी भाषाओं को अब तक लिपिबद्ध नहीं किया जा सका। इसलिए ये भी बोलियां ही हैं।

२. इंगित भाषा :-

इंगित भाषा में हाथ, पांव, आंख, सिर आदि शरीर के विभिन्न अवयव हिलाने अथवा चलाने से विभिन्न अर्थों की अभिव्यक्ति होती है। आंख और हाथ के इशारों से तो प्रत्येक मनुष्य भिज्ञ है।

३. सांकेतिक भाषा :-

सांकेतिक भाषा में नाविक, सैनिक, स्काउट आदि झण्डा अथवा पताका की सहायता से दूर अपने साथियों को संदेश पहुँचाते हैं। चौराहे पर लाल बत्ती जलने पर वाहन चालक अपने वाहन खड़े कर लेते हैं और हरी बत्ती जलने पर पुनः वाहन चलाना प्रारम्भ कर देते हैं।

अध्याय-२

भाषायी परिवार

विश्व में लगभग तीन हज़ार भाषायें बोली जाती हैं जिनके अनेक परिवार भाषाविदों ने निर्धारित किए हैं। कुछ विद्वान तेरह परिवार मानते हैं जिनमें द्रविड़, चीनी, सेमेटिक, हेमेटिक, आग्नेय यूराल, अल्टाइक, बाँटू, अमरीकी, काकेशस, सूडानी, बुशमेन, जापानी-कोरियायी और भारोपीय सम्मिलित हैं। कुछ विद्वान इन परिवारों के अलावा बुश्शस्की, अत्युत्तरी, बास्क, मलय पोलिनेशियायी, पापुई तथा आस्ट्रेलियन परिवार और मानते हैं। भाषा शास्त्री विल्हेगवान हम्बोल्ट इन परिवारों की संख्या तेरह ही मानते हैं, लेकिन भाषाविद् फ्रीडरिश मूलर सौ तक मानते हैं। भारतीय भाषा शास्त्री इनकी संख्या दस से अठारह तक मानते हैं।

संस्कृत, अवेस्ता, ग्रीक, लैटिन, अंग्रेजी आदि भाषाओं के प्राचीनतम स्वरूप के आधार पर भारोपीय भाषा का निर्धारण किया गया है। हिन्दी भी इसी परिवार की भाषा है। इसलिए यहाँ हम भारोपीय परिवार पर चर्चा करेंगे।

भारोपीय परिवार

भाषा विज्ञान के क्षेत्र में इस नाम की सबसे पहले चर्चा फ्रेंच भाषा शास्त्रियों ने की। भौगोलिक अध्ययन के अनुसार यह सिद्ध होता है कि भारोपीय परिवार भारत से लेकर पूरे यूरोप तक फैला है। लेकिन कुछ भाषाविद् इस नामकरण में भी कुछ विसंगतियां मानते हैं। उदाहरणार्थ इस परिवार की समस्त भाषायें समस्त भारत तथा समस्त यूरोप में नहीं बोली जाती हैं। भारत के दक्षिणी क्षेत्र में द्रविड़ परिवार की भाषायें बोली जाती हैं।

यूरोप के अनेक देशों तथा क्षेत्रों में काकेशी, बास्क, यूराल–अल्तायी परिवारों की भाषायें बोली जाती हैं। ये परिवार भारोपीय परिवार से एकदम अलग हैं। इसके अलावा अमेरिका, आस्ट्रेलिया, दक्षिण अफ्रीका आदि देशों में भी अंग्रेज़ी, फ्रैंच आदि भाषायें बोली जाती हैं। इस प्रकार अनेक प्रकार के दोष तथा मतभेद होने के बावजूद अधिकांश भाषा शास्त्रियों ने एकमत होकर इस भाषा परिवार को भारोपीय परिवार नाम दे दिया है। भारोपीय परिवार में संस्कृत, फारसी, ग्रीक, लैटिन, जर्मन, फ्रैंच, बलूची आदि भाषायें सम्मिलित हैं तथा इनके तमाम शब्दों में समानता दिखाई देती है। एक उदाहरण प्रस्तुत है–

संस्कृत	**अंग्रेजी**	**फारसी**	**ग्रीक**	**लैटिन**	**जर्मन**	**बलूची**	**हिन्दी**
पितृ	फादर	फिदर	पैटर	पैतर	वैतर	पित/पिस	पिता
भ्रात्र	ब्रॉदर	बिरादर	फ्रैटर	फ्रैतर	ब्रूतर	ब्रात/बास	भाई
मातृ	मदर	मादर	मैटर	मैतर	म्यूतर	मात/मास	माता
सप्त	सेवेन	हफ्त	हेप्टा	सेप्टेम	सियेबेन	हप्तग/हफ्तग	सात

भारोपीय भाषाओं का जन्म कब, किस देश या किस स्थान पर हुआ यह बता पाना अत्यधिक कठिन है। भाषायी अध्ययन करने के बाद भाषा शास्त्रियों ने एक निष्कर्ष निकाला है वह यह कि भारोपीय परिवार की भाषायें बोलने वाले लोग कभी न कभी एक स्थान पर अवश्य निवास करते रहे होंगे। कालान्तर में किसी दैवीय प्रकोप अथवा जीवन–यापन के उद्देश्य से ये लोग एक स्थान से दूसरे स्थान पर चले गये होंगे। इस कारण इनके जीवन में अनेक बदलाव आये होंगे जिनमें भाषा भी एक है। अन्य भाषा–भाषी लोगों के सम्पर्क में आने से इन लोगों की मूल भाषा में अन्य भाषाओं के शब्दों का मिश्रण हुआ होगा। लेकिन अनेक शब्द, उनका उच्चारण और अर्थ अब तक एक से विद्यमान हैं। इसका एक उदाहरण ऊपर दिया भी गया है।

भारोपीय भाषा परिवार में सबसे प्राचीन भाषा संस्कृत मानी जाती है जिससे अन्य अनेक भाषाओं की संरचना हुई।

भारोपीय परिवार के अन्य नाम

भारोपीय परिवार कई अन्य नामों से भी जाना जाता है।

१. भारत-जर्मनी अथवा इंडो-जर्मनी परिवार :-

भाषा विदों के अनुसार भाषा विज्ञान के क्षेत्र में सबसे पहले जर्मन भाषा शास्त्रियों ने महत्त्वपूर्ण कार्य किए तथा वे अब तक इस भाषा परिवार को भारोपीय परिवार के नाम से ही पुकारते हैं। परन्तु पश्चिमी जर्मनी में कैल्टिक परिवार और दक्षिणी जर्मनी में इटालिक परिवार इसमें सम्मिलित नहीं हैं। इटालिक परिवार में फ्रैंच, इटालियन, स्पेनिश, पुर्तगाली आदि भाषायें बोली जाती हैं। अंग्रेज भाषा शास्त्री इस परिवार को अलग मानते हैं। इसलिए उन्हें यह नाम स्वीकार नहीं है।

२. आर्य परिवार :-

आर्य मूलतः किस स्थान के रहने वाले थे-यह सदैव विवाद का विषय रहा है। लेकिन कुछ इतिहासकार उनको यूरोप के किसी न किसी क्षेत्र का और कुछ मूलरूप से भारत का ही निवासी मानते हैं। लेकिन अधिकतर भाषा शास्त्री यह अवश्य मानते हैं कि इस परिवार की भाषा बोलने वाले मूलतः आर्य ही हैं। इसलिए भाषाविदों ने इसको आर्य परिवार नाम दिया। लेकिन बाद में इस नाम को इसलिए मान्यता नहीं मिल सकी क्योंकि यह भाषा बोलने वाले सभी लोग आर्य नहीं थे। इसके अलावा कुछ भाषा शास्त्री भारत-ईरानी परिवार को भी आर्य परिवार कहते हैं।

३. भारत-हित्ती परिवार :-

१८९३ ई० में खुदाई के दौरान बोगा-जकोई पर ह्यूगो विंकलर को कीलाक्षर अभिलेख प्राप्त हुए जिनके अध्ययन के आधार पर हित्ती अथवा हिट्टाइट भाषा की जानकारी मिली। प्रो० स्टुर्टवेंट ने अध्ययन के बाद सिद्ध किया कि यह भाषाा भारोपीय परिवार की बेटी न होकर बहिन है। इस आधार पर इस परिवार को भारत-हित्ती परिवार नाम दे दिया गया।

अध्याय-३

द्रविड़ परिवार एवं अन्य भारतीय भाषायें

भारत में द्रविड़ परिवार की भाषायें भी बोली जाती हैं जिनमें तमिल, तेलुगु, कन्नड़, मलयालम, गोंडी, कुरुख अथवा ओराउं आदि सम्मिलित हैं। इनके अलावा बलूचिस्तान में बोली जाने वाली बाहुई भाषा भी है जो द्रविड़ परिवार की ही मानी जाती है। यहाँ हम द्रविड़ परिवार की उन भाषाओं पर संक्षिप्त चर्चा करेंगे जो सिर्फ भारत में बोली जाती हैं।

१. तमिल :-

यह भाषा तमिलनाडु के अलावा श्री लंका में भी बोली जाती है। यह भाषा समृद्ध है तथा इसमें श्रेष्ठतम् साहित्य भी उपलब्ध है। इसका साहित्य विद्वानों के अनुसार ईसा की दूसरी तथा तीसरी सदी में उपलब्ध था। पत्तु पाट्टु नामक ग्रंथ उसी समय का माना जाता है जिसमें दस दीर्घ प्रबंधात्मक कवितायें या गीत संग्रहीत हैं। पत्तु का अर्थ है-दस और पाट्टु का अर्थ है-गीत।

इसके अलावा तमिल साहित्य में एलत्तुधिकारम (ध्वनि नियमों का विश्लेषण), सोल्लधिकारम (शब्द एवं वाक्य रचना विचार) अलंकार, छन्द आदि का विस्तृत वर्णन उपलब्ध है।

२. तेलुगु :-

यह भाषा मूलतः आंध्र प्रदेश में बोली जाती है। भाषा शास्त्रियों के अनुसार इस भाषा का साहित्य ग्यारहवीं सदी में उपलब्ध था। इस भाषा में संस्कृत भाषा के शब्द बहुतायत रूप में हैं।

३. कन्नड़ :-

कन्नड़ भाषा मूलतः मैसूर में बोली जाती है। इस भाषा की लिपि

तमिल तथा तेलुगु भाषा से मिलती-जुलती है। इस भाषा में साहित्य तो है, परन्तु प्रचुर मात्रा में नहीं है।

४. मलयालम :-

मलयालम भाषा मूलतः केरल क्षेत्र की भाषा है। इस भाषा में साहित्य तेरहवीं सदी में उपलब्ध था। संस्कृत भाषा के शब्द इस भाषा में भी प्रचुर मात्रा में उपलब्ध हैं।

कश्मीरी भाषा

भारत के कश्मीर क्षेत्र में बोली जाने वाली भाषा कश्मीरी कहलाती है। यद्यपि इस क्षेत्र में कहीं-कहीं डोगरी भाषा भी प्रचलित है, परन्तु कश्मीरी का बाहुल्य है। कुछ भाषा शास्त्री कश्मीरी भाषा का विकास पैशाची अप्रभंश से मानते हैं और कुछ भाषा शास्त्री इसे भारतीय भाषा ही मानते हैं। कुछ भी हो इस भाषा पर संस्कृत भाषा का प्रभाव पूरी तरह से है इसलिए यह भी भारतीय भाषाओं का ही एक अंग है।

अन्य भारतीय भाषायें

अनेक भाषा शास्त्रियों का मत है कि संस्कृत भाषा विश्व की समस्त भाषाओं से प्राचीनतम् है। संस्कृत भाषा के दो रूप बताये गये हैं।

१. वैदिक संस्कृत :-

वैदिक संस्कृत भाषा को वैदिकी, छन्दस, छान्दस आदि नामों से भी जाना जाता है। इस भाषा का प्रारूप वैदिक संहिताओं, ब्राह्मण ग्रंथों, आरण्यकों के अलावा उपनिषदों में भी मिलता है। इस भाषा का काल १५०० ई० पू० से ५०० ई० पू० तक माना जाता है। उस समय का अधिकांश साहित्य छन्द बद्ध है फिर भी यजुर्वेद तथा अथर्ववेद में गद्यांश भी है। ब्राह्मण ग्रंथ गद्य में हैं।

२. लौकिक संस्कृत :-

लौकिक संस्कृत में सबसे प्राचीन ग्रन्थ रामायण है जिसके रचनाकार महर्षि वाल्मीकि हैं। इस ग्रन्थ का रचना काल ५०० ई० पू० माना जाता है। भाषा शास्त्रियों के अनुसार यास्क, कात्यायन, पतंजलि आदि के लेखन से सिद्ध होता है कि ई० पू० तक लौकिक संस्कृत लोक भाषा थी।

३. प्राकृत भाषा :–

भाषा शास्त्रियों के अनुसार प्राकृत भाषा का समय ५०० ई० पू० से लेकर १००० ई० पू० तक माना जाता है। इस भाषा की उत्पत्ति के विषय में भाषा शास्त्रियों के अलग-अलग मत हैं। कुछ विद्वान इसकी उत्पत्ति प्राक्+कृत से मानते हैं। जिसका अर्थ है-पहले की बनी हुई अर्थात् संस्कृत भाषा से पहले प्राकृत भाषा थी जिसे विद्वानों ने संस्कारित किया और संस्कृत भाषा की संरचना की। भाषा शास्त्री ग्रियर्सन ने इसको प्राइमरी प्राकृत नाम दिया है।

भाषा शास्त्री हेम चन्द्र के अनुसार प्रकृति संस्कृतम् तत्रभवं तदागतं वा प्राकृतम-अर्थात् प्रकृति अथवा मूल संस्कृत है और संस्कृत से जो आई है वह प्राकृत है। परन्तु अब अधिकांश भाषा शास्त्री इसकी व्युत्पत्ति संस्कृत भाषा से ही मानते हैं। इस भाषा में 'रासो' अथवा 'रासउ' परम्परा में काव्य की महत्त्वपूर्ण रचना हुई है। चंद बरदायी कृत 'पृथ्वीराज रासो या रासउ' प्राकृत भाषा का महत्त्वपूर्ण काव्य ग्रन्थ है।

इस काव्य ग्रन्थ की भाषा में तंत्सम, तद्‌भव और देशी शब्दों के अलावा अरबी-फारसी के शब्द भी मिलते हैं।

हम जंगलि वास कालिंद कूल।
जानहिं न राय जयचंद मूल॥
जानहिं त देसु जोगिनु पुरेसु।
जरासिंध वंसि पुहुमी नरेसु॥

इसका आधुनिक हिन्दी भाषा से साम्य देखिए–

जंगलि-जंगल (वन), वास-निवास, जानहिंन-जानते नहीं, मूल-प्रमुख, त-तो, देसु-देश, जोगिनपुरेसु (दिल्ली नगर का एक प्राचीन नाम योगिनीपुर अथवा जोगिनपुर)-योगिनी पुर, नरेसु-राजा, वंसि-वंश, पुहुमी-पृथ्वी।

एक अन्य उदाहरण और देखें–

अरधंग धरा अरधंग हम अरधंगी अरधंग करि।
जस हंस-हंस तह हंसनि सर सुक्कई पंकजनि परि॥

पृथ्वीराज से संयोगिता कहती है-धरा (पृथ्वी) तुम्हारी अर्धांगिनी (पत्नी)

है तो मैं तुम्हारी अर्धांगिनी हूँ। मुझ अर्धांगिनी को तुम अर्धांग करो। जिस प्रकार हंस, हंस होता है उसी प्रकार हंसिनी भी (हंसिनी) होती है। ताल सूखता है तो पंकज भी शेष नहीं रहता अर्थात् दोनों उम्रभर साथ रहते हैं।

४. पालिभाषा :–

पालि भाषा की व्युत्पत्ति कब और किस स्थान पर हुई इस बारे में भाषा शास्त्रियों के अलग–अलग मत हैं। पालि भाषा में लिखित पहला ग्रन्थ –दीप बंस' चौथी सदी का माना जाता है। इसी सदी में कहते हैं इस शब्द का प्रयोग रचनाकार अश्वघोष ने 'बुद्ध वचन' अथवा मूल त्रिपिटिक के लिए किया जो बौद्ध धर्म का महत्त्वपूर्ण ग्रन्थ है।

जर्मन भाषा शास्त्री डॉ० मैक्सवैलेसन ने पालि भाषा की उत्पत्ति पाटलि (पाटलिपुत्र) से मानी है। उनके अनुसार पाटलि से पाडलि फिर पाडलि से पालि शब्द बना। बहरहाल पालि भाषा में अब तक बौद्ध धर्म सम्बन्धी साहित्य उपलब्ध है।

५. शौरसेनी :–

शौरसेनी भाषा भी प्राकृत भाषा का ही प्रारूप है। यह भाषा मथुरा तथा शूरसेन के आसपास बोली जाती थी। संस्कृत नाटकों की भाषा शौरसेनी ही है। इस भाषा का प्राचीनतम् रूप अश्वघोष के नाटकों में मिलता है।

६. पैशाची :–

पैशाची भाषा पश्चिमोत्तर भारत के अतिरिक्त अफ़ग़ानिस्तान में भी बोली जाती थी। इस भाषा को पैशाची के अलावा पैशाचिकी, भूतभाषा, प्रेतभाषा आदि नामों से भी जाना जाता है। पिशाच जाति के लोग कश्मीर के इर्द–गिर्द निवास करते थे। इसका वर्णन महाभारत ग्रन्थ में उपलब्ध है। संभवतः जातिगत आधार पर पिशाचों की भाषा को पैशाची नाम दिया गया है। गुणाढ्य की प्रसिद्ध रचना बृहत्कथा इसी भाषा में उपलब्ध है।

७. महाराष्ट्री :–

इस भाषा के बोलने का प्रमुख स्थान महाराष्ट्र है। इस भाषा में श्रेष्ठतम् साहित्य उपलब्ध है। गाहा सतसई, रावणवहो और वज्जालग्ग जैसी अमर कृतियाँ इसी भाषा में उपलब्ध हैं।

८. डोगरी भाषा :–

यह भाषा जम्मू-कश्मीर के जम्मू सूबे में मुख्य रूप से बोली जाती है। इसके अलावा हिमालच प्रदेश के शिमला, चम्बा, कांगड़ा तथा पंजाब के गुरदासपुर, होशियारपुर आदि क्षेत्रों में भी इसके बोलने वाले हैं। पाकिस्तान के कोटिली, मीरपुर, पिंबर आदि क्षेत्रों में भी डोगरी बोलने वाले लोग हैं।

इसका विकास पंद्रहवीं सदी से टाकरी लिपि से माना जाता है। इसमें संस्कृत, फारसी आदि भाषाओं के शब्द बहुतायत रूप में विद्यमान हैं। इस भाषा के मूल कवि देविदित्ता विख्यात हैं जिन्होंने अधिकांशतः लोकगीतों की रचना की है।

१९४०-४२ में डोगरी भाषा-भाषियों ने डोगरी भाषा को समृद्ध बनाने का कार्य आरंम्भ किया। इस भाषा को अन्य भारतीय भाषाओं की तरह मान्यता मिली। इसकी ओलम देवनागरी भाषा की तरह ही है और अब इसको देवनागरी में ही लिखा जाने लगा है। लेकिन बोलने का ढंग प्राचीनकालीन डोगरी के समान ही है। जैसे-तुन्दा नां केहुएँ अर्थात् तुम्हारा नाम क्या है। आदि

९. मागधी :–

भाषाविदों के अनुसार मगध क्षेत्र में बोली जाने के कारण यह भाषा मागधी कही जाने लगी। आचार्य भरत मुनि के अनुसार महलों के नौकर-चाकर, अस्तबल के सईस आदि यह भाषा बोलते थे। इस भाषा का प्राचीनतम् रूप अश्वघोष के नाटकों में देखने को मिलता है। इस भाषा में स्वतंत्र साहित्य बहुत कम उपलब्ध है। मगध से पालि भाषा श्रीलंका पहुंची थी। इसलिए श्रीलंका निवासी पालि भाषा को ही मागधी भाषा कहते अथवा समझते हैं। विद्वानों के अनुसार मैथिली, भोजपुरी, उड़िया, बंगला और असमी भाषाओं अथवा बोलियों का विकास मागधी भाषा से ही हुआ है।

१०. अर्ध मागधी :–

भाषाविदों के अनुसार यह भाषा शौरसेनी तथा मागधी के बीच की है। दूसरे शब्दों में यह मागधी का विकृत रूप भी कही जा सकती है। इस भाषा में शौरसेनी तथा मागधी दोनों के शब्द, गुण, भाव आदि विद्यमान हैं, परन्तु

मागधी का बाहुल्य है जिस कारण इसे अर्धमागधी नाम दिया गया है। भगवान महावीर जैन के उपदेश इसी भाषा में उपलब्ध हैं। प्राचीन जैन साहित्य भी इसी भाषा में उपलब्ध है। अश्वघोष के साहित्य में इस भाषा का प्राचीनतम् रूप उपलब्ध है।

आधुनिक भारतीय भाषायें

कोई भी भाषा जन्मते ही साहित्यिक भाषा नहीं बन जाती है। सबसे पहले भाषा बोलचाल में प्रयुक्त होती है। तत्पश्चात् उसका क्रमिक विकास होता है। फिर धीरे-धीरे साहित्यिक रूप प्राप्त करने में उसे सौ दो सौ वर्ष लग जाते हैं। भाषा शास्त्रियों के अनुसार इन भाषाओं की उत्पत्ति एक हज़ार ई० के आसपास हुई है, परन्तु इनमें साहित्यिक रचनाओं का सूत्रपात ११ सौ ई० तथा उसके बाद हुआ है।

१. सिंधी :-

सिंधी भाषा मूलतः सिंध क्षेत्र की भाषा है। भारत-पाक बंटवारे के बाद इसके बोलने वाले पंजाब, दिल्ली, मुम्बई, अहमदाबाद आदि स्थानों पर बस गये। इस भाषा की पाँच प्रमुख बोलियां हैं-बिचौली, सिरैकी, लाड़ी, थरैली और कच्छी। इसकी लिपि लंडा है तथापि अरबी और गुरुमुखी में लिखी जाती है। नई पीढ़ी के सिंधी भाषा-भाषी अधिकांशतः युवा-युवतियाँ सिंधी भाषा का लिखना-पढ़ना देवनागरी लिपि में ही करते हैं।

२. पंजाबी :-

पंजाबी शब्द पंजाब से बना है और पंजाब मूलतः फारसी भाषा का शब्द है जिसका अर्थ है पंज+आब अर्थात् पाँच पानी (पाँच नदियों) वाला देश। झेलम, सतलुज, रावी, चिनाव और व्यास, ये पंजाब की पाँच नदियाँ हैं। इसलिए पंजाब में बोली जाने वाली भाषा पंजाबी कहलाती है। इसकी लिपि गुरुमुखी है। कुछ लोग पंजाबी भाषा को गुरुमुखी भी कहते हैं। यह इसलिए क्योंकि गुरु नानक देव ने अपने उपदेश इसी भाषा में दिए हैं। पंजाबी भाषा में संस्कृत तथा प्राकृत भाषाओं के शब्द बहुतायत में विद्यमान हैं। इस समय इस भाषा में अच्छा साहित्य खूब लिखा जा रहा है।

३. पहाड़ी :–

पहाड़ी भाषा का विकास खस अपभ्रंश से माना जाता है। कुछ भाषाविद् इसका विकास शौरसेनी से भी मानते हैं। इस भाषा की लिपि नागरी है। इसको पश्चिमी, मध्य तथा पूर्वी-तीन भागों में विभक्त किया जा सकता है। पूर्वी पहाड़ी में शिरमौरी, चंबाली, कुलूई, क्यंथली आदि प्रमुख बोलियां हैं। मध्य पहाड़ी में गढ़वाल में बोली जाने वाली गढ़वाली और कुमाऊँ में बोली जाने वाली कुमाऊँनी भाषायें हैं। पूर्वी पहाड़ी नेपाल में बोली जाती है। अतः इसे नेपाली कहा जाता है।

४. बंगाली :–

यह पूर्वी तथा पश्चिमी बंगाल की भाषा है। पाकिस्तान-बांग्लादेश विभाजन के बाद बांग्लादेश की भाषा भी बंगाली ही है। बंगाली भाषा में साहित्य श्रेष्ठतम् उपलब्ध है। बंगाली भाषा का विकास मागधी अपभ्रंश से माना जाता है। इसमें संस्कृत भाषा के शब्द प्रचुर मात्रा में विद्यमान हैं।

५. असमी :–

यह असम प्रान्त की भाषा है तथा इसे असमिया, असामी, आसामी आदि नामों से भी जाना जाता है। असमी भाषा पर तिब्बती, बर्मी तथा नागा भाषाओं का प्रभाव है। इस भाषा की लिपि बंगाली भाषा की लिपि से मिलती-जुलती है।

६. उड़िया :–

भाषा शास्त्रियों के अनुसार इस भाषा के बोलने वाले लोग ओड़ जाति के थे जिस कारण इसका नाम उड़िया पड़ गया। इस भाषा पर बंगाली तथा तेलुगु भाषाओं का पूरी तरह प्रभाव है और इसमें संस्कृत भाषा के शब्द भी प्रचुर मात्रा में पाये जाते हैं।

७. लहंदा :–

इस भाषा की व्युत्पत्ति पैशाची अपभ्रंश भाषा से मानी जाती है। पंजाब के पश्चिमी तथा पश्चिमोत्तर में पूर्वी क्षेत्र के लोग लहंदा भाषा ही इस्तेमाल करते हैं। इसको जटकी, मुलतानी, उच्ची आदि नामों से भी जाना जाता है। लहंदा भाषा की लिपि उर्दू-गुरुमुखी है।

८. गुजराती :–

गुजराती भाषा का सम्बन्ध गुर्जर जाति से माना जाता है। इस भाषा पर राजस्थानी भाषा का प्रभाव है तथा मूलत: गुजरात प्रान्त में बोली जाती है। गुजराती भाषा की अपनी लिपि है जिसका विकास भाषा शास्त्रियों के अनुसार देवनागरी लिपि से हुआ है।

९. मराठी :–

भाषा शास्त्रियों के अनुसार मराठी भाषा की व्युत्पत्ति महाराष्ट्रीय भाषा से हुई है। यह भाषा महाराष्ट्र क्षेत्र में बोली जाती है। इसके चार रूप विद्यमान हैं। (क) **नागपुरी :–** यह नागपुर तथा इसके इर्द-गिर्द बोली जाती है। (ख) **कोंकणी :–** यह महाराष्ट्र के समुद्री क्षेत्र में रहने वाले लोग बोलते हैं। (ग) **देसी :–** महाराष्ट्र के दक्षिणी क्षेत्र में बोली जाती है। (घ) **बरारी :–** बरार क्षेत्र के लोग बोलते हैं। मराठी भाषा में उच्चकोटि का साहित्य उपलब्ध है।

१०. बृजभाषा :–

गंगा-यमुना का दो आब (दो पानी अर्थात् दो नदियां गंगा तथा यमुना) क्षेत्र आर्यों का पवित्रतम् क्षेत्र माना जाता है क्योंकि यहाँ उन्होंने बेहद यज्ञ किए हैं। इस कारण इस क्षेत्र को अंतर्वेद तथा यहाँ बोली जाने वाली बृज भाषा को अंतर्वेदी भी कहते हैं। परन्तु समस्त क्षेत्र में बृजभाषा नहीं बोली जाती। बृज भाषा बृज क्षेत्र की ही भाषा कही जाती है और बृज क्षेत्र के बारे में एक दोहा प्रचलित है–

इत बरहद उत सोन हद उत सूरसेन को गाँव।
ब्रिज चौरासी कोस में मथुरा मण्डल माँह॥

बृज भाषा तथा बृज प्रदेश का केन्द्र मथुरा है। बृजभाषा उत्तर प्रदेश में मथुरा के अलावा आगरा, अलीगढ़, फीरोज़ाबाद तथा (कुछ क्षेत्र) मैनपुरी, एटा, इटावा के अलावा राजस्थान के भरतपुर, धौलपुर क्षेत्रों में बोली जाती है। बृजभाषा को बृज क्षेत्र के अनेक राजा-महाराजाओं ने राजभाषा के रूप में प्रश्रय भी प्रदान किया है। बृज भाषा में उच्चकोटि का साहित्य प्रचुर मात्रा में उपलब्ध है। इसके साथ ही उच्चकोटि के साहित्यकार भी विश्व विख्यात हैं। बृजभाषा के महाकवि सूरदास के विषय में कहा गया है–

सूर-सूर तुलसी ससी उडगन केशवदास।
अब के कवि खद्योत सम जहँ-तहँ करत प्रकास॥

११. बाँगरू :-

बाँगरू भाषा का नाम बाँगर क्षेत्र के नाम पर पड़ा प्रतीत होता है। ऐसी शुष्क एवं ऊँची धरती को बाँगर कहते हैं, जहाँ बाढ़ का पानी नहीं पहुँच सकता। बाँगर क्षेत्र को पूरब में ऊँचे दोआब से यमुना नदी अलग करती है। उत्तर में अम्बाला, दक्षिण में गुड़गांव तथा हिसार और पश्चिम में पटियाला है। इस प्रकार यह भाषा दिल्ली, रोहतक, हिसार, करनाल, जींद, पटियाला, नाभा आदि क्षेत्रों में बोली जाती है। इस भाषा को हरियाणवी, हरियानी, जाटू आदि नामों से भी जाना जाता है। कुछ लोग इस भाषा को तू-तड़ाक की भाषा भी कहते हैं। जैसे एक पत्नी अपने पति से इस भाषा में इस प्रकार पूछती है-तू कित ग्या था अर्थात् तू कहाँ गया था। आदि।

१२. राजस्थानी :-

राजस्थानी भाषा में चार बोलियाँ मारबाड़ी, जयपुरी, मेवाती और मालवी शामिल हैं। इस भाषा की लिपि नागरी और महाजनी है। राजस्थानी भाषा सम्पूर्ण राजस्थान में बोली जाती है। इस भाषा में पिंगल की तर्ज पर डिंगल काव्य की रचना की गई है। जोधपुर, उदयपुर, बीकानेर, जैसलमेर आदि क्षेत्रों में मारबाड़ी जयपुर, बूंदी, कोटा आदि क्षेत्रों में जयपुरी मध्य प्रदेश के इंदौर क्षेत्र में मालवी और अलवर (राजस्थान) तथा हरियाणा के गुरुग्राम (गुड़गाँव) जनपद के कुछ क्षेत्रों में मेवाती बोली जाती है। राजस्थानी भाषा में ढोला-मरवड़ जैसे पात्रों पर रचा गया प्रेम काव्य उच्चतम् साहित्य श्रेणी में माना जाता है।

१३. भोजपुरी :-

भोजपुर नामक एक गांव था और इस गांव तथा इसके आसपास बोली जाने वाली भाषा भोजपुरी कहलाती है। धीरे-धीरे भोजपुर एक बड़ा नगर हो गया और इस बोली का भी विस्तार होता गया। भोजपुरी भाषा उत्तर प्रदेश के जौनपुर, गाजीपुर, बलिया, वाराणसी, मिर्जापुर, गोरखपुर, देवरिया, बस्ती, आज़मगढ़ तथा बिहार के रांची, चम्पारन, सारन आदि क्षेत्रों में बोली जाती है। भोजपुरी लोकगीत बेहद मशहूर हैं।

१४. कनौजी :–

कनौजी भाषा को कन्नौजी, कनोजी, कनउजिया नाम से भी जाना जाता है। इस भाषा की व्युत्पत्ति स्थान के नाम पर है। उत्तर प्रदेश के फर्रुखाबाद जनपद में एक नगर का नाम कन्नौज है। कन्नौज का इत्र सारे विश्व में विख्यात है। कनौजी भाषा बोलने वाले लोग कनौजी भी कहलाते हैं। उत्तर प्रदेश के फर्रुखाबाद, इटावा, हरदोई, शाहजहाँपुर, पीलीभीत के अलावा मैनपुरी, एटा, बदायूं, बरेली, नैनीताल, सीतापुर, कानपुर आदि के कुछ क्षेत्रों में भी यह भाषा बोली जाती है। इस भाषा में उच्चकोटि का लोक साहित्य प्रचुर मात्रा में उपलब्ध है।

१५. बुंदेली :–

बुंदेलखण्ड में बोली जाने वाली भाषा बुंदेली अथवा बुंदेलखण्डी कहलाती है। बुंदेली भाषा झाँसी, जालौन, हमीरपुर, ग्वालियर, भोपाल, ओरछा, सागर, नरसिंहपुर, सिवनी, होशंगाबाद आदि क्षेत्रों में बोली जाती है। कुछ विद्वानों के अनुसार पंवारी, लोधान्ती अथवा राठौरी और खटोला बोलियाँ बुंदेली की ही उपबोलियाँ हैं। किसी न किसी रूप में बुंदेली भाषा पर बृज भाषा की छाप अवश्य परिलक्षित होती है।

१६. मैथिली :–

मैथिली भाषा दरभंगा, सहरसा, पूर्णिया और मुज़फ्फरपुर क्षेत्र में बोली जाती है। मैथिली लोक गीत खूब लोक प्रिय हैं। इस भाषा में लिखने वालों में विद्यापति जैसे महान् कवि हुए हैं।

१७. मगही :–

मगही भाषा में साहित्य उपलब्ध नहीं है, कुछ लोक गीत लिखे मिलते हैं। पटना, गया, भागलपुर, हजारीबाग आदि क्षेत्रों में मगही बोली जाती है।

१८. अवधी :–

अवधी भाषा में महाकवि तुलसीदास ने अमर महाकाव्य ग्रन्थ रामचरितमानस की रचना कर इस भाषा को घर–घर में पहुंचा दिया है। विश्व के अनेक देशों में भी रामचरितमानस का पाठ करने वाले लोग विद्यमान हैं। अयोध्या शब्द से अवध शब्द विकसित हुआ प्रतीत होता है और अवध क्षेत्र

में बोली जाने वाली भाषा अवधी कहलाती है। उत्तर प्रदेश के लखनऊ, इलाहाबाद, प्रतापगढ़, सुल्तानपुर, फैज़ाबाद, रायबरेली, सीतापुर आदि क्षेत्रों में अवधी भाषा बोली जाती है।

१९. बघेली :–

मध्य प्रदेश के रीवां तथा उसके आसपास का कुछ क्षेत्र बघेल खण्ड कहलाता है क्योंकि यहाँ बघेल राजपूत रहते हैं। इस क्षेत्र में जो भाषा बोली जाती है उसे बघेली कहते हैं। इस भाषा में सिर्फ कुछ लोक साहित्य ही उपलब्ध है।

२०. छत्तीसगढ़ी :–

छत्तीसगढ़ी भाषा मध्य प्रदेश के रायुपर, विलासपुर आदि क्षेत्रों में बोली जाती है। इस भाषा में कुछ लोक गीतों के अलावा किस्से-कहानियाँ आदि उपलब्ध हैं।

२१. हरियाणवी :–

हरियाणा प्रान्त के नाम पर इस भाषा का नामकरण हरियाणवी कर दिया गया है। यद्यपि हरियाणा के कुछ क्षेत्रों में पंजाबी, बृज, राजस्थानी आदि भाषायें भी बोली जाती हैं फिर भी हरियाणवी भाषा का अपना अलग अस्तित्व है। भाषा शास्त्री इसको खड़ी बोली, अहीरवाटी, मारबाड़ी, पंजाबी, बृज आदि भाषाओं से मिश्रित खड़ी बोली का प्रारूप मानते हैं। हरियाणवी रागनी लोग बड़े चाव से गाते और सुनते हैं। आधुनिक युग में हरियाणवी भाषा के पंडित लखमीचंद लोक प्रिय कवि-गायक हुए हैं। हरियाणवी भाषा में स्वांग अथवा सांग बहुत ही लोकप्रिय विधा उपलब्ध है।

उर्दू भाषा

हमारे देश में उर्दू तथा हिन्दी भाषाओं को सहोदर बहनें, गंगा-जमुना, हिन्दवी आदि के रूप में भी जाना जाता है। प्रसिद्ध लेखक इंशाअल्ला खां ने 'दरियाये लताफत' में लिखा है-यहाँ के खुशबयानों ने मुत्तफिक होकर मुतद्दित ज़बानों से अच्छे-अच्छे लफ़्ज़ निकाले और बाज़ी इबारतों और अल्फाज़ में तसर्रुफ़ करके और ज़बानों से अलग एक नई ज़बान पैदा की जिसका नाम उर्दू

रखा। अर्थात् प्रचलित भाषाओं में से कुछ शब्द हटा कर और उनकी जगह कुछ शब्द रखकर यानि शब्दों का हेरफेर करके उर्दू भाषा बना ली गई।

मशहूर शायर मसहफ़ी का एक शेर है–

खुदा रक्खे ज़बां हमने सुनी है मीर-ओ-मिरज़ा की
कहें किस मुँह से हम ए मसहफ़ी उर्दू हमारी है।।

मसहफ़ी की मृत्यु १८२४ ई० में हुई थी।

उपर्युक्त तथ्यों से ज्ञात होता है कि उर्दू भाषा बहुत पुरानी नहीं है और कुछ भाषाई शब्दों का मिश्रण है।

उर्दू भाषा किस तरह बनी, कब बनी, किसने बनाई–इन प्रश्नों का उत्तर खोज पाना आसान नहीं है। अधिकांश भाषा शास्त्री 'उर्दू' शब्द तुर्की भाषा का मानते हैं जिसका अर्थ है–शाही शिविर, खेमा, फौजी पड़ाव, पड़ाव, लश्कर, छावनी आदि।

१२०७ ई० में कुतुबुद्दीन ऐवक़ ने दिल्ली को जब अपनी राजधानी बनाया तब संभवतः उसके मुस्लिम सिपाहियों ने भारतीय भाषाओं के कुछ शब्द तथा अपनी भाषा के शब्द मिलाजुलाकर उर्दू भाषा बना ली हो।

अनुसंधानों से प्राप्त बाबर द्वारा ढलवाये गये कुछ सिक्कों पर उर्दू शब्द लिखा मिला है। सम्राट् अकबर द्वारा तैयार कराये गये कुछ सिक्कों पर 'उर्दू-ए-ज़फर करीन' शब्द लिखा मिला है जिसका अर्थ है–विजय श्री से युक्त यानि विजयी शाही पड़ाव।

डॉ० भोलानाथ तिवारी का मानना है कि उर्दू शब्द चीनी भाषा के 'ओर्दू' शब्द से बना है जिसका अर्थ है–घुमक्कड़। डॉ० तिवारी के अनुसार हूणों का एक कबीला चीन में ह्वांग हो नदी के जिस किनारे पर रहता था उस स्थान को चीनवासी 'ओर्दूस' और कबीले को 'ओर्दू' कहते थे। तुर्क मूलतः हूणों के वंशज माने जाते हैं। फलस्वरूप 'ओर्दू' शब्द तुर्की भाषा में पहुँच गया। कालांतर में 'ओर्दू' से 'उर्दू' बन गया।

परम श्रृद्धेय डॉ० भोलानाथ तिवारी का मैं प्रिय छात्र रहा हूँ और उन्होंने मुझे भाषा विज्ञान पढ़ाया भी है। मैं उनको नमन करके कह रहा हूँ कि उनका यह मत तर्क संगत नहीं है जिसके निम्न लिखित कारण हैं–

चीनी भाषा (कोयू तथा कैंटोनीस) में ऐसा कोई 'ओर्दू' शब्द नहीं है जिसका अर्थ कबीला अथवा पड़ाव अथवा शाही पड़ाव हो।

उर्दू, फारसी तथा तुर्की भाषाओं में ऐसा कोई 'ओर्दू' शब्द नहीं है जिसका अर्थ 'घुमक्कड़' बताया गया हो।

चीनवासी 'उर्दू' शब्द तथा उर्दू भाषा को पूरी तरह विदेशी (ग़ैर चीनी) मानते हैं। वे इस शब्द का उच्चारण 'ऊ, ए, र, तू' (ऊएरतू) करते हैं।

हमारे विचार से 'उर्दू' शब्द भाषा के रूप में प्रयुक्त होने के लिए तुर्की तथा फारसी के तीन शब्दों का सामंजस्य है–

१. उर्दू :–

यह तुर्की भाषा का पुल्लिंग शब्द है जिसका अर्थ है-फौजी अथवा शाही पड़ाव अथवा पड़ाव अथवा लश्कर।

२. उरेब :–

यह फारसी भाषा का पुल्लिंग शब्द है जिसका अर्थ है-उल्टा, टेढ़ा, तिरछा।

३. दूं :–

यह फारसी भाषा का विशेषण शब्द है जिसका अर्थ है-नीच, निम्न, अधम।

इसका अर्थ हुआ ऐसे फौजी पड़ाव जिनमें निम्न वर्ग के लोग होंगे और उल्टे, टेढ़े-मेढ़े शब्दों के प्रयोग से जो भाषा बोलते होंगे वह उर्दू भाषा कही जाने लगी होगी।

इसको हम इस तरह और समझ सकते हैं। जब फारसी हमलावरों ने भारत में स्थायी रूप से रहना आरम्भ कर दिया होगा तब उन्होंने भारतीयों (हिन्दू–मुस्लिम दोनों) को भी अपनी फौज में भर्ती करना आरम्भ कर दिया होगा। ऐसे भारतीय फौजी पड़ावों को फारसी लोग नीच अर्थात् 'दूं' लोगों का पड़ाव तथा उनकी भाषा को उल्टी, टेढ़ी–मेढ़ी भाषा अर्थात् 'उरेब' सम्बोधित करते होंगे। क्योंकि भारतीय पड़ाव के फौजी भी अपने आकाओं से बात करते समय उल्टी–सीधी, टेढ़ी–मेढ़ी फारसी भाषा बोलने का प्रयास करते होंगे।

इस प्रकार ऐसे उर्दू (फौजी पड़ाव) को 'उरेबदूं' कहा जाने लगा होगा। अवयवी उच्चारण की सुगमता, सरलता तथा लाघवीय सिद्धान्त के आधार पर धीरे-धीरे 'उरेबदूं' से 'उरेदूं','उरेदूं' से 'उरेदू' और उरेदू से 'उर्दू' अथवा 'उरदू' शब्द बना होगा जो भाषा के रूप में प्रयोग होने लगा।

हमारे विचार से ऐसी परिस्थितियों में उर्दू शब्द का अर्थ फौजी पड़ाव, पड़ाव, लश्कर आदि समाप्त हो गया और इसको भाषा का रूप मिल गया।

इस भाषा की लिपि अरबी है। परन्तु अब बहुत से भारतीय इस भाषा को भी देवनागरी लिपि में लिखने लगे हैं। लेकिन इन दोनों (अरबी व फारसी) भाषाओं के लगभग छः हज़ार शब्द हिन्दी में पूरी तरह समाहित हो चुके हैं।

उर्दू भाषा में एक उपभाषा रेखता अथवा रेख्ता भी कहलाती है जो शायरों की भाषा मानी जाती है। इसका एक अर्थ ग़ज़ल भी कहा जाता है। वह शब्द फारसी के 'रेखतन्' मस्दर से बना है जिसका अर्थ रचना या बनाना भी है।

एक अन्य उपभाषा रेखती अथवा रेख्ती कहलाती है जिसे महलों की रानियां व शहज़ादियां बोला करती थीं। यह रसीली तथा उच्चकोटि की भाषा होती थी। बाद में शायरों ने इस ज़बान में शायरी भी शुरू कर दी। ऐसे शायर रंगीन शायर कहे जाते थे।

यहाँ एक बात और स्पष्ट हो जाती है कि उर्दू शब्द भले ही तुर्की, फारसी अथवा किसी अन्य भाषा का हो परन्तु 'उर्दू भाषा' का जन्म और विकास भारत में ही हुआ है।

इन भाषाओं के अलावा अनेक भाषायें और भी होंगी जिनका वर्णन हम यहाँ नहीं कर सके हैं। भाषा के बारे में एक कहावत बेहद सच है-'एक कोस पै पानी बदले डेढ़ कोस पै बानी।' उपर्युक्त भाषाओं में कुछ को छोड़ बाकी अन्य भाषाओं की लिपि देवनागरी ही है। नई पीढ़ी सिंधी, पंजाबी, बंगला, आदि भाषाओं को भी देवनागरी (हिन्दी) लिपि में ही लिखने लगी है।

अध्याय-४

लिपि का जन्म और विकास

मुख से ध्वनि के रूप में वर्ण का जन्म हुआ है। कई वर्ण मिलने से शब्द बना। शब्द समूह से वाक्य रचना आरम्भ हो गई। परन्तु वाक्य हवा में उड़ जाते थे। कुछ महत्त्वपूर्ण विचार मनुष्य कण्ठस्थ भी करता होगा परन्तु एक दूसरे के सुनने-सुनाने में उन कण्ठस्थ विचारों में परिवर्तन हो जाते होंगे। हमारे देश में प्राचीन काल में यह परिपाटी प्रचलित थी। मनुष्य के मस्तिष्क में विचार आता होगा कि विचारों को किस प्रकार धरोहर के रूप में संजोकर रखा जाय।

संभवतः ऐसी ही परिस्थितियों में कभी मनुष्य ने लिपि बद्धता के विषय में सोचा होगा। और उसे इस क्षेत्र में सफलता मिली जो हमारे सामने है। परन्तु लिपि की उत्पत्ति कब, कैसे और कहाँ हुई? धरती पर पहला लिपिकार कौन हुआ? यह बताना आसान नहीं है। विभिन्न प्रकार के अन्वेषण, अध्ययन आदि से अनेक पत्थरों, स्तम्भों, भित्तियों, धातुओं आदि पर लिखे अथवा उकेरे गये प्राप्त अक्षरों या चित्रों से ज्ञात होता है कि चार-साढ़े चार हज़ार ई० पू० 'लिपि' का सूत्रपात हो चुका था। लेकिन अनेक स्थानों पर खुदाइयों में ऐसी लिपियाँ भी प्राप्त हुई हैं जिनको आज तक पढ़ा नहीं जा सका है। संभवतः ऐसी ही स्थिति से एक कहावत प्रचलित है-**लिखे मूसा और पढ़े खुदा** अर्थात् अपनी सुविधा के अनुसार कुछ लोग अपने हिसाब से अपनी भाषा बना लेते होंगे जिसको वे ही लोग आपस में समझ पाते होंगे। कोई अन्य व्यक्ति नहीं समझ पाता होगा।

भारतीय ब्राह्मी लिपि के विषय में कहा जाता है कि इस लिपि की रचना स्वयं ब्रह्माजी ने की है। इसीलिये इसको ब्राह्मी लिपि कहा जाता है। मिश्रवासी थाथ को, यहूदी मूसा को और यूनान निवासी हर्मेस को अपनी-अपनी लिपि का जन्मदाता मानते हैं। भाषा वैज्ञानिकों का कहना है कि लिपि का जन्म और विकास कम से कम तीन रूपों में हुआ होगा।

१. चित्र लिपि, २. भाव लिपि, ३. ध्वनि लिपि।

१. चित्र लिपि :-

एक व्यक्ति दूसरे व्यक्ति को अपनी बात अथवा अपने विचार बताने अथवा समझाने के लिए चित्र बनाता था जैसे आंख, कान, नाक, पशु, सींग आदि। इस तरह दूसरा व्यक्ति चित्र देखकर समझ जाता था कि पहला व्यक्ति क्या कहना चाहता है। ऐसे अत्यधिक प्राचीन चित्र यूनान, इटली, मिस्र आदि देशों में प्राप्त हुए हैं।

२. भाव लिपि :-

चित्र लिपि तथा भाव लिपि में चिन्तन अर्थात् भाव का अन्तर है जैसे एक आँख का चित्र बनाया और उससे आँसू टपकते दिखा दिया। इससे दूसरा व्यक्ति तुरन्त समझ जाता था कि अमुक व्यक्ति रो रहा था। इसी प्रकार शेर का खुला मुख बना दिया और उसमें आदमी की गर्दन भी बना दी। ऐसे चित्र से व्यक्ति समझ जाता था कि अमुक आदमी को शेर खा गया।

३. ध्वनि लिपि :-

ध्वनि लिपि में प्रत्येक ध्वनि के लिए कोई न कोई संकेत निर्धारित किया गया। कालांतर में ध्वनि लिपि से वर्ण, शब्द, वाक्य आदि की संरचना हुई जिससे रोमन, अरबी, देवनागरी आदि जैसी लिपियाँ विकसित हुईं।

भाषा वैज्ञानिकों के अनुसार विश्व में दो प्रकार की लिपियाँ उपलब्ध हैं। एक वर्ण माला रहित और दूसरी वर्णमाला सहित। वर्णमाला रहित लिपियाँ निम्न लिखित हैं।

वर्णमाला रहित लिपियां

१. क्यूनीफार्म :-

इस लिपि को कीलाक्षर, बाणाक्षर, कोणाक्षर आदि नामों से भी जाना

जाता है। यह लिपि मैसोपोटामियां में खुदाई से प्राप्त चट्टानों और पक्की मिट्टी के टुकड़ों पर प्राप्त हुई है।

२. हीरो ग्लाइफिक :–

इस लिपि में मिस्त्री भाषा के चार हज़ार ई० पू० के अभिलेख खुदाई में प्राप्त हुए हैं। इस लिपि को यह नाम यूनानियों ने दिया है। इस लिपि को पवित्र अक्षर, बीजाक्षर, चित्राक्षर आदि नामों से भी जाना जाता है। यह दाईं ओर से बाईं ओर को लिखी जाती है।

३. सिंधु घाटी :–

इसके प्राचीनतम् अवशेष सिंधु घाटी की खुदाई में प्राप्त हुए हैं। इसका समय ४००० ई० पू० से २५०० ई० पू० तक माना जाता है। इस लिपि में विभिन्न प्रकार के चिह्न उपलब्ध हुए हैं परन्तु आज तक इनको पढ़ा नहीं जा सका।

४. क्रीटी :–

यह लिपि क्रीट के अभिलेखों में उपलब्ध है। इस कारण इसको क्रीटी लिपि कहा जाता है। इसका जन्म काल ३००० ई० पू० से १७०० ई० पू० तक माना जाता है। इसका लेखन कभी दाईं से बाईं ओर और कभी बायीं से दायीं ओर मिलता है। इस लिपि को भी आज तक पढ़ा नहीं जा सका है।

५. हिट्टाइट :–

यह लिपि मूलतः चित्रात्मक है। इसके कीलाक्षर तथा चित्रात्मक अभिलेख सीरिया और एशिया माइनर में बोगाजकोई से प्राप्त हुए हैं।

६. चीनी :–

चीन की लोक मान्यता के अनुसार इस लिपि का आविष्कार फू-हे नामक चीनी व्यक्ति ने ३२०० ई० पू० किया था। लेकिन चीनी भाषा के विश्वकोष 'फा युआन लिन्' के अनुसार चीनी भाषा का जन्मदाता 'त्सं-की' नामक व्यक्ति को माना गया है जिसका काल ६६८ ई० पू० माना जाता है। इस लिपि में वर्ण नहीं, चित्र हैं। भाषाविदों के अनुसार इसमें शब्दों की संख्या २१४ है। एक ही शब्द को धीरे अथवा ज़ोर से बोलेन पर अर्थ बदल जाता है।

वर्णमाला सहित लिपियाँ

जिन लिपियों के वर्ण हैं और उन्हें पढ़ा-लिखा जा सकता है, वे निम्न लिखित हैं।

१. सामी लिपि :–

सेमेटिक भाषा परिवार में एक सामी लिपि है। जिसमें २२ अक्षर थे। बाद में सामी लिपि के दो रूप विकसित हो गये। एक उत्तरी सामी लिपि और दूसरी दक्षिणी सामी लिपि। बाद में उत्तरी सामी लिपि से आर्मेइक तथा फोनीशियन लिपि का विकास हुआ।

क. आर्मेइक लिपि :– इस लिपि के अभिलेख सीरिया के सिन्दली स्थान में खुदाई से प्राप्त हुए हैं जिनका काल ८०० ई० पू० माना गया है।

ख. हिब्रू लिपि :– उत्तरी सामी लिपि से ही हिब्रू लिपि का विकास १००० ई० पू० आरम्भ हुआ था। प्राचीन कालीन बाइबिल हिब्रू लिपि में ही लिखी गई थी।

ग. फोनीशियन लिपि :– इसका जन्म भी उत्तरी सामी लिपि से हुआ है और इसके अभिलेख ९०० ई० पू० के पाये गये हैं। इस लिपि को व्यापरियों की लिपि भी कहा जाता है क्योंकि तत्कालीन व्यापारी अपने व्यापारिक क्षेत्र में इसी लिपि का प्रयोग करते थे।

दक्षिणी सामी लिपि से अरबी लिपि का भी विकास हुआ है। अरबी लिपि के दो रूप पाये जाते हैं एक दक्षिणी अरबी और दूसरी अरबी।

२. अरबी लिपि :–

अरबी लिपि में २८ अक्षर हैं और यह दाईं ओर से बाईं ओर को लिखी जाती है। यह लिपि अरब, फारस, अफग़ानिस्तान आदि देशों में लिखी-पढ़ी जाती है। दक्षिणी अरबी लिपि का प्रचलन अरब के दक्षिणी क्षेत्रों में है। इस लिपि के प्राचीनतम् अभिलेख ८०० ई० पू० से लेकर ५१२ ई० पू० तक के मिले हैं। सातवीं ई० में इस लिपि का प्रचार-प्रसार मक्का, मदीना, बसरा, कूफा आदि में बहुत ही ज़ोर-शोर से प्रारम्भ हो गया था। अरबी की मूल

लिपि को घसीट लिखने के कारण कूफी और नस्खी नामक दो लिपियों का विकास और हुआ।

फारसी लिपि में ४ अक्षर और जोड़ने से इनकी संख्या ३२ हो गई। उर्दू भाषा की लिपि भी अरबी ही है। इसमें ५ नये अक्षर और जोड़ने से इनकी संख्या ३७ हो गई।

३. ग्रीक :–

ग्रीक लिपि को यूनानी लिपि के नाम से भी जाना जाता है। यूरोप की समस्त लिपियों का विकास इसी लिपि से हुआ है। भाषा वैज्ञानिक ग्रीक लिपि का विकास और जन्म फोनीशियन लिपि से ही मानते हैं। मूलतः यह लिपि फोनोशी व्यापारियों की थी। इस लिपि में २४ चिह्न हैं। यह बाईं ओर से दाईं ओर को लिखी जाती है। इस लिपि के प्राचीन अभिलेख नौवीं सदी ई० पू० तक के प्राप्त हुए हैं।

४. लैटिन :–

लैटिन को रोमन लिपि भी कहते हैं। इस समय यह विश्व की बेहद महत्त्वपूर्ण लिपि मानी जाती है। संसार के बहुत से देशों में इसका प्रचलन है। भाषा शास्त्रियों के अनुसार रोम वासियों ने एत्रस्कन भाषा से ग्रीक लिपि प्राप्त की थी। बाद में इसी लिपि से लैटिन या रोमन लिपि विकसित हुई। एत्रस्कन भाषा से लैटिन में २१ अक्षर लेने के बाद सिसरो काल में ग्रीक से दो अक्षर Y और Z लिए गये। कालान्तर में आवश्यकतानुसार ३ अक्षर J, U, W और बढ़ा दिए गये। इस तरह लैटिन लिपि में २६ अक्षर हैं। यह लिपि बाईं ओर से दाईं ओर को लिखी जाती है।

खरोष्ठी लिपि

खरोष्ठी लिपि पूरी तरह भारतीय लिपि मानी जाती है। सम्राट् अशोक ने अपने स्तम्भों तथा शिलालेखों में इसी लिपि का प्रयोग किया है जिनका काल ३५० ई० पू० से २०० ई० पू० तक माना जाता है। इस लिपि के नामकरण के विषय में भाषा शास्त्रियों के अलग-अलग मत हैं। कुछ भारतीय मनीषियों के अनुसार किसी खरोष्ठ नामक ऋषि ने इस लिपि का आविष्कार

किया था। गधे की खाल पर लिखी जाने के कारण ईरानी लोग इसको खरपोश्त कहते थे और खरपोश्त से बिगड़ कर खरोष्ठ और उसके बाद खरोष्ठी शब्द बन गया। डॉ० सुनीति कुमार चटर्जी के अनुसार हिब्रू भाषा में लिखने-पढ़ने के लिए खरोशेथ शब्द है। इसी शब्द से खरोष्ठी शब्द बन गया। डॉ० राजबलि पाण्डे के अनुसार इस लिपि के अक्षर खर (गदहा) के ओठों की तरह बेढंगे होते हैं। इस कारण इस लिपि का नाम खरोष्ठी पड़ गया। बहरहाल जितने विद्वान उतने ही मत।

खरोष्ठी लिपि के ११ अक्षर बनावट तथा ध्वनि की समानता से आर्मेइक लिपि के अक्षरों से मिलते-जुलते हैं। वे हैं-

क, द, ज, ब, न, य, र, व, स, ष, ह।

यह भी सम्भव है कि कालान्तर में खरोष्ठी लिपि का विकास आर्मेइक लिपि से ही हुआ हो। यह लिपि भी दाईं ओर से बाईं ओर को लिखी जाती थी। बाद में बाईं ओर से दाईं ओर को लिखी जाने लगी। इस लिपि में ३७ अक्षर हैं जिनमें ५ स्वर और ३२ व्यंजन माने जाते हैं।

स्वर :- अ, इ, उ, ए, ओ।

व्यंजन :- क, ख, ग, घ, च, छ, ज, झ, ञ, ट, ठ, ड, ढ, ण, त, थ, द, ध, न, प, फ, ब, भ, म, य, र, ल, व, श, ष, स, ह।

इसमें दीर्घ स्वर-आ, ई, ऊ, ऐ, और ङ के अलावा ॠ, ॠ, ॡ, ॡ, अं, अः उपलब्ध नहीं हैं।

ब्राह्मी लिपि

खरोष्ठी लिपि की तरह इस लिपि को भी अधिकांश भाषा शास्त्री पूरी तरह भारतीय लिपि ही मानते हैं। खुदाई के दौरान एरण से एक सिक्का मिला था जिस पर यह लिपि अंकित है। विद्वानों ने इसका काल ३५० ई० पू० माना है। इस सिक्के के अलावा अनेक स्तम्भ तथा शिलालेख भी प्राप्त हुए हैं जिन पर यह लिपि अंकित है। इनका गहन अध्ययन करने के बाद प्रो० ब्यूलर ने निष्कर्ष निकाला कि ब्राह्मी लिपि में ९ स्वर और ३२ व्यंजन अर्थात् कुल ४१

अक्षर थे। स्वर- अ, आ, इ, ई, उ, ऊ, ए, ऐ, ओ। बाकी वही खरोष्ठी लिपि वाले ३२ व्यंजन।

भाषा शास्त्रियों के अनुसार ३५० ई० पू० से लेकर ३५० ई० तक यह लिपि ब्राह्मी लिपि के नाम से ही जानी जाती रही। बाद में इस लिपि से अन्य लिपियों का भी विकास हुआ। इनमें गुप्त लिपि, कुटिल लिपि, प्राचीन नागरी लिपि, बंगला लिपि, शारदा लिपि, पश्चिमी लिपि, मध्य प्रदेशीय लिपि, तेलुगु-कन्नड़ लिपि, ग्रन्थ लिपि, कलिंग लिपि, तमिल लिपि आदि शामिल हैं।

देवनागरी लिपि

देवनागरी लिपि का विकास प्राचीन नागरी लिपि से माना जाता है। यह लिपि नौवीं सदी के अंतिम चरण में उपलब्ध थी। देवनागरी को नागरी भी कहा जाता है। बारहवीं सदी तक आते-आते इस लिपि का स्वरूप आधुनिक हिन्दी के समान प्राप्त होने लगा था।

इस लिपि को देवनागरी नाम क्यों दिया गया? इस प्रश्न के उत्तर में भाषा शास्त्रियों के अलग-अलग मत हैं। कुछ विद्वानों का कहना है कि यह लिपि सिर्फ नगरों में ही प्रचलित थी इसलिए नागरी अथवा देव नागरी कहलाई। कुछ विद्वानों का कहना है कि गुजरात के नागर ब्राह्मण इसका प्रयोग करते थे इसलिए नागरी कहलाई। कुछ विद्वान मानते हैं कि इसका प्रयोग देवता करते थे इसलिए देवनागरी कहलाई।

दार्शनिक अरस्तू कहा करता था कि नागरिक वह है जो नगर में रहता है। अर्थात् उसकी दृष्टि में नगर में रहने वाला व्यक्ति ग्राम में रहने वाले व्यक्ति के मुकाबले अधिक सभ्य एवं सुसंस्कृत होता था। राजनीति में वह भाग लेने का अधिकार रखता था। वही राज्य की प्रमुख इकाई होता था।

हमारे देश में अब तक ग्रामीण क्षेत्रवासियों को नगर-निवासी हेय दृष्टि से देखते हैं। उनको अनपढ़-गंवार समझते हैं। हालांकि इस सोच में कुछ बदलाव आया है वह इसलिए कि ग्रामीण क्षेत्र के लोग राजनीति, शिक्षा, प्रशासन आदि क्षेत्रों में आगे आये हैं। लेकिन ऐसे लोग ग्रामीण क्षेत्र छोड़ कर शहरी क्षेत्र में ही बस जाते हैं।

ऐसी स्थिति संभवत: अरस्तू ने भी देखी होगी। तभी उसने 'नागरिक' होने के लिए अपनी ऐसी धारणा बनाई होगी। हम इस तथ्य से सहमत हैं कि नागरी लिपि का विकास नगरों में ही हुआ होगा। इसलिए यह नागरी लिपि कहलाई।

नगर में रहने वाले ग्रामीणों के मुकाबले शिक्षित, सभ्य, सुसंस्कृत माने जाते होंगे इसलिए उन्हें लोग ख़ासकर ग्रामीण लोग देवता अथवा देवता तुल्य समझते होंगे। इसीलिए उनके लेखन को 'देवनागरी लिपि' नाम दे दिया गया होगा।

बहरहाल हम जिस हिन्दी भाषा की चर्चा कर रहे हैं उसकी सर्वमान्य लिपि देवनागरी ही है। इस समय हिन्दी भाषा हमारे देश की राष्ट्र तथा राज भाषा है।

अध्याय-५

स्वर-व्यंजन

हिन्दी भाषा में दस स्वर माने जाते हैं-अ, आ, इ, ई, उ, ऊ, ए, ऐ, ओ, औ। इसके अलावा ऋ, ॠ, लृ, ॡ का लेखन में स्वर की तरह प्रयोग होता है। लेकिन 'ऋ' वर्ण का निर्माण स्वर तथा व्यंजन के साथ मिलकर हुआ है-रि+र- इसमें र व्यंजन है और ि (इ) स्वर है। ऐसी ही स्थिति ॠ, लृ, ॡ की है। 'अं' अनुस्वार तथा अः विसर्ग व्यंजन हैं। इस प्रकार अं तथा अः को छोड़कर १४ तक स्वर बन जाते हैं। लेकिन स्वतंत्र स्वर दस ही हैं।

व्यंजन-क, ख, ग, घ, ङ, च, छ, ज, झ, ञ, ट, ठ, ड, ढ, ण, त, थ, द, ध, न, प, फ, ब, भ, म, य, र, ल, व, श, ष, स, ह-अब श और ष का उच्चारण लगभग एक सा ही किया जाने लगा है, परन्तु अवयव के अनुसार दोनों के उच्चारण का तरीका अलग-अलग है। 'क्ष' वर्ण का रूप क्+ष, 'त्र' का रूप त्+र और 'ज्ञ' का रूप ग्+य से मिल कर बनता है। इसलिए इन वर्णों को स्वतंत्र व्यंजन नहीं कहा जा सकता।

स्वर के भेद

स्वर वर्णों को तीन वर्गों में विभाजित किया जा सकता है।

१. लघु (ह्रस्व) स्वर :-

जिन अक्षरों के बोलने में अधिक समय नहीं लगता और सुगमता से बोले जा सकते हैं उन्हें लघु अथवा ह्रस्व स्वर कहते हैं। जैसे-अ, इ, उ।

२. दीर्घ स्वर :-

जिन अक्षरों के उच्चारण में अधिक समय लगने के साथ ही असुविधा

सी भी प्रतीत होती है, उन्हें दीर्घ स्वर कहते हैं जैसे- आ, ई, ऊ, ए, ऐ, ओ, औ।

३. प्लुत स्वर :–

जिस स्वर के साथ व्यंजन जुड़ा होता है परन्तु उच्चारण में स्वर का अधिक महत्त्व होता है और उच्चारण में अधिक समय भी लगता है। ऐसा स्वर प्लुत कहलाता है। जैसे-श्री, आजा, हरे राम, खाओ, सोई आदि।

व्यंजन के भेद

उच्चारण की दृष्टि से व्यंजन वर्णों के निम्न लिखित भेद किए जा सकते हैं।

१. कोमल तालव्यीय :–

मुख में तालु के पिछले भाग को कोमल तालु कहते हैं। क, ख, ग, घ, ङ वर्णों का उच्चारण इसी स्थान से होता है। इसलिए कथित व्यंजन कोमल तालव्यीय कहलाते हैं।

२. तालव्यीय :–

जिन अक्षरों का उच्चारण मुख के तालु भाग तथा जीभ की सहायता से किया जाता है उन्हें तालव्यीय व्यंजन कहते हैं। इनमें च, छ, ज, झ, ञ, व्यंजन वर्ण शामिल हैं।

३. पूर्व तालव्यीय :–

जिन अक्षरों का उच्चारण मूर्धा तथा तालु की संधि के माध्यम से किया जाता है उनको पूर्व तालव्यीय व्यंजन कहते हैं। इनमें ट, ठ, ड, ढ, ण, ढ़, ड़, व्यंजन वर्ण शामिल हैं।

४. द्विओष्ठीय :–

जिन अक्षरों का उच्चारण दोनों ओठों के सहयोग से किया जाता है वे द्विओष्ठीय कहलाते हैं। इनमें प, फ, ब, भ, म, व, व्यंजन वर्ण शामिल हैं।

५. दन्तीय :–

जिन अक्षरों को जीभ के अग्रभाग तथा दाँतों की सहायता से बोला जाता

है वे दँतीय व्यंजन कहलाते हैं। इनमें त, थ, द, ध, व्यंजन वर्ण शामिल हैं।

६. वर्त्स्यीय :–

जिन अक्षरों का उच्चारण मसूढ़ों तथा जीभ के अग्रभाग के टकराने से होता है उनको वर्त्स्यीय व्यंजन वर्ण कहते हैं। इनमें न, र, ल, स व्यंजन वर्ण शामिल हैं।

७. स्वर यंत्र मुखीय :–

जिन वर्णों का उच्चारण नाभि तथा स्वरयंत्र की सहायता से किया जाता है उनको स्वर यंत्र मुखीय व्यंजन कहते हैं। इनमें 'ह' वर्ण व्यंजन शामिल है।

८. मूर्धन्यीय :–

जिन अक्षरों के उच्चारण में जीभ का अग्र भाग उलट कर मुख के कोमल तालु से टकराता है उनको मूर्धन्यीय व्यंजन कहते हैं। इनमें 'ष' व्यंजन वर्ण शामिल है।

९. घोषीय :–

स्वर यंत्र में स्वर तंत्रिकाओं के बीच हवा के घुमड़ने से जो ध्वनि निकलती है उसे घोषीय ध्वनि कहते हैं। इस ध्वनि से जिन वर्णों का उच्चारण होता है उनको घोषीय व्यंजन कहते हैं। इनमें य, र, ल, व्यंजन वर्ण शामिल हैं।

१०. अघोषीय :–

स्वर यंत्र में स्वर तंत्रिकाओं के बीच हवा के घुमड़ने से जब संघर्ष नहीं होता है और तब जो ध्वनि निकलती है उसे अघोषीय ध्वनि कहते हैं। इस ध्वनि से जिन वर्णों का उच्चारण होता है वे अघोषीय व्यंजन कहलाते हैं। इनमें 'श' जैसे व्यंजन वर्ण शामिल हैं।

अध्याय-६

हिन्दी भाषा का क्षेत्र

कुछ विद्वानों ने हिन्दी भाषा को भी टुकड़ों में विभाजित कर डाला। जैसे पूर्वी हिन्दी, पश्चिमी हिन्दी, मेरठिया हिन्दी आदि। परन्तु हमारी दृष्टि से हिन्दी तो हिन्दी है। उसकी लिपि एक सी है। इसके लिखने-पढ़ने का एक-सा स्वरूप है। हाँ, बोली होने पर उसके अनेक प्रारूप हैं। जैसे-कहाँ जा रहा है, कित जाय रह्यौ ए, कहँ जाइब हो, कहाँ जाऊत हो आदि।

भारत में हिन्दी उत्तर प्रदेश, मध्य प्रदेश, बिहार, हरियाणा, राजस्थान, हिमाचल प्रदेश, दिल्ली, झारखण्ड के अलावा पंजाब तथा उत्तरांचल के कुछ क्षेत्रों में बोली जाती है। इसके अलावा अहिन्दी भाषी क्षेत्रों के नगरों कलकत्ता, मुम्बई, अहमदाबाद, शिलांग, देहरादून आदि में भी बोली जाती है। अब तो ग़ैर हिन्दी भाषी क्षेत्रों के बड़े-छोटे अधिकांश नगरों में हिन्दी भाषी कुछ न कुछ लोग अवश्य मिल ही जायेंगे। इसके साथ ही भारत के किसी भी कोने में आप चले जायें तो किसी अन्य भारतीय भाषा को लोग शायद बिल्कुल न समझ पायें, परन्तु हिन्दी कुछ न कुछ तो अवश्य ही समझ लेते हैं।

भारत के अलावा विश्व के अनेक देशों जैसे सूरीनाम, मॉरीशस, फिजी, नेपाल, इंग्लैण्ड, सोवियत संघ, अफ्रीका, अमरीका, सिंगापुर, मलेशिया आदि में भी कुछ न कुछ लोग हिन्दी भाषी हैं और इन क्षेत्रों में हिन्दी भाषा के समाचार पत्र-पत्रिकायें भी छपती, बिकती एवं पढ़ी जाती हैं। आकाशवाणी तथा दूरदर्शन से हिन्दी में कार्यक्रम सुनाये व दिखाये जाते हैं।

हिन्दी शब्द की व्युत्पत्ति

हमारे विचार से हिन्दी शब्द का जन्म किसी न किसी रूप में बन-बिगड़

कर संस्कृत भाषा से ही हुआ है। संस्कृत भाषा में सिन्धु एक नदी का नाम है। सिन्धु का अर्थ समुद्र भी है। फारसवासियों ने सिंधु शब्द को 'हिन्दु' अथवा 'हिन्द' कहना आरम्भ कर दिया। क्योंकि फारसी भाषा में 'स' वर्ण 'ह' वर्ण में बदल जाता है। जैसे सप्ताह को 'हफ्ता' उच्चारित करना आदि। इस प्रकार सिंधु नदी के क्षेत्र में रहने वालों को हिन्दु अथवा हिन्द कहा जाने लगा। 'देश' के अर्थ में हिन्द शब्द अरब पहुँच गया। तब 'हिन्द' से हिन्दी शब्द बना। हिन्दी शब्द का एक अर्थ 'हिन्दुस्तान का रहने वाला' भी है। अमीर खुसरो के समय (१२५४-१३२५ ई०) में हिन्दी शब्द का तात्पर्य 'भारतीय मुसलमानों' से भी था। हिस्ट्री ऑफ इंडिया के भाग तीन में 'अमीर खुसरो इन इलियट' में उल्लेख के अनुसार अमीर खुसरो ने हिन्दू तथा हिन्दी में भेद बताते हुए लिखा है-बादशाह ने हिन्दुओं को तो हाथी से कुचलवा डाला किन्तु मुसलमान जो हिन्दी थे, सुरक्षित रहे।

इस प्रकार यह तथ्य निकलता है कि विदेशी मुसलमानों ने भारत में रहने वाले मुसलमानों को हिन्दी कहना आरम्भ कर दिया था। कालान्तर में भारतीय मुसलमान और भारतीय ग़ैर-मुसलमान जो भाषा बोलते थे वही 'हिन्दुई' अथवा 'हिन्दवी' अथवा 'हिन्दी' के नाम से चल निकली।

कुछ लोगों का विचार है खड़ी बोली (हिन्दी) उत्तर प्रदेश के वर्तमान जनपद मेरठ तथा इसके इर्द-गिर्द बोली जाती थी। कहते हैं खड़ी शब्द 'खरी' शब्द से बना है अर्थात् अपनी भाषा में खरी बात (साफ, बिना लाग लपेट) कहना।

बहरहाल इस भाषा का प्रयोग अमीर खुसरो ने अपनी रचनात्मक शैली में किया। अमीर खुसरो हिन्दी के श्रेष्ठतम कवि ही नहीं बल्कि वीर योद्धा, मंजे हुए संगीतकार, महान गायक, कुशल राजनीतिज्ञ, सुयोग्य इतिहासकार, बढ़िया नर्तक तथा ऊँचे संत भी थे। हिन्दी के अलावा वह फारसी, अरबी, तुर्की, संस्कृत आदि भाषाओं के अच्छे ज्ञाता थे। हिन्दी भाषा पर तो उन्होंने एक भाषा वैज्ञानिक की तरह कार्य किया है।

कहा जाता है कि अमीर खुसरो की माता भारतीय तथा पिता फारसीय थे। इनका जन्म उत्तर प्रदेश के एटा जनपद (पटियाली) में हुआ था। परन्तु अधिकांश समय वह रहे दिल्ली में।

खुसरो की काव्य रचनाओं में दो प्रकार की हिन्दी पाई जाती है। एक लोक रंजक और दूसरी फारसी मिश्रित। उन्होंने अपने 'नुह सिपहर' नामक ग्रन्थ में लिखा है कि हिन्दवी अनेक भाषाओं का मिश्रण है–

सिंदी ओ लाहोरी ओ कश्मीरी ओ कबर
घोर समंदरी ओ तिलंगी ओ गुजर
मञ्जबरी ओ गोरी बंगाल ओ अवद
दिल्ली ओ पैरामनश अंदर हगह हद
ईन हमह हिन्दवीस्त कि जि अय्याम-ए-कुहम

अमीर खुसरो ने पहेलियाँ, दोहे, मुकरियाँ, निस्बतें, दो सखुन, गीत, कव्वाली आदि अनेक विधाओं में हिन्दी काव्य रचना की है–

पहेली– **दस नारी का एक ही सर**
बस्ती बाहर बाका घर
पीठ सख्त और पेट नरम
मुँह मीठा तासीर गरम **(खरबूजा)**

निस्बत– गोटे और अफताब में क्या निस्बत?

उत्तर– किरन।

दो सखुन– रोटी जली क्यों, घोड़ी अड़ी क्यों?

उत्तर– फेरी न थी।

फारसी मिश्रित हिन्दी–

जे हाले मिसकीं मकुन तगाफुल
दुराय नैना बनाय बतियाँ
किताबे हिजराँ न दारम ऐ जाँ
न लेहु काहे लगाय छतियाँ

हिन्दी भाषा को लगभग ऐसा ही स्वरूप तत्कालीन (थोड़ा आगे-पीछे) कबीर, गोरखनाथ, रविदास आदि संत कवियों ने भी प्रदान किया है–

कबिरा गर्व न कीजिए काल गहे कर केस।
ना जाने कित मारि है क्या घर क्या परदेस॥

मोकूं कहाँ ढूंढ़ै बन्दे मैं तो तेरे पास में।
ना मंदिर में ना मस्जिद में ना मैं छुरी गड़ास में। (कबीर)

खालिक़ सिकस्ता मैं तेरा।
दे दीदार उमेदगार बेक़रार जिउ मेरा।।

मुसलमान सौं दोसती हिन्दुअन सौं कर प्रीत।
रविदास जोतीराम की सिग हैं अपने मीत।। (रविदास)

कालान्तर में ऐसी ही 'हिन्दवी' 'हिन्दुई' 'हिन्दी' आदि नामों से चर्चित हिन्दी ने आधुनिक हिन्दी भाषा का धीरे-धीरे स्वरूप ग्रहण कर लिया। इस भाषा में निरन्तर उच्चकोटि का साहित्य रचा जा रहा है। शैशवकाल से यह भाषा अपनी युवावस्था की ओर निरन्तर बढ़ रही है।

हिन्दी राजभाषा

स्वतंत्रता प्राप्ति के बाद स्वतंत्र भारतीय संविधान निर्माण करने के लिए जब भारतीय संविधान निर्मात्री परिषद् का गठन किया गया तो उसमें अधिकांश विद्वान अहिन्दी भाषी ही थे। अध्यक्ष डॉ० भीम राव अम्बेडकर और सदस्य सर अल्लादी कृष्णास्वामी, सर के० वी० एन० राव, श्री सैय्यद एम० सादुल्ला, सर एन० गोपालास्वामी अय्यंगर, डॉ० कन्हैया लाल मणिक लाल मुंशी, सर बी० एल० मित्तर और श्री डी० पी० खेतान थे। कुछ समय बाद श्री बी० एल० मित्तर के स्थान पर श्री एन० माधवराव और श्री डी० पी० खेतान की मृत्यु के बाद उनकी जगह श्री टी० टी० कृष्णमाचारी को परिषद् में सम्मिलित किया गया। इस परिषद् ने महसूस किया कि स्वतंत्र राष्ट्र की अपनी एक राज भाषा अवश्य होनी चाहिए। बिना राजभाषा के राष्ट्र गूंगा होता है तथा वह किसी भी क्षेत्र में प्रगति नहीं कर सकता। फलस्वरूप संविधान निर्मात्री परिषद् ने 'हिन्दी' को ही राजभाषा का दर्जा दिए जाने की संस्तुति की।

२६ जनवरी १९५० ई० को भारतीय संविधान देश में लागू हुआ और २० अगस्त १९५० ई० को राष्ट्रभाषा व्यवस्था परिषद् ने सर्व-सम्मति से हिन्दी को राजभाषा के रूप में स्वीकार करने की सिफारिश की। उसके बाद निर्णय लिया गया कि हिन्दी को राजभाषा के रूप में विकसित किया जाय, २६ जनवरी १९६५ तक राजभाषा अंग्रेजी ही बनी रहे और हिन्दी भाषा का विकास प्रान्तीय भाषाओं में बाधक न हो।

संविधान के अनुच्छेद ३४३ की धारा ३ के अंतर्गत संसद को अधिकार प्रदान किया गया कि यदि संसद चाहे तो १५ वर्ष बाद भी अँग्रेजी भाषा के प्रयोग की निर्धारित अवधि बढ़ा सकती है। कथित अनुच्छेद के अन्तर्गत १९५५ ई० में राजभाषा आयोग गठित किया गया। १९७६ ई० से गृह मंत्रालय का राजभाषा विभाग निरन्तर राजभाषा हिन्दी की प्रगति तथा सरकारी कामकाज में इसके प्रयोग के लिए नियम तथा आदेश जारी करता रहता है।

राजभाषा के रूप में हिन्दी का प्रयोग सरकारी कार्यालयों में निरन्तर बढ़ रहा है। हिन्दी अधिकारियों, अनुवादकों, निदेशकों आदि की व्यवस्था की गई है जिससे किसी भी कर्मचारी व अधिकारी को राजभाषा हिन्दी में कार्य करने में असुविधा न हो।

हिन्दी का शब्द भण्डार

विकास की दृष्टि से हिन्दी भाषा ने अन्य अनेक भाषाओं के शब्दों को आत्मसात् कर लिया है जिनमें तत्सम्, तद्भव, देशज के अतिरिक्त विदेशी भाषाओं के भी अनगिनत शब्द सम्मिलित हैं।

१. तत्सम् :–

तत्सम् शब्दों को शुद्ध शब्द भी माना जाता है। ये संस्कृत भाषा के शब्द हैं जिनको हिन्दी ने ज्यों का त्यों समाहित कर लिया है। जैसे-धर्म, कर्म, पुण्य, मृग आदि।

२. तद्भव :–

तद्भव उन शब्दों को माना जाता है जिनका विकास अथवा जन्म किसी न किसी रूप में संस्कृत भाषा के शब्दों से ही हुआ है। जैसे कर्म से काम, गृह से घर, हस्त से हाथ, घट से घड़ा आदि।

३. देशज :–

देशज वे शब्द हैं जिनका जन्म अथवा विकास देश में ही हुआ है अर्थात् न वे तत्सम् हैं और न तद्भव। विदेशी भाषाओं के भी नहीं हैं। जैसे-गड़बड़, घपला, झंझट, टीस, भुर्त्ता, धब्बा, थोता आदि।

विदेशी भाषाओं के शब्द

१. अँग्रेजी :-

अँग्रेजों ने भारत पर अनेक वर्षों तक शासन किया है। उनकी भाषा अँग्रेजी है। अन्ततः अँग्रेज तो चले गये। परन्तु उनकी भाषा के अनेक शब्द हिन्दी भाषा में आत्मसात् हो गये। जैसे- रोल्ड-गोल्ड, निकल, इंजन, मोटर, मशीन, डॉक्टर, पेंट, शर्ट, थर्मामीटर, आइसक्रीम, मेजर, कर्नल, गैलरी, कटिंग आदि।

२. पुर्तगाली :-

पुर्तगाली भी भारत में आते-जाते रहे। उनकी भाषा के अनेक शब्द हिन्दी में ऐसे समाहित हो चुके हैं जिनको अलग किया ही नहीं जा सकता है। जैसे-अलमारी, कमरा, इस्पात, कप्तान, गोदाम, तौलिया, चाबी, बाल्टी, फीता, नीलाम, पादरी आदि।

३. पश्तो :-

अफग़ानियों के सम्पर्क में आने से पश्तो भाषा के अनेक शब्द हिन्दी भाषा में पच गये। जैसे-पठान, रुहेला, मटरगश्ती, गुण्डा, खर्राटा, पटाखा, चखचख, लुच्चा आदि।

४. तुर्की :-

तुर्कों ने भारत पर अनेक बार हमले किए और यहाँ बस भी गये जिस कारण तुर्की भाषा के अनेक शब्द हिन्दी में समाहित हो गये। जैसे-तुर्क, कलगी़, चाकू, कैंची, तोप, तमंचा, दारोगा, मुचलका, सौग़ात, सराय, ग़नीमत आदि।

५. अरबी-फारसी :-

अरबी भाषा के शब्द फारसी भाषा के माध्यम से समाहित हुए हैं और इनकी संख्या बहुत अधिक है। ऐसे शब्दों का हिन्दी भाषा में बेहद प्रयोग हो रहा है। जैसे-दीन, मज़हब, पैग़म्बर, सरकार, खजांची, हाकिम, फौज, हमला, संगीन, सदरी, शहतूत, किशमिश, दलाल, हलवाई, हकीम, दवा, मरीज़ आदि।

६. फ्रांसीसी :–

कूपन, कारतूस, लाम, आदि फ्रेंच (फ्रांसीसी) भाषा के शब्द हैं जो हिन्दी भाषा में मिल गये हैं।

७. डच :–

तुरुप, बम आदि डच भाषा के शब्द हैं जो पूरी तरह हिन्दी भाषा में समाहित हैं।

८. रूसी :–

रूसी भाषा के कुछ शब्द जैसे–जार, बोदिका आदि हिन्दी में समा चुके हैं।

९. चीनी :–

चीकू, लीची, चाय आदि चीनी भाषा के शब्द हैं जिनका प्रयोग हिन्दी भाषा के रूप में किया जाने लगा है।

१०. जापानी :–

रिक्शा जापानी शब्द है और रिक्शा का निर्माण सबसे पहले जापान में ही हुआ था। आज रिक्शा भारत के प्रत्येक क्षेत्र में उपलब्ध है और इसी नाम से जाना जाता है।

कुछ भारतीय भाषा शास्त्रियों ने विदेशी भाषाओं के शब्दों की जगह प्रयोग करने के लिए हिन्दी भाषा में नये शब्दों का निर्माण किया। जैसे ट्रेन (रेलगाड़ी) के लिए 'लौह पथ गामिनी' प्लेटफार्म के लिए 'धुक धुक मण्डल' स्टेशन के लिए 'भकभक अड्डा', लैटर बॉक्स के लिए 'पत्र मंजूषा गृह' आदि। परन्तु अधिकांश भाषा शास्त्रियों ने ऐसे नव-निर्मित शब्दों को नकार दिया। अतः इनका प्रचलन तथा प्रयोग हिन्दी भाषा में नहीं हो सका।

कुछ भाषा शास्त्रियों ने कुछ नये शब्दों का निर्माण संस्कृत भाषा के माध्यम से किया जिनको हिन्दी भाषा ने अपना लिया है। जैसे-सम्पूर्ण प्रभुत्त्व सम्पन्न लोकतंत्रात्मक गण राज्य, अधिवेशन, संवैधानिक आदि।

अध्याय-७

हिन्दी भाषा का व्याकरण

व्याकरण भाषा की बुनियाद होता है। किस शब्द को किस तरह बोला जाय, उसका प्रयोग किस तरह किया जाय और उसको ठीक तरह कैसे समझा जाय आदि व्याकरण ही सिखाता है। व्याकरण की दृष्टि से हिन्दी भाषा बेहद सुगठित, सरल एवं सही मानी जाती है।

संज्ञा

व्यक्ति, प्राणी, वस्तु, पदार्थ, स्थान, कार्य अथवा भाव ज्ञात कराने वाले विकारी शब्द संज्ञा कहे जाते हैं जैसे मोहन, चित्रकूट, साबुन, घोड़ा, ग़रीबी आदि।

संज्ञा सदैव सर्वनाम के लिए प्रयोग की जाती है। जिस चारपाई पर हम सोते हैं वह संज्ञा नहीं है-चारपाई संज्ञा है। रामकृष्ण नामक व्यक्ति संज्ञा नहीं है बल्कि रामकृष्ण नाम संज्ञा है।

संज्ञा के निम्न लिखित भेद किए गये हैं-

१. व्यक्तिवाचक संज्ञा :-

किसी व्यक्ति, स्थान अथवा वस्तु के नाम का ज्ञान कराने वाली संज्ञा व्यक्तिवाचक संज्ञा कहलाती है। जैसे-रामप्रसाद, श्यामलाल, चीन, जापान, हिमालय, यमुना, गंगा, अरब सागर, कामायनी, रामचरित मानस, होली, दिवाली, ईद आदि।

२. जातिवाचक संज्ञा :-

जिस शब्द से किसी जाति के सभी सदस्यों अथवा उसके समूह अथवा

वर्ण का बोध होता है, उसे जातिवाचक संज्ञा कहते हैं। जैसे कौआ, शेर, अध्यापक, विद्यार्थी, पुस्तक, स्वर्ण, आलू, टमाटर, जाड़ा, बरसात, नगर, परिवार आदि।

३. भाववाचक संज्ञा :–

जिस शब्द से किसी पदार्थ के गुण, धर्म, दशा, अवस्था अथवा कार्य–चेष्टा का ज्ञान होता है वह भाववाचक संज्ञा कहलाती है। जैसे–भय, क्रोध, मित्रता, शत्रुता, हरीतिमा, लालिमा, बचपन, बुढ़ापा, खेल, खाना, पीटना आदि।

४. द्रव्यवाचक संज्ञा :–

जिस शब्द से किसी द्रव्य अथवा धातु के विषय में बोध होता है उसे द्रव्यवाचक संज्ञा कहते हैं जैसे–घी, दूध, पानी, सोना, तांबा, पीतल आदि।

५. समूहवाचक संज्ञा :–

जिस शब्द से किसी समूह का बोध होता है उसे समूहवाचक संज्ञा कहते हैं। जैसे–सेना, संघ, कक्षा, भीड़, सभा, मण्डली आदि।

सर्वनाम

सर्वनाम उस शब्द को कहते हैं जो संज्ञा शब्द के स्थान पर प्रयोग किया जाता है। विद्वानों ने सर्वनाम के निम्न लिखित भेद बताये हैं।

१. पुरुषवाचक सर्वनाम :–

व्याकरण के आधार पर तीन प्रकार के पुरुषों की कल्पना की गई है। बोलने वाला अर्थात् वक्ता प्रथम पुरुष सुनने वाला अर्थात् श्रोता मध्यम पुरुष और अन्य व्यक्ति अथवा वस्तु जिसके बारे में बात की जा रही है वह अन्य पुरुष कहलाता है। संस्कृत भाषा में इसको प्रथम पुरुष भी कहा जाता है। जो शब्द इन तीनों पुरुषों का बोध कराते हैं वे पुरुषवाचक सर्वनाम कहलाते हैं। जैसे–मैं, मुझे, हम, तू, तुम, तुम्हें, तुम्हारा, हमारा, वह, वे, उन्हें, उनको, उन, उसको, उस आदि।

२. निश्चयवाचक सर्वनाम :–

जिस शब्द से किसी निश्चित वस्तु का ज्ञान होता है उसे निश्चयवाचक सर्वनाम कहते हैं। जैसे–यह, इस, ये, इन, इन्हें आदि।

३. प्रश्नवाचक सर्वनाम :–

जिस शब्द का प्रयोग प्रश्न पूछने के रूप में होता है उसे प्रश्नवाचक सर्वनाम कहते हैं। जैसे क्या, कौन, किस, किन, किन्हें आदि।

ऐसे शब्दों के अलावा एक शब्द है 'अच्छा' जिसका अर्थ बोलने के लहज़े के अनुसार बदल जाता है। तब इसका एक रूप प्रश्नवाचक भी हो जाता है–अच्छा?

४. सम्बन्धवाचक सर्वनाम :–

जिस शब्द से संज्ञा अथवा सर्वनाम के सम्बन्ध का ज्ञान होता है उसे सम्बन्ध वाचक सर्वनाम कहते हैं। जैसे जो, जिस, जिन, जिन्हें आदि।

५. अनिश्चयवाचक सर्वनाम :–

जिस शब्द से किसी निश्चित वस्तु का ज्ञान न हो उसको अनिश्चयवाचक सर्वनाम कहते हैं। जैसे–कोई, कुछ, किसी, किन्ही आदि।

६. निज़वाचक सर्वनाम :–

जिस शब्द से किसी संज्ञा अथवा सर्वनाम के स्थान पर उसके अधिकार का ज्ञान हो उसे निजवाचक सर्वनाम कहते हैं। जैसे–आप, अपना, अपन, आपस आदि।

विशेषण

संज्ञा शब्द के गुण स्पष्ट कर उसकी व्यापकता को मर्यादित करने वाला शब्द विशेषण कहलाता है। विद्वानों ने इसके निम्न लिखित भेद किए हैं।

१. संख्यावाचक विशेषण :–

संख्या विषयक विशेषता स्पष्ट करने वाला विशेषण संख्यावाचक कहलाता है। इसके निम्न लिखित भेद माने जाते हैं।

(क) पूर्णांक संख्यावाचक :– पूर्ण अंक वाली संख्या का बोध कराने वाले विशेषण को पूर्णांक संख्यावाचक विशेषण कहते हैं जैसे–एक, दो, तीन, चार, पाँच, छः, सात, आठ, नौ, दस, बीस, तीस, चालीस, सौ, हज़ार, लाख, करोड़, अरब आदि।

(ख) अपूर्णांक वाचक विशेषण :– अपूर्ण अंक वाली संख्या का बोध कराने वाले विशेषण को अपूर्णांक वाचक विशेषण कहते हैं। जैसे–चौथाई, पाव, आधा, पौन, सवा, साढ़े, डेढ़, ढाई, पौने दो, पौने तीन आदि।

(ग) क्रम संख्यावाचक विशेषण :– संख्या के क्रम का बोध कराने वाले विशेषण को क्रम संख्यावाचक विशेषण कहते हैं। जैसे–पहला, दूसरा, तीसरा, चौथा, पाँचवां, छठवां, सातवां आदि।

२. परिमाणवाचक विशेषण :–

नाप, तौल, ऊँचाई, नीचाई, चौड़ाई सम्बन्धी विशेषता बताने वाले शब्द परिमाणवाचक विशेषण कहलाते हैं। जैसे–एक किलो दूध, थोड़ी मलाई, तीन मीटर ऊँचा, एक क्यूविक मीटर पानी, सात रिक्टर आदि।

३. गुणवाचक विशेषण :–

जिस विशेषण से किसी विशेष के गुण का ज्ञान होता है उसे गुणवाचक विशेषण कहते हैं। जैसे अच्छा, बुरा, सुन्दर, मूर्ख, विद्वान आदि।

४. व्यक्तिवाचक विशेषण :–

जिस शब्द से व्यक्तिवाचक संज्ञा की विशेषता स्पष्ट होती है उसे व्यक्तिवाचक विशेषण कहते हैं। जैसे- कश्मीरी सेव मीठा होता है। यहाँ कश्मीरी शब्द व्यक्तिवाचक विशेषण है।

संज्ञा से विशेषण बनाने की विधि

शब्द	**विशेषण**
रामपुर	रामपुरी
सुख	सुखी
दुःख	दुःखी
भड़क	भड़कीला
उधार	उधारी

सर्वनाम से विशेषण बनाने की विधि

शब्द	**विशेषण**
वह	वैसा

यह	ऐसा
जो	जैसा
कौन	कैसा
तुम	तुमसा
उन	उनसा

क्रिया से विशेषण बनाने की विधि

शब्द	विशेषण
चलना	चलता
उगना	उगता
जीना	जीता
फिरना	फिरता

क्रिया

जिस शब्द से किसी कार्य का करना अथवा होना स्पष्ट होता है उसे क्रिया कहते हैं। जैसे-मोहन खाता है। इस वाक्य में 'खाता है' क्रिया है क्योंकि इससे खाने के भाव का आभास प्रकट होता है।

क्रिया के निम्न लिखित भेद माने जाते हैं।

१. अकर्मक क्रिया :-

जिस धातु (शब्द) के साथ कर्म निर्धारित न हो उसे अकर्मक क्रिया कहते हैं। जैसे-पढ़, हंस, चल, दौड़, रो आदि।

२. सकर्मक क्रिया :-

जिस धातु (शब्द) के साथ कर्म निर्धारित हो उसे सकर्मक क्रिया कहते हैं। जैसे-दीपक पानी पीता है। यहाँ पीना क्रिया के कार्य का फल पानी पर पड़ रहा है। इसलिए पानी यहाँ पर कर्म है और यही सकर्मक क्रिया है।

३. प्रेरणार्थक क्रिया :-

जिस धातु (शब्द) से किसी कार्य के होने या किए जाने के भाव के साथ जब कोई किसी को प्रेरित करके काम कराता है तो वह प्रेरणार्थक क्रिया

बन जाती है। जैसे-मोहन नौकर से काम कराता है, मैं मज़दूर से फसल कटवाता हूँ। यहाँ करा तथा कटवा शब्द प्रेरणार्थक क्रिया हैं।

४. नामधातु क्रिया :–

जिन धातुओं का निर्माण संज्ञा, सर्वनाम, विशेषण आदि से कर लिया जाता है उनको नाम धातु क्रिया कहते हैं। जैसे हथियाना, शरमाना, अपनाना, सठियाना, ललचाना, झुठलाना आदि।

५. सहायक क्रिया :–

जब क्रिया में एक से अधिक क्रियारूप विद्यमान हों तो क्रिया का प्रथम रूप क्रिया और अन्य रूप सहायक क्रिया कहलाते हैं। जैसे-दीपक पढ़ा, दीपक पढ़ा है, दीपक पढ़ा था। इन तीनों वाक्यों में पढ़ा मुख्य क्रिया है और है तथा था सहायक क्रियायें हैं।

६. संयुक्त क्रिया :–

दो अथवा दो से अधिक धातुओं (शब्दों) से बनी तथा नया अर्थ प्रकट करने वाली क्रिया संयुक्त क्रिया कहलाती है। संयुक्त क्रियाओं के माध्यम से संश्लिष्ट तथा सूक्ष्म भाव अभिव्यक्त होते हैं। जैसे-गिर पड़ना, उठ बैठना, चल बसना, मार डालना आदि।

अव्यय

अव्यय का अर्थ है जो व्यय न हो। व्याकरण में जिन शब्दों के रूप नहीं बदलते उनको अव्यय कहते हैं। अव्यय के निम्न लिखित भेद हैं।

१. क्रिया विशेषण अव्यय :–

क्रिया की विशेषता स्पष्ट करने वाला शब्द क्रिया विशेषण अव्यय कहलाता है। जैसे-दीपक धीरे-धीरे बोल रहा है। यहाँ बोलने की विशेषता धीरे-धीरे से स्पष्ट हो रही है। इसलिए धीरे-धीरे क्रिया विशेषण अव्यय है।

क्रिया विशेषण अव्यय के पाँच भेद हैं–

(क) सर्वनाम रूप :– सर्वनाम के योग से बनने वाले शब्द जैसे-यों, त्यों, सोई, आदि।

(ख) निश्चयवाचक :– इसके दो भेद हैं :–

१. निकटवर्ती :– वे शब्द जो निकटता का आभास कराते हैं। जैसे- अब, अभी, यहाँ आदि।

२. दूरवर्ती :– जिन शब्दों से दूरी का आभास होता है। जैसे- वहाँ, उधर, दूर आदि।

(ग) प्रश्नवाचक :– जिन शब्दों से प्रश्न का आभास होता है वे प्रश्नवाचक कहलाते हैं। जैसे–कौन, क्यों, कब, किस, किधर, क्या आदि।

(घ) संबंधवाचक :– जिन शब्दों से सम्बन्ध का आभास होता है। जैसे–जो, जौन, तौन, आदि।

२. कालवाचक :–

जिन शब्दों से काल अर्थात् समय का बोध होता है वे कालवाचक कहलाते हैं। जैसे–तुरन्त, अभी, पहले, नित्य, जब, तब आदि।

३. स्थानवाचक :–

जिन शब्दों से स्थान का ज्ञान होता है वे स्थानवाचक कहलाते हैं। जैसे–जहाँ, तहाँ, कहाँ आदि।

४. दिशावाचक :–

जिन शब्दों से दिशा बोध होता है वे दिशावाचक कहलाते हैं। जैसे–पूरब, उत्तर, ऊपर, नीचे, दायें, बायें आदि।

५. विस्मयादि वाचक :–

जिन शब्दों से विस्मयता का बोध होता है वे विस्मयादि बोधक कहलाते हैं। जैसे–हाँ, ओहो, एं, हैं, उफ, आदि के अलावा 'अच्छा' शब्द भी है जिसके उच्चारण के लहजे़ के अनुसार अलग–अलग अर्थ निकलते हैं। इस पर पहले चर्चा की जा चुकी है।

६. समुच्चयवाचक :–

जिन शब्दों के जोड़ने से वाक्य बदल या बढ़ जाता है वे समुच्चय वाचक कहलाते हैं। जैसे-और, अथवा, या, कि, याकि आदि।

कारक

संस्कृत की 'कृ' धातु से कारक शब्द की उत्पत्ति हुई है और इसका अर्थ है करने वाला। कारक के साथ क्रिया का सीधा सम्बन्ध रहता है तथा इसके साथ विभक्ति शब्द भी जुड़ते हैं। जैसे–राम ने रावण मारा। इस वाक्य में राम और रावण कर्त्ता हैं। 'ने' विभक्ति तथा 'मारा' क्रिया हैं।

कारक	**विभक्ति**
कर्त्ता	ने
कर्म	को
करण	से
सम्प्रदान	को, के लिए
अपादान	से
सम्बन्ध	का, के, की
अधिकरण	में, पै, पर
सम्बोधन	हे, अरे, ओ, हो।

कर्त्ताकारक

क्रिया करने न करने के लिए जो स्वतंत्र होता है वही कर्त्ताकारक कहलाता है। जैसे–मोहन खाता है। इस वाक्य में खाने की क्रिया मोहन द्वारा की जा रही है। लेकिन मोहन स्वतंत्र है। वह चाहे खाये और चाहे तो न खाये।

कर्त्ताकारक दो तरह से प्रयोग में लाया जाता है। एक सप्रत्यय और दूसरा अप्रत्यय।

१. सप्रत्यय :–

मोहन ने पुस्तक पढ़ी। इसका चिह्न है 'ने' जिसका प्रयोग इस प्रकार किया जाता है–

सामान्य भूतकाल – मोहन ने पुस्तक पढ़ी।

आसन्न भूतकाल – मोहन ने पुस्तक पढ़ी है।

पूर्ण भूतकाल - मोहन ने पुस्तक पढ़ी थी।

संदिग्ध भूतकाल - मोहन ने पुस्तक पढ़ी होगी।

२. अप्रत्यय :–

जैसे– मोहन पढ़, मोहन पढ़ा, मोहन पढ़े।

कर्म-कारक

जो कर्त्ता है उसका सीधा प्रभाव जिस पर पड़े वही कर्म कारक कहलाता है। जैसे-मोहन पुस्तक पढ़ता है। इस वाक्य में कार्य का सीधा प्रभाव पुस्तक पर पड़ रहा है। इसलिए पुस्तक कर्मकारक है। कर्मकारक भी दो प्रकार से प्रयोग में लाया जाता है।

१. अप्रत्यय कर्मकारक :–मोहन पुस्तक पढ़ता है।

२. सप्रत्यय कर्मकारक :– मोहन ने सीता को पढ़ाया।

करण कारक

जिस साधन से क्रिया की जाती है वह करणकारक कहलाता है। जैसे-मोहन ने सीता को हाथ से खिलाया। यहाँ खिलाने की क्रिया हाथ से की जा रही है। अत: 'हाथ' करण कारक है।

करण कारक दो तरह से प्रयोग में लाया जाता है।

१. सप्रत्यय करण कारक :– मोहन ने खेत को हल से जोता।

२. अप्रत्यय करण कारक :– मैंने सोची-समझी बात बताई।

सम्प्रदान कारक

जिसके लिए क्रिया की जाती है उसको सम्प्रदान कारक कहते हैं। जैसे-मोहन ने श्याम के लिए कलम खरीदी। इस वाक्य में कलम खरीदने की क्रिया श्याम के लिए की जा रही है।

१. सप्रत्यय सम्प्रदान कारक :– वह जीवित रहने के लिए खाता है।

२. अप्रत्यय सम्प्रदान कारक :– राम की बात मुझे नहीं भाती।

अपादान कारक

जिससे कारण, आरम्भ, भिन्नता, तुलना, पृथकता आदि का ज्ञान हो वह अपादान कारक कहलाता है। जैसे–

वर्षा से दीवार भीगती है – कारण

रीता जन्म से बहरी है – आरम्भ

राधा का रंग अनुराधा से भिन्न है – भिन्नता

कागा का रंग कोइल–सा है – तुलना

बादल से बूंद गिरी – पृथकता

सम्बन्ध कारक

जिससे किसी पदार्थ अथवा प्राणी का सम्बन्ध किसी अन्य पदार्थ अथवा प्राणी के साथ उत्पन्न हो वह सम्बन्ध कारक कहलाता है। जैसे– श्याम ने राम की पुस्तक चुराई। यहाँ पुस्तक का सम्बन्ध राम से है। इसलिए राम सम्बन्ध कारक है। सम्बन्ध कारक का प्रयोग सदैव प्रत्यय के साथ किया जाता है।

सप्रत्यय :–

राधा की बेटी – सम्बन्ध

दूध का दही – प्रयोजन

पाँच मीटर की साड़ी – परिमाण

है गधे का गधा न घर का न घाट का – अविकार

अधिकरण कारक

जिससे क्रिया के आधार का पता चलता है वह अधिकरण कारक कहलाता है। जैसे–मोहन ने चारपाई पर चादर बिछा दी। यहाँ चारपाई चादर का आधार है क्योंकि चारपाई पर बिछाई गई है अतः चारपाई अधिकरण कारक है।

सप्रत्यय :–

राम छत पर सोता है	–	आधार
यह घड़ी सौ रुपये में मिलती है	–	मूल्य
मोहन के कहने पर राम सो गया	–	कारण
वह निर्धारित समय पर सोता है	–	निश्चित

अप्रत्यय :– मोहन यहीं है।

सम्बोधन कारक

जिससे किसी को बुलाने अथवा सम्बोधित करने का ज्ञान हो वह सम्बोधन कारक कहलाता है। जैसे-हे भगवान! हमारी रक्षा करना, पिताजी छत से नीचे आ जाओ। आदि।

सप्रत्यय :– हे कृष्ण! मेरी लाज बचाओ।

अप्रत्यय :– तुम घर जाओ।

वचन

प्राण जाय पर वचन न जाई-वचन से अभिप्राय है कौल, क़रार, वादा अर्थात् कही गई बात का निर्वाह करना। वचन का एक और अर्थ होता है किसी के कहे वचन अथवा पुस्तक में संग्रहित कर लिए गये जैसे-श्रीमद्भगवतगीता में भगवान कृष्ण के वचन आदि।

लेकिन व्याकरण में विकारी शब्द के उस रूप को वचन कहते हैं जिससे एक अथवा अनेक का बोध होता है। दूसरे शब्दों में संख्यात्मक स्थिति स्पष्ट करने वाला शब्द वचन होता है। संस्कृत भाषा में तीन वचन होते हैं-एक वचन, द्विवचन और बहुवचन। वैदिक और लौकिक संस्कृत भाषा में द्विवचन का प्रयोग किया जाता है।

एक वचन	द्विवचन	बहुवचन
सः (वह)	तौ (वे दोनों)	ते (वे सब)
त्वम् (तुम)	युवाम् (तुम दोनों)	यूयम् (तुम सब)
अहम (मैं)	आवाम्(हम दोनों)	वयम् (हम सब)

पालि, प्राकृत भाषाओं में भी द्विवचन नहीं है। हिन्दी में भी द्विवचन नहीं है।

१. एक वचन :–

जिस शब्द से किसी एक प्राणी, पदार्थ और वस्तु का बोध होता है उसे एक वचन कहते हैं। जैसे–घर, विद्यालय, हाथी, घड़ी आदि।

२. बहुवचन :–

जिस शब्द से एक से अधिक प्राणियों, पदार्थों और वस्तुओं का बोध होता है उसे बहुवचन कहते हैं। जैसे–घरों, विद्यालयों, हाथियों, घड़ियाँ, आदि।

साधारण बहुवचन के अलावा बहुवचन का एक रूप और है जिसे आदरसूचक बहुवचन कह सकते हैं। जैसे–पिताजी भजन कर रहे हैं–यहाँ एक वचन (पिताजी) के साथ क्रिया बहुवचन वाली प्रयोग की गई है। इसी तरह गुरुदेव जा रहे हैं, माताजी खाना बना रही हैं। आदि।

लिंग

स्तनकेशवती स्त्री स्यात्, लोमशः पुरुषः स्मृत।
उभयोरन्तरं यच्च, तदभावे नपुंसकम॥

वाक्य पदीय लिंग व्याख्या के अनुसार स्तन, केश आदि के द्वारा स्त्री। रोम, मूँछ आदि के द्वारा पुरुष। इन दोनों के अभाव में नपुंसक।

लिंग का अर्थ है चिह्न। संज्ञा शब्द का वैकल्पिक अथवा प्राकृतिक स्वरूप चिह्नित करना ही लिंग हो सकता है। संस्कृत भाषा में तीन लिंग बताये गये हैं।

१. स्त्री लिंग, २. पुलिंग, ३. नपुंसक लिंग।

संस्कृत भाषा में पत्नी के लिए तीनों तरह के लिंग उपलब्ध हैं। दार (पत्नी) पुलिंग बहुवचन में ही प्रयोग में लाया जाता है–दारा, दारान अर्थात् पत्नी। परन्तु स्त्री, नारी, पत्नी, भार्या आदि शब्द स्त्रीलिंग बताये गये हैं। कलत्रम् (पत्नी) शब्द नपुंसक लिंग है।

हिन्दी में नपुंसक लिंग को महत्त्व नहीं दिया जाता है। पुलिंग शब्द–लड़का, राजा, घोड़ा, गदहा, मदारी, कहार, साथी, हाथी आदि।

स्त्रीलिंग–

पुलिंग से स्त्री लिंग बनाने के लिए ओं, ई, इ, याँ, ये, न, नी आदि प्रत्यय जोड़कर स्त्रीलिंग शब्द एकवचन तथा बहुवचन दोनों में बनाये जा सकते हैं। जैसे–लड़का से लड़की, लड़कियां, लड़कियों।

अन्यरूप :–

राजा से रानी, गदहा से गदही, मदारी से मदारिन, कहार से कहारिन, हाथी से हथिनी आदि।

नपुंसक लिंग :–

इस लिंग में हिजड़े, षंढ, शिखंडी, खुसरे आदि शब्द विद्यमान हैं जो ऐसे प्राणियों के लिए बोले जाते हैं जो न पुरुष हैं और न स्त्री। राक्षस और दिन शब्द नपुंसक लिंग माने जाते हैं। देवता शब्द स्त्रीलिंग कहा गया है जबकि देव शब्द पुलिंग है।

अध्याय-८

काल

साधारण रूप में काल का अर्थ है-समय। व्याकरण की दृष्टि से क्रिया का वह स्वरूप जो इसके होने या करने का बोध कराये उसे काल कहते हैं।

संस्कृत भाषा में काल के लिए 'लकार'। शब्द का प्रयोग किया गया है।

१. लट् लकार-वर्तमान काल, २. लङ् लकार-भूतकाल, ३. लृट लकार-भविष्यत् काल।

इनके अलावा लोट लकार-आज्ञा सूचक। जैसे पढ़ो, चले जाओ आदि। विधि लिङ् लकार-चाहिए सूचक। जैसे-पढ़ना चाहिए, तुमको जाना चाहिए आदि। दरअसल ये दोनों वृत्तियां हैं और वर्तमान काल का ही स्वरूप हैं।

हिन्दी भाषा में भी तीन ही काल बताये गये हैं।

१. **भूतकाल**-मैं बाजार गया था।

२. **वर्तमान काल**-मैं बाजार जा रहा हूँ।

३. **भविष्य काल**-मैं बाजार जाऊँगा।

भाषाविदों ने इन कालों के भी उपभेद किए हैं।

भूत काल के भेद

१. साधारण भूतकाल :-

कोई क्रिया कितने समय पहले हो चुकी है इसका बोध न हो तो उसे

साधारण भूतकाल कहते हैं। जैसे-पिताजी दफ्तर गये, मोहन ने पढ़ लिया आदि।

२. आसन्न भूतकाल :-

साधारण भूतकाल की क्रिया लिंग और वचन के अनुसार बदल जाती है परन्तु पुरुष के अनुसार नहीं बदलती तब वह आसन्न भूतकाल की स्थिति बन जाती है। जैसे-लड़की आई, लड़का आया, सीता बोली, मोहन बोला आदि।

३. पूर्णभूतकाल :-

पूर्ण भूतकाल में कार्य होने अथवा करने की पूरी स्थिति स्पष्ट हो जाती है। जैसे-राम बाज़ार गया था, पिताजी दफ्तर गये थे। आदि।

४. अपूर्ण भूतकाल :-

अपूर्ण भूतकाल में क्रिया के आरम्भ होने का बोध होता है लेकिन कार्य पूरा हो पाया अथवा नहीं यह बोध नहीं हो पाता। जैसे-मोहन खाना खा रहा था, पिताजी दफ्तर जा रहे थे। आदि।

५. संदिग्ध भूतकाल :-

संदिग्ध भूतकाल में ऐसा आभास होता है कि कोई कार्य हुआ होगा लेकिन निश्चित नहीं हो पाता। जैसे-मोहन विद्यालय जा चुका होगा, पिताजी दफ्तर जा चुके होंगे। आदि।

६. संकेतात्मक भूतकाल :-

संकेतात्मक भूतकाल में एक क्रिया दूसरी क्रिया के होने अथवा न होने पर आधारित होती है। जैसे-यदि मोहन को पता होता तो वह भी विद्यालय जाता। यदि सीता ने पढ़ाई की होती तो वह भी उत्तीर्ण हो जाती। आदि।

वर्तमान काल के भेद

१. सामान्य वर्तमान काल :-

क्रिया के जिस रूप से कार्य के होने का बोध होता है वह सामान्य वर्तमान काल होता है। जैसे-मोहन गाता है, विद्यार्थी पढ़ता है। आदि।

२. अपूर्ण वर्तमान काल :–

अपूर्ण वर्तमान काल में क्रिया का कार्य चल अथवा हो रहा होता है। जैसे–मोहन सो रहा है, सीता लिख रही है। आदि।

३. संदिग्ध वर्तमान काल :–

संदिग्ध वर्तमान काल में क्रिया के निश्चित रूप का बोध नहीं होता। जैसे–मोहन सो रहा होगा, पिता जी दफ्तर जा रहे होंगे। आदि।

भविष्य काल के भेद

१. साधारण भविष्यकाल :–

साधारण भविष्यकाल में क्रिया के होने का बोध तो होता है परन्तु निश्चित नहीं होता है। जैसे–मोहन विद्यालय जाएगा, बच्चे पानी पियेंगे। आदि।

२. संभाव्य भविष्यकाल :–

संभाव्य भविष्यकाल में क्रिया होने या करने के साथ संदेह की सम्भावना रहती है। जैसे- शायद मोहन घर आ जाये। पता नहीं पिताजी बात करें न करें। आदि।

३. संकेतात्मक भविष्य काल :–

संकेतात्मक भविष्यकाल में एक कार्य का होना न होना दूसरे कार्य के होने न होने पर निर्भर करता है। जैसे–पिताजी कहेंगे तो मैं चला जाऊँगा, जैसे बीज बोओगे वैसे फल पाओगे। आदि।

काल में कल

हिन्दी में 'कल' ऐसा शब्द है जिसका प्रयोग भूत अथवा भविष्य दोनों कालों में किया जाता है। क्रिया के साथ प्रयोग करने पर ही इसका अर्थ स्पष्ट हो पाता है। जैसे–मैं 'कल' गांव गया था–भूतकाल। मैं 'कल' गांव जाऊँगा–भविष्यकाल।

अन्य अनेक भाषाओं में बीते 'कल' तथा आने वाले 'कल' के लिए शब्द हैं। जैसे अंग्रेजी में स्टरडे–भूतकाल का 'कल' और टुमारो–भविष्यकाल का 'कल'।

पहाड़ी भाषा (कुमाऊँनी) में भी ऐसे शब्द हैं। बेलि–भूतकाल के लिए प्रयोग किया जाता है। जैसे–मैं बेलि बजार गंयो छ्यौ (मैं कल बज़ार गया था) और भोल–भविष्य काल के लिए प्रयोग किया जाता है। जैसे–मैं भोल बजार जूंल (मैं कल बाज़ार जाऊँगा)।

भोल शब्द हिन्दी के भोर शब्द का ही बिगड़ा हुआ रूप लगता है। वैसे हिन्दी में भोर शब्द के अर्थ–सुबह, सवेरा, प्रातःकाल आदि भी माने जाते हैं। परन्तु उत्तर प्रदेश के कुछ क्षेत्र जैसे–एटा, इटावा, फर्रुख़ाबाद, मैनपुरी, मथुरा, आगरा, अलीगढ़ तथा मध्य प्रदेश के कुछ क्षेत्र जैसे–भिंड, मुरैना, ग्वालियर आदि राजस्थान के भरतपुर, धौलपुर आदि में भोर शब्द आने वाले कल के लिए प्रयोग में लाया जाता है। जैसे मैं भोर बाजार जाऊँगा, मैं भोर से पढ़ाई करूँगा, वे सब रिश्तेदार भोर चले जायेंगे, राम के मामा भोर आयेंगे आदि।

इस तरह हमारा मन्तव्य है कि हिन्दी में आने वाले कल के लिए भोर शब्द का प्रयोग किया जा सकता है–

भूतकाल	**वर्तमान काल**	**भविष्य काल**
कल	अब या आज	भोर

अध्याय-९

वाक्य

वाक्य भाषा की महत्त्वपूर्ण इकाई है। वाक्य में पद और पद में वर्ण होते हैं। अकेले वर्ण का कोई अर्थ नहीं होता है। जैसे-र, क, ग आदि। इसी प्रकार अकेले पद का भी कोई अर्थ नहीं हो सकता जैसे-पुस्तक, सीता, मणि, स्त्री आदि।

मोहन पुस्तक पढ़ता है, सीता खेलती होगी, सम्राट् के मुकुट में मणि जड़ी है-इस प्रकार जब ये वाक्य बनते हैं तब इनका अर्थ प्रकट होता है।

भर्तृहरि ने 'वाक्य प्रदीप' में लिखा है-

पदे न वर्णा विद्यन्ते वर्णेष्ववयवा न च।
वाक्यात् पदानामत्यन्तं प्रविवेको न कश्चन॥

अर्थात् पदों में वर्णों की स्वतंत्र सत्ता नहीं है और न वर्णों में अवयवों की। पदों की स्वतंत्र सत्ता नहीं होती। सिर्फ वाक्य की स्वतंत्र सत्ता होती है।

यदि विश्लेषण किया जाय तो एक तथ्य उभर कर सामने आता है वह यह कि जिस प्रकार आंख, कान, नाक, हाथ, पैर, पेट आदि से मिल कर शरीर नहीं बनता है बल्कि ये सब शरीर के अंग माने जाते हैं। आपने ऐसे लोग अवश्य देखे होंगे जिनके एक कान नहीं है अथवा एक हाथ नहीं है अर्थात् शरीर है पर एक अथवा दो अंग नहीं हैं।

कुछ ऐसी ही स्थिति भाषा की है। वर्ण, शब्द और फिर इनके सहयोग से वाक्य की संरचना होती है। वाक्य के माध्यम से व्यक्ति अपने अर्थपूर्ण विचार प्रकट करता है जिसे अन्य व्यक्ति समझ सकते हैं। जब वाक्य लिपिबद्ध

हो जाता है तो उसे लिखित रूप मिल जाता है और भविष्य के लिए सुरक्षित रखा जा सकता है।

भाषाविदों ने वाक्य के दो रूप बताये हैं–

१. उद्देश्य :–

वाक्य में जब किसी के सम्बन्ध में कुछ कहा जाता है तो उससे उसका उद्देश्य भी निश्चित होता है। जैसे–मोहन खाता है, हिरन दौड़ता है। आदि।

इन वाक्यों में मोहन और हिरन उद्देश्य हैं और इनके विषय में ही खाने तथा दौड़ने की बात कही गई है।

२. विधेय :–

उद्देश्य के बारे में जो कहा जाता है उसे सूचित करने वाला शब्द विधेय होता है। जैसे–मोहन खाता है, हिरन दौड़ता है आदि।

इन वाक्यों में 'खाता' और 'दौड़ता' विधेय हैं। उद्देश्य आमतौर पर संज्ञा अथवा सर्वनाम होता है। जबकि विधेय में कम से कम एक क्रिया तो अवश्य होगी ही। इसके अलावा वाक्य में और शब्द भेद भी हो सकते हैं जिन्हें कर्म, कर्म–विस्तार, उद्देश्य–विस्तार कह सकते हैं। एक वाक्य देखिये–

साँझ का सूरज धीरे–धीरे पश्चिम में ढल रहा है। अब इस वाक्य के अवयवों पर दृष्टिपात कीजिये–

उद्देश्य – सूरज
उद्देश्य–विस्तार – साँझ का
क्रिया – ढल रहा है
क्रिया–विस्तार – धीरे–धीरे
कर्म – पश्चिम में
विधेय – धीरे–धीरे ढल रहा है।

भाषा शास्त्रियों ने अब तक वाक्य की स्थिति अथवा स्वरूप की माप–तौल का कोई तरीक़ा नही बता पाया है। यह बहुत बड़ा भी हो सकता है और बहुत छोटा भी।

छोटा वाक्य :– जैसे-चल, उठ, आ, गा, लो, ले, सुन आदि। इनका स्वतंत्र अर्थ तो है किन्तु संज्ञा अथवा सर्वनाम के बिना ये परिपूर्ण वाक्य नहीं हैं।

बड़ा वाक्य :– जैसे-जंगल में चलते-चलते मोहन ने अपनी माताजी के सिर पर रखी भारी गठरी धीरे से उतार कर अपने सिर पर रख ली आदि।

संरचना के आधार पर विद्वानों ने वाक्य के तीन भेद किए हैं।

१. साधारण वाक्य :–

वाक्य में जब केवल एक उद्देश्य और एक ही विधेय हो तो वह साधारण वाक्य कहलाता है। जैसे-मोहन सोता है, राम गाता है। आदि। इन वाक्यों में मोहन और राम उद्देश्य तथा सोता है और गाता है विधेय हैं।

२. मिश्रित वाक्य :–

जब साधारण वाक्य के साथ एक और वाक्य जुड़ जाये तो वह मिश्रित वाक्य कहलाता है। जैसे-हम सब जानते हैं कि राम विष्णु के अवतार थे। आदि।

इस वाक्य में हम सब जानते हैं-साधारण वाक्य है तथा राम विष्णु के अवतार थे-आश्रित वाक्य है। अतः यह मिश्रित वाक्य बन गया। क्योंकि इसमें दो वाक्य जुड़ कर एक वाक्य बन गया है।

३. संयुक्त वाक्य :–

जब वाक्य में दो अथवा दो से अधिक मिश्रित वाक्य अव्यय के माध्यम से जुड़ते हैं तब वह संयुक्त वाक्य बन जाता है। जैसे- उसको पिता का पत्र मिला और वह गाँव चला गया। आदि।

इसमें पहला वाक्य है-उसको पिता का पत्र मिला और दूसरा वाक्य है-वह गांव चला गया। इस वाक्य में 'और' शब्द अव्यय है। जिसके जुड़ने से दो वाक्य भी संयुक्त हो गये। इसलिये यह संयुक्त वाक्य है।

अर्थ दृष्टि से वाक्य के भेद

विद्वानों ने अर्थ की दृष्टि से वाक्य के निम्न लिखित भेद किए हैं।

१. विधि वाक्य :-

यह साधारण वाक्य होता है। जैसे-राम घर जाता है। आदि।

२. निषेध वाक्य :-

यह वाक्य निषेधात्मक होता है। जैसे-राम घर नहीं जाता है। आदि।

३. प्रश्न वाक्य :-

इस वाक्य में प्रश्न किया जाता है। जैसे-क्या राम घर जाता है? आदि।

४. आज्ञात्मक वाक्य :-

इस वाक्य में आज्ञा दी जाती है। जैसे-राम तुम घर जाओ। आदि।

५. संदेहात्मक वाक्य :-

इस वाक्य में संदेह प्रकट होता है। जैसे-राम घर जाता होगा। आदि।

६. इच्छामूलक वाक्य :-

इस वाक्य में इच्छा प्रकट की जाती है। जैसे- भगवान् तुम्हारा भला. करे। आदि।

७. संकेतात्मक वाक्य :-

इस वाक्य में संकेत निहित होता है। जैसे-यदि पहलवान स्वस्थ होता तो अवश्य जीत जाता। आदि।

८. विस्मयमूलक वाक्य :-

इस वाक्य में विस्मयता का बोध होता है। जैसे-अरे तुम जीत गये! आदि।

शुद्ध व अशुद्ध वाक्य

शुद्ध वाक्य बनाने अथवा लिखने के लिए व्याकरण का परिपूर्ण ज्ञान होना अति आवश्यक है। संज्ञा, सर्वनाम, क्रिया, विशेषण, विधेय, उद्देश्य आदि की अज्ञानतावश अशुद्ध वाक्य बनाये अथवा लिखे जाते हैं। जैसे-राम प्रातः काल के समय पूजन करता है, तुलसीदास द्वारा रामचरित मानस लिखा गया। आदि।

व्याकरण की दृष्टि से दोनों वाक्य अशुद्ध हैं। पहले वाक्य में काल और सभय समानार्थी शब्द हैं। अतः शुद्ध वाक्य है–राम प्रातः काल पूजन करता है। इसी प्रकार दूसरे वाक्य में पता नहीं चल पा रहा है कि रामचरित् मानस है क्या कहानी है, कविता है अथवा ग्रन्थ है। यदि ग्रन्थ है तब शुद्ध वाक्य बनेगा–तुलसी ने रामचरित मानस ग्रन्थ लिखा।

वाक्य की शुद्धता के लिए क्रमिकता का भी बहुत महत्त्व है। उदाहरणार्थ एक अशुद्ध वाक्य देखिये–

हिरन मार को शेर दिया ने
ने दिया मार को हिरन शेर
को ने हिरन दिया मार शेर
शुद्ध वाक्य है–हिरन ने शेर को मार दिया।

शुद्ध–अशुद्ध वाक्य की जानकारी के लिए आत्म साक्ष्य और बाह्य साक्ष्य की आवश्यकता होती है। यदि हमने हिरन और शेर को स्वयं देखा है तो हम अच्छी तरह स्वयं जानते हैं कि हिरन से शेर अधिक बलवान होता है। हिरन शाकाहारी तथा शेर माँसाहारी पशु है। शेर ही हिरन को मार सकता है। यह आत्म साक्ष्य है। बाह्य साक्ष्य के अनुसार यही बात हमने किसी अन्य अनुभवी व्यक्ति से सुनी हो तो हम वास्तविकता समझ सकते हैं। इसी कसौटी से हम शुद्ध और अशुद्ध वाक्य बना अथवा पहचान सकते हैं।

अध्याय-१०

समास

दो अथवा दो से अधिक शब्दों के मिलने पर एक शब्द बनने वाली प्रक्रिया समास कहलाती है। जैसे-घोड़ा जुड़ी गाड़ी अर्थात् घोड़ा गाड़ी। आदि।

'समास' शब्द स्वयं भी दो शब्दों का संयोग है। सम+आस। सम का अर्थ है-बराबर और आस का अर्थ है-जुड़ना या बैठना अर्थात् बराबर बैठना। इस प्रक्रिया में एक तो शब्द संक्षिप्त हो जाता है और दूसरे निरर्थक शब्द हट जाता है। सम्भवतः आप ऊपर दिए गये उदाहरण से समझ भी गये होंगे।

समास के निम्न लिखित भेद किए जाते हैं।

१. अव्ययी भाव समास :-

इसमें दो शब्दों से मिल कर बनने वाला एक शब्द क्रिया विशेषण का भी कार्य करता है। प्रतिदिन=प्रति+दिन, यथाशक्ति=यथा+शक्ति। आदि।

२. तत्पुरुष समास :-

इसमें पहला शब्द दूसरे शब्द के साथ विभक्ति के माध्यम से जुड़ जाता है। जैसे-धरती पुत्र=धरती+का+पुत्र।

इसके निम्न लिखित भेद हैं।

(क) द्विगु समास :- यदि पहला शब्द संख्या की विशेषता के साथ सम्पूर्ण पद का ज्ञान कराये तो वह द्विगु समास कहलाता है। जैसे-सप्त सिन्धु (सात समुद्र)-इसमें पहला शब्द संख्या बताने वाला विशेषण है और दूसरा संज्ञा। इसी प्रकार-चौराहा, त्रिफला, अठन्नी, पंचतत्त्व आदि शब्दों में द्विग समास है।

(ख) कर्मधारय समास :– इसमें विशेषण-विशेष्य अथवा उपमेय-उपमान होता है। जैसे-चरण कमल=चरण रूपी कमल, मृग नयन=मृग के नयन के समान नयन। आदि।

(ग) व्यधिकरण तत्पुरुष समास :– इसमें दूसरे मुख्य शब्द से पहले वाला शब्द संज्ञा होता है और बीच की विभक्ति मिट जाती है। जैसे-रेखा से अंकित=रेखांकित आदि।

इसके निम्न लिखित भेद हैं।

(क) कर्म तत्पुरुष समास :–इस समास में कर्म का कारक चिह्न समाप्त हो जाता है। जैसे-मुँह को तोड़ने वाला=मुंहतोड़, जल पीने की इच्छा करने वाला=जलपिपासु। आदि।

(ख) करण तत्पुरुष समास :– इस समास में दूसरा शब्द पहले शब्द के साथ तृतीया विभक्ति से जुड़ा होता है। जैसे-ईश्वर से दिया हुआ=ईश्वरदत्त, हस्त से लिखित=हस्तलिखित। आदि।

(ग) सम्प्रदान तत्पुरुष समास :– इस समास में दूसरा शब्द पहले शब्द की चतुर्थी विभक्ति से जुड़ा होता है। जैसे-हाथ के लिए कड़ी=हथकड़ी, रसोई के लिए घर=रसोईघर। आदि।

(घ) अपादान तत्पुरुष समास :– इस समास में अपादान का चिह्न 'से' लुप्त रहता है। जैसे-भय से भीत=भयभीत, विद्या से हीन=विद्याहीन। आदि।

(ङ) सम्बन्ध तत्पुरुष समास :–इस समास में पहला शब्द षष्ठी विभक्ति से जुड़ा होता है। जैसे-सेना का पति=सेनापति, विद्या का अर्थी=विद्यार्थी। आदि।

(च) अधिकरण तत्पुरुष समास :–इस समास में अधिकरण के चिह्न 'में', 'पै', 'पर' छिपे रहते हैं। जैसे-घोड़े पर सवार=घुड़सवार, हर फन में मौला=हरफनमौला, दान में वीर=दानवीर। आदि।

(छ) न अ तत्पुरुष समास :– इस समास में शब्द से पहले अ या अन लगता है। जैसे-अ लौकिक=अलौकिक, अन आश्रित=अनाश्रित। आदि।

३. द्वन्द्व समास :-

इस समास में दो अथवा तीन संज्ञा शब्द होते हैं और इसके बीच के शब्द 'व', 'और', 'तथा', 'या' आदि शब्द हटा दिए जाते हैं तथा एक शब्द बन जाता है। जैसे माँ और बाप=माँ बाप, नर और नारी=नर नारी, धर्म या अधर्म=धर्माधर्म, कहा व सुनी=कहासुनी आदि।

४. बहुब्रीहि समास :-

इस समास में कोई भी शब्द प्रधान नहीं होता बल्कि दोनों शब्द मिलकर एक-दूसरे शब्द की विशेषता का बोध कराते हैं। जैसे-दस हैं आनन जिसके अर्थात् रावण=दसानन। आदि।

अध्याय-११

संधि

संधि मूलतः संस्कृत भाषा का शब्द है और यह सन्+धातु से बना है जिसका अर्थ है-मिलन अथवा मेल। इस प्रकार दो वर्णों अथवा दो शब्दों के मिलन को सन्धि कहते हैं और यदि इनको अलग कर दिया जाय तो संधि विच्छेद कहते हैं। जैसे विद्या+अर्थी=विद्यार्थी। आदि।

प्रत्येक व्यंजन वर्ण में स्वर निहित होता है। जैसे क=क़+अ, र+अ=र, ट+अ=ट आदि। परन्तु हलन्त वर्ण में स्वर नहीं होता। जैसे-क्, र्, ट् आदि। ऐसा वर्ण स्वर रहित उच्चारित किया जाता है। जैसे- वर्णों में 'अ' स्वर मिश्रित है परन्तु 'क्' वर्ण स्वर रहित है।

सन्धि के निम्न लिखित भेद माने जाते हैं।

१. स्वर संधि :-

दो स्वरों के मिलन से वर्ण अथवा शब्द का जो रूप बदलता है वही स्वर संधि कहलाता है। जैसे देव+असुर=देवासुर। यहाँ देव के 'व' वर्ण में 'अ' स्वर समाहित है देव+अ। इसी प्रकार असुर में 'अ' स्वर है। अतः अ+अ=आ हो गया।

स्वर संधि के निम्न लिखित भेद हैं।

(क) दीर्घ सन्धि :- इस सन्धि में दो बराबर के स्वर दीर्घ हो जाते हैं। जैसे-शिरि+ईश=शिरीश। यहाँ इ+ई दोनों स्वर मिल कर 'ई' हो गये हैं।

(ख) गुण सन्धि :- इसमें ह्रस्व अ या दीर्घ अ के बाद ह्रस्व या दीर्घ

इ, उ, ऋ आदि वर्ण हों तो इनके स्थान पर ए, ओ, अर आदि वर्ण आ जाते हैं। जैसे–सुर+इन्द्र=सुरेन्द्र, महा+उत्सव=महोत्सव, सप्त+ऋषि=सप्तर्षि आदि।

(ग) वृद्धि सन्धि :– इसमें 'अ' या 'आ' के बाद अगर ए या ऐ वर्ण आ जाये तो दोनों के स्थान पर ऐ और अगर ओ या औ वर्ण आये तो दोनों के स्थान पर औ वर्ण हो जाएगा। जैसे–सदा+एव=सदैव, महा+औषधि=महौषधि। आदि।

(घ) यण सन्धि :– इसमें ई, ऊ, ऋ आदि वर्ण के बाद कोई असमान स्वर आ जाये तो इन वर्णों के स्थान पर य्, व्, र् आदि वर्ण हो जायेंगे। जैसे–अति+आवश्यक=अत्यावश्यक, अनु+अय=अन्वय। आदि।

(ङ) अयादि संधि :– इसमें ए, ओ, ऐ, औ वर्णों के बाद अगर कोई स्वर आ जाये तो इनके स्थान पर अय्, अव्, आय् आदि वर्ण आ जायेंगे। जैसे- गै+अक=गायक, पौ+अन=पावन आदि।

(च) पूर्वरूप सन्धि :– इसमें ए या ओ वर्ण के आगे 'अ' स्वर आ जाये तो उसका लोप हो जाएगा और उसकी जगह अ का चिह्न 'ऽ' लग जाएगा। जैसे–सो+अपि=सोऽपि। आदि।

(छ) पर रूप सन्धि :– इसमें अकारान्त उपसर्ग के पश्चात् अगर शब्द ए या ओ वर्ण से प्रारम्भ हो तो दोनों मिलकर ए या ओ वर्ण हो जायेंगे। जैसे–सुप+ओष्यति=सुपोष्यति। आदि।

२. व्यंजन सन्धि :–

व्यंजन वर्ण के साथ व्यंजन या स्वर वर्ण के मिलाप से जो रूप परिवर्तित होता है वही व्यंजन सन्धि है। जैसे–सत्+चरित्र=सच्चरित्र। आदि।

व्यंजन सन्धि के निम्न लिखित भेद हैं।

(क) श्चुत्त्व सन्धि :– इसमें सकार या त वर्ग के आगे या पीछे शकार या चवर्ग आ जाये तो सकार के स्थान पर शकार और त वर्ग के स्थान पर च वर्ग हो जाएगा। जैसे–सत+चित=सच्चित आदि।

(ख) ष्टुत्त्व सन्धि :–इसमें अगर सकार या त वर्ग के आगे अथवा

पीछे णकार अथवा ट वर्ग आ जाये तो स् वर्ण के स्थान पर ष् और त वर्ग के स्थान पर ट वर्ग हो जाएगा। जैसे-चेष+ता=चेष्टा। आदि।

(ग) जश्व सन्धि :– इसमें प्रत्येक वर्ग के पहले वर्ण के बाद अगर ग, घ, ध, ब, भ, य, र, ल, व अथवा कोई भी स्वर वर्ण आ जाये तो उस वर्ग के पहले वर्ण के स्थान पर उसी वर्ग का तीसरा वर्ण हो जाएगा। जैसे-वाक्+ईश=वागीश। आदि।

(घ) चर्त्त्व सन्धि :– इसमें किसी वर्ग के पहले, दूसरे और चौथे वर्ण के बाद वर्ग का पहला, दूसरा वर्ण अथवा श्, ष्, स् वर्ण आ जाये तो पहले वर्ण के स्थान पर उसी वर्ग का पहला वर्ण आ जाएगा। जैसे-तद्+कृतम्=तत्कृतम्। आदि।

(ङ) अनुस्वार सन्धि :– इसमें म् से समाप्त होने वाले शब्द में अगर व्यंजन वर्ण आ जाये तो 'म्' वर्ण की जगह अनुस्वार हो जाएगा। जैसे-रामम्+नमामि=राम:नमामि। आदि।

(च) पर सवर्ण सन्धि :– इसमें त वर्ग के बाद ल वर्ण आये तो त वर्ग के वर्ण के स्थान पर 'ल' वर्ण आ जायेगा। जैसे-पत्+लय=पल्लय। आदि।

(छ) अनुनासिक सन्धि :– इसमें शब्द के अंत में अगर श्, ष्, स्, ह वर्ण छोड़ कोई अन्य व्यंजन आ जाये तो उसके बाद किसी भी वर्ग का पाँचवां वर्ण आ जाएगा। जैसे-एतद्+मुरारि=एतन्मुरारि। आदि।

३. विसर्ग सन्धि :–

इसमें स्वर अथवा व्यंजन वर्ण के मिलाप से विसर्ग में शब्द का रूपांतरण हो जाता है। जैसे-नि:+चय=निश्चय, नि:+ठुर=निष्ठुर, नि:+तार=निस्तार। आदि।

अध्याय-१२

शब्द शक्ति

कहावत है-जो शब्द से न मरा उसे हथियार से क्या मारना। शब्द की शक्ति अपरम्पार है। सत्यव्रतीय राजा हरिशचन्द्र ने तीन बार 'संकल्प किया' शब्द बोल कर अपना सम्पूर्ण राज्य दान कर दिया था। महाभारत समाप्त होने के बाद जल में छिप गये दुर्योधन को बाहर आने के लिए पाण्डवों ने तीखे शब्दों का प्रयोग किया था। मुसलमान पति अपनी पत्नी के सामने तीन बार 'तलाक़' शब्द बोल कर उसे त्यागने का अधिकार प्राप्त कर लेता है।

दरअसल शब्द और अर्थ अलग-अलग नहीं हैं। शब्द की संरचना समाज अथवा भाषा शास्त्री वस्तु, पदार्थ, प्राणी, स्वभाव, स्वरूप, गुण, दोष, रंग, रूप आदि के आधार पर करते हैं। जैसे-सिंह-एक जंगली हिंसक पशु का नामकरण कर दिया गया अर्थात् इसके सम्बोधन के लिए एक शब्द निर्धारित कर दिया गया। समझने अथवा समझाने की दृष्टि से शब्द का अर्थ अथवा व्याख्या की जाती है। कुछ शब्द ऐसे हैं जिनमें एक शब्द के अनेक अर्थ भी होते हैं। जैसे-कनक का अर्थ-स्वर्ण, धतूरा, गेहूँ आदि। धीरे अथवा जोर से उच्चारण करने पर भी कुछ शब्दों के अर्थ बदल जाते हैं।

काव्य क्षेत्र में शब्द शक्ति का अत्यधिक महत्त्व है। 'काव्य प्रकाश' में कहा गया है-तद दोषौ शब्दार्थौ सगुणावनलंकृती पुनः काव्यापि-अर्थात् दोषरहित गुणयुक्त और कभी-कभी अनलंकृत शब्द तथा अर्थ भी काव्य कहलाता है।

शब्द बोधक और अर्थ बोध्य कहलाता है। जैसे गेहूँ की रोटी खाओ। इसमें गेहूँ और रोटी शब्द हैं। गेहूँ से अनाज तथा रोटी से वस्तु का बोध होता

है। इसके प्रयोग में अर्थ है, शब्द नहीं। शब्द अर्थ (वस्तु) का बोध कराता है। इसीलिए अर्थ का महत्त्व है। शब्द और अर्थ के सम्बन्ध को वाच्य-वाचक अथवा बोध्य-बोधक नाम से जाना जाता है अर्थात् शब्द वाचक अथवा बोधक तथा अर्थ वाच्य अथवा बोध्य होगा।

आचार्य भामह ने काव्य में शब्द और अर्थ के महत्त्व तथा इन दोनों के आपसी सम्बन्ध की बात कही थी। शब्द और अर्थ के माध्यम से ही सुन्दर, सरस तथा बोधिगम्य काव्य की रचना हो पाती है। शब्द का अर्थ तीन प्रकार का माना गया है- एक वाच्य, दूसरा लक्ष्य और तीसरा व्यंग्य। काव्य शास्त्रियों ने इसी आधार पर शब्द शक्ति के तीन भेद किए हैं।

१. अभिधा, २. लक्षणा, ३. व्यंजना।

१. अभिधा :-

अभिधा में शब्द का लौकिक एवं व्यावहारिक अर्थ स्पष्ट होता है। पण्डित विश्वनाथ ने कहा है-संकेतितार्थस्य बोधनादिग्रिमाभिधा अर्थात् साक्षात् सांकेतिक अर्थ की बोधक शक्ति को अभिधा कहते हैं। साक्षात् सांकेतिक अर्थ से अभिप्राय आम लोगों में प्रसिद्ध तथा शब्दकोष द्वारा मान्यता प्राप्त अर्थ से ही है। कभी एक शब्द के एक से अधिक अर्थ भी होते हैं परन्तु वहाँ प्रसंग के आधार पर ही अर्थ ग्रहण किया जाता है। जैसे-

हरि बोले हरि ही सुने हरि गये हरि के पास।
जब हरि ने हरि को लख्यौ तब हरि भये उदास॥

हरि शब्द के अनेक अर्थ प्रचलित हैं। जैसे-सर्प, मेंढक, भगवान, ईश्वर आदि। लेकिन प्रसंग के आधार पर अर्थ इस प्रकार है-हरि बोले (मेंढक बोला) हरि ही सुने (सर्प ने सुना) हरि गये (सर्प गया) हरि के पास (मेंढक के पास) जब हरि ने (जब मेंढक ने) हरि को लख्यौ (सर्प को देखा) तब हरि भये उदास (तब मेंढक उदास हो गया)।

आचार्यों ने अभिधा के तीन भेद माने हैं।

(क) रूढ़ि शब्द :- रूढ़ि शब्द वे होते हैं जिनको विभाजित नहीं किया जा सकता। ऐसे शब्द का एक ही अर्थ होता है। जैसे- हाथ, पैर, हाथी आदि।

(ख) यौगिक शब्द :– यौगिक शब्द वे होते हैं जिनकी प्रकृति तथा अवयव की सहायता से अर्थ का ज्ञान होता है। जैसे-श्रीपति-इस शब्द में एक अवयव है-श्री अर्थात् लक्ष्मी और दूसरा अवयव है-पति अर्थात् स्वामी। अर्थ हुआ लक्ष्मी के स्वामी अर्थात् विष्णु।

(ग) योगारूढ़ि शब्द :– योगारूढ़ि शब्दों में यौगिक शब्दों की ही तरह अवयवों से अर्थ का ज्ञान होता है। परन्तु ऐसे शब्द यौगिक होने के बावजूद किसी एक विशेष अर्थ के लिए ही जाने जाते हैं। जैसे-मुरलीधर। इस शब्द के दो अवयव हैं। एक-मुरली और दूसरा धर अर्थात् मुरलीधारण करने वाला। परन्तु इस शब्द को सिर्फ श्रीकृष्ण के लिए ही प्रयुक्त किया जाता है। कोई अन्य मुरलीधर नहीं माना जा सकता।

२. लक्षणा :–

पंडित विश्वनाथ ने कहा है-मुख्यार्थबाधे तद्युक्तो ययाऽन्योऽर्थ प्रतीयते, रूढ़े प्रयोजनाद्वासौ लक्षणा शक्तिरर्पिता अर्थात् मुख्य अर्थ में बाधा होने पर रूढ़ि अथवा प्रयोजन को लेकर जिस व्यक्ति के द्वारा मुख्य अर्थ से सम्बन्धित दूसरे अर्थ का ज्ञान हो उसे लक्षणाशक्ति कहा जा सकता है। इस प्रकार लक्षणा शक्ति में तीन मुख्य तत्त्व हैं। एक-मुख्य अर्थ में बाधा दो-मुख्य अर्थ से सम्बद्ध अर्थ ग्रहण करना, तीन-रूढ़िकारण। जब शब्द के वाच्य अर्थ से आवश्यक अर्थ का ज्ञान न हो तो मुख्य अर्थ बाधायुक्त होगा। जैसे-दीपक उल्लू है। यहाँ पक्षी रूप उल्लू मुख्य अर्थ में एक बाधा है। क्योंकि दीपक मनुष्य है। उल्लू की तरह पक्षी नहीं है। यहाँ एक बात स्पष्ट है कि मुख्य अर्थ में बाधा होने के बावजूद जो दूसरा अर्थ जोड़ा जा रहा है उसका मुख्य अर्थ से कुछ न कुछ सम्बन्ध अवश्य है। हालांकि दीपक उल्लू के समान पक्षी नहीं है। परन्तु उसकी बेवकूफी उल्लू के समान अवश्य है। उल्लू बेवकूफी के लिए रूढ़ि है। इसीलिए बेवकूफी प्रयोजन के लिए उल्लू शब्द प्रयोग में लिया गया है।

विद्वानों ने लक्षणाशक्ति के अनेक भेद और उपभेद किए हैं।

१. रूढ़ि लक्षणा :– रूढ़ि लक्षणा में शब्द के मुख्य अर्थ के अतिरिक्त उससे सम्बद्ध दूसरा अर्थ रूढ़ि द्वारा निर्धारित किया जाता है। जैसे-काले ने डस लिया। यहाँ काले अभीष्ट अर्थ नहीं है बल्कि काले का अभीष्ट अर्थ है काला सर्प।

रूढ़ि लक्षणा के दो भेद माने गये हैं।

(क) गौणी रूढ़ि लक्षणा :– परम्परागत गुण का बोध कराने पर लक्ष्यार्थ ग्रहण करने वाली गौणी रूढ़ि लक्षणा शक्ति कहलाती है। जैसे–पंजाब परिश्रमी है अर्थात् पंजाब में रहने वाले लोग परिश्रमी हैं।

(ख) शुद्धारूढ़ि लक्षणा :–परम्परागत वाच्यार्थ से सम्बद्ध लक्ष्यार्थ भी ग्रहण किया जाता है। जैसे–लाल पगड़ी आई, सब दुबक गये–अर्थात् लाल रंग की पगड़ियाँ बाँधे पुलिस के सिपाही आये तो उन्हें देख सारे लोग छिप गये।

२. प्रयोजनवादी लक्षणा :– इसमें मुख्य अर्थ में बाधा आने पर विशेष प्रयोजन से अभीष्ट अर्थ प्राप्त किया जाता है। इसके दो भेद मुख्य हैं।

(क) गौणी प्रयोजनवादी लक्षणा :– उपमा और उपमेय में गुण के आधार पर अभीष्ट अर्थ का ज्ञान होता है। जैसे–चन्द्र बदन लखि मन हरसाया। यहाँ चन्द्र और बदन एक दूसरे से एकदम अलग हैं। अतः मुख्य अर्थ में बाधा है, परन्तु दोनों के गुणों में समानता है अर्थात् जिस प्रकार चन्द्रमा देख कर मन प्रसन्न होता है उसी तरह बदन देखकर मन प्रसन्न हो गया।

इसके भी दो भेद हैं।

अ–सारोपा गौणी प्रयोजनवादी लक्षणा :– उपमान और उपमेय दोनों का आरोप होता है। जैसे ऊपर कहा गया है उसमें चन्द्र (उपमान) और बदन (उपमेय) दोनों का आरोप है।

आ–साध्यवसाना गौणी प्रयोजनवादी लक्षणा :–उपमान का वर्णन और उपमेय की लुप्तता। जैसे–बैल के मुँह क्यों लगते हो। आदि।

(ख) शुद्धा प्रयोजनवादी लक्षणा :– गुण की समानता के अलावा किसी अन्य समानता से लक्ष्यार्थ का ज्ञान होता है। जैसे–सूरदास अर्थात् महाकवि सूरदास नेत्रहीन थे। इसलिए प्रत्येक नेत्रहीन व्यक्ति को सूरदास सम्बोधित किया जाने लगा।

समानता का सम्बन्ध अनेक प्रकार से हो सकता है।

सामीप्य सम्बन्ध :– जैसे–तोइनिधि। तोइ का अर्थ है पानी और निधि का अर्थ है खज़ाना। परन्तु तोइनिधि का अर्थ समुद्र के रूप में प्रचलित है।

आधारीय सम्बन्ध :– जैसे उत्तर प्रदेश सरकार ने कहा अर्थात् उत्तर प्रदेश के मुख्यमंत्री ने कहा।

कार्य-कारण सम्बन्ध :– जैसे पानी ही जीवन है अर्थात् पानी ही जीवन का कारण है।

आंगिकभाव सम्बन्ध :– जैसे श्याम के हाथ का नाखून फट गया अर्थात् श्याम के हाथ की किसी एक अँगुली का नाखून फट गया होगा।

तात्कर्म्य सम्बन्ध :– जैसे-मीठी बानी बोलि पपीहा, हियरा मोर जराबै अर्थात् पपिहा मीठी बोली बोल रहा है, लेकिन मेरा ह्दय जला रहा है।

तादर्थ्य सम्बन्ध :–मोहन मेरे पिता तुल्य हैं।

प्रयोजनवादी लक्षणा के भी दो भेद बताये गये हैं।

(क) लक्षण-लक्षणा :–मुख्य अर्थ और वाच्यार्थ एकदम लुप्त हो जाता है। जैसे-उसे साँप सूंघ गया अर्थात् वह गुमसुम बैठा है। पेट में चूहे फुदक रहे हैं अर्थात् बहुत तेज़ भूख लगी है।

(ख) उपादान लक्षणा :– लक्ष्य अर्थ के साथ मुख्य अर्थ का सम्बन्ध भी होता है। जैसे-जगमगाती लालटेनें चली आ रही हैं अर्थात् लोग जलती हुई लालटेनें हाथों में पकड़े हुऐ चले आ रहे हैं। यह पूरा नाई है, पेट में दाढ़ी, कमर में बूता आदि अन्य उदाहरण भी हैं।

३. व्यंजना :–

इसमें मुख्य अर्थ व्यंग्य होता है। यह वाच्य तथा लक्ष्य अर्थ से अलग प्रकार का अर्थ स्पष्ट करने वाली शब्द शक्ति है। व्यंग्य अर्थ अनेक प्रकार के हो सकते हैं। जैसे-

चरन धरत शंका करत चितवत हैं चहुँओर।
सुबरन को ढूंढत फिरत कवि व्यभिचारी चोर॥

यहाँ चरन का अर्थ-चरण, काव्य चरण तथा सुबरन का अर्थ सुन्दर रंग, सोना और सुन्दर अक्षर है।

मेरी भव बाधा हरौ राधा नागरि सोइ।
जा तन की झाईं परै स्याम हरित दुति होय॥

कविवर बिहारी के इस दोहे की दूसरी पंक्ति के अनेक अर्थ हैं।

व्यंजना के दो मुख्य भेद हैं।

१. शाब्दी व्यंजना :–

व्यंग्यार्थ केवल शब्द के प्रयोग पर निर्भर रहता है। विद्वानों ने इसके दो भेद किए हैं।

अ. अभिधामूलक :– अभिधामूलक व्यंजना में एक शब्द के अनेक अर्थ हो सकते हैं, परन्तु अनेक अर्थ वाले शब्द को एक ही अर्थ में नियंत्रित भी कर दिया जाता है। जैसे–

चिरजीवौ जोरी जुरै क्यों न स्नेह गंभीर।
को घटि ये वृषभानुजा वे हलधर के वीर॥

वृष भानुजा शब्द का अर्थ गाय तथा राधा है और हलधर का अर्थ बैल तथा बलराम है। परन्तु राधा और बलराम शब्दों को एक ही अर्थ में नियंत्रित कर दिया गया है।

आ. लक्षणामूलक :– लक्षणामूलक व्यंजना में व्यंग्य अर्थ को लक्ष्य अर्थ के आधार पर स्वीकार किया जाता है। जैसे–

को तुम हौ घन स्याम अहै घनस्याम अहौ कित हूँ बरसौ।
चित चोर कहावत हैं हम तौ तहँ जाहु जहाँ घन है सरसौ॥

२. आर्थी व्यंजना :–

आर्थी व्यंजना में अर्थ की सुन्दरता मुख्य रूपसे विद्यमान रहती है। व्यंजना किसी विशेष शब्द पर निर्भर न रह कर व्यंग्य अर्थ पर निर्भर रहती है। जैसे–

दुवन दुसासन दुकूल गह्यौ दीनबन्धु
दीन ह्वै कै द्रुपदकुमारी यों पुकारी है।
छोड़े पुरुसारथ की ठाड़े पिय पारथ से
भीम महाभीम ग्रीव नीचे को निहारी है॥
अम्बर तौ अम्बर अमर कियौ बंसीधर
भीसम करन द्रोन सोभा यों निहारी है।
सारी बीच नारी है कि नारी बीच सारी है
कि सारी ही की नारी है कि नारी ही की सारी है॥

अध्याय-१३

वर्तनी

प्रत्येक भाषा के लिए वर्तनी महत्त्वपूर्ण होती है। हिन्दी के लिए इसका विशेष महत्त्व है। क्योंकि हिन्दी अभी शैशवकाल में है और दूसरे इसमें अनेक विदेशी भाषाओं के शब्द समाहित हो चुके हैं। इसके अलावा अनेक प्राचीन भारतीय भाषाओं के शब्द भी सम्मिलित हैं।

भाषा की एकरूपता क़ायम रखने तथा क्षेत्रीयता के आधार पर उत्पन्न होने वाली विकृतियों से उसे सुरक्षित रखने के लिए वर्तनी ही महत्त्वपूर्ण है। वर्तनी कें माध्यम से भाषा की शुद्धता-अशुद्धता, अक्षर के जन्म सम्बन्धी अवयव, शब्द-संधि, संधि-विच्छेद, किन अक्षरों से मिलकर कौन सा शब्द बनता है, आदि का उचित ज्ञान होता है।

भाषा शास्त्री तथा भाषा वैज्ञानिक भाषा के शुद्ध तथा सही रूप को बनाये रखने के लिए कितना भी प्रयत्न करें फिर भी वर्तनी की समस्या समाप्त नहीं हो पाती। संस्कृत जैसी भाषा में भी यह समस्या विद्यमान है जबकि पाणिनि जैसे श्रेष्ठ भाषाविद् ने इसका व्याकरण तैयार कर मानक निर्धारित किए हैं। संस्कृत में उषा तथा ऊषा, औषधि तथा औसध जैसे शब्द हैं।

हिन्दी भाषा में शब्द विकृति, उच्चारण तथा लेखन दोष क्रमिक अक्षर ह्रास आदि के अनेक कारण हैं।

अशिक्षा

हमारे देश में अधिकांशतः आबादी अशिक्षित है। जिस कारण उसको भाषा का सही ज्ञान ही नहीं होता। ग़ैर हिन्दी भाषी लोग हिन्दी शब्द अथवा

वर्ण को मन चाहा उच्चारण अथवा रूप प्रदान कर देते हैं जिसके साथ उनकी अपनी भाषा का रंग भी हिन्दी पर छा जाता है। जैसे 'नमस्कार' शब्द को 'नोमस्कार', 'सत श्री अकाल' शब्द को 'सस्त्रीगल' अथवा 'सतस्त्रीकल़', 'भ्रा' को 'प्राहा', जनवासा को 'जनमासा', 'अगमानी' को 'अगवानी' बोला जाता है।

क्षेत्रीयता

हिन्दी भाषा के अनेक शब्द ऐसे हैं जिनका वास्तविक रूप क्षेत्रीयता की बोली के कारण बदल जाता है। जैसे-'कहाँ जा रहा' को 'कां जाइ रह्यौ, 'कितकूं जाइ रहौ', 'कहँ जाइब' के रूप में बोला जाता है। यही नहीं 'जाएगा' को 'जावेगा', 'जाबेगा, 'जायेगा' आदि रूपों में बोला और लिखा जाता है।

परम्परागत

कुछ शब्द परम्परागत बोले जाते हैं अर्थात् जो शब्द दादा ने बोला वही शब्द उसके पुत्र-पुत्री तथा पुत्र के पुत्र-पुत्री भी बोलते रहते हैं। जैसे कोई परिवार पिता के पिता को 'दादा', 'दद्दू' बोलता है तो कोई 'बाबा', 'बब्बा' आदि बोलता है।

भ्रम

कुछ शब्द ऐसे हैं जिनको भ्रमवश ग़लत बोला तथा लिखा जाता है। जैसे 'अनेक' को 'अनेकों', 'द्रौपदी' को 'द्रौपती', 'बजरंगबली' को 'बजरंगवली'। 'सम्भ्रान्त' आदरणीय सम्बोधन के लिए प्रयोग किया जाता है जबकि संस्कृत भाषा में कहा गया है-सम्यक् भ्रान्तः इति सम्भ्रान्तः अर्थात् भ्रम सहित जो है वह है सम्भ्रान्त परन्तु अब इसका अर्थ उलट दिया गया है।

सुगमता

कुछ शब्दों का उच्चारण की सुगमता के कारण लोग उनका असली रूप बिगाड़ देते हैं। जैसे 'न नौमन तेल होगा न राधा नाचेगी' यहाँ राधा के

नाचने के साथ तेल का कोई सम्बन्ध नहीं है, परन्तु उच्चारणीय सुगमता के कारण प्रचलित हो गया जिसे लोगों ने स्वीकार कर लिया। वास्तव में यह कहावत है-न नौ (नया) मन होगा न राधा नाचेगी। अर्थात् कृष्ण मथुरा जाते समय एक पक्ष बाद लौटने के लिए कह गये थे, परन्तु लौटे कभी नहीं। बहरहाल उनके वियोग में सम्पूर्ण ब्रज दहकता रहा। राधा की तो बात ही अलग थी। उसका तो मन ही खो गया-

ऊधौं मन नाहीं दस-बीस।
एक हतौ सो गयौ स्याम संग को आराधै ईस॥

इसीलिए कहावत प्रचलित हो गई-'न नौ (नया) मन होगा न राधा नाचेगी', परन्तु लोगों ने उसमें 'तेल' शब्द और जोड़ लिया ठीक वैसे ही जैसे रोटी-सोटी, पानी-बानी, कपड़ा-सपड़ा आदि जोड़ कर उच्चारणीय सुगमता के कारण बोला जाता है।

भारतीय भाषाओं का प्रभाव

कुछ भारतीय भाषाओं के शब्दों के प्रभाव के कारण भी हिन्दी भाषा के शब्दों का रूप विकृत हुआ है। जैसे-तुझको बाज़ार जाना है को 'तैने बाज़ार जाना है', 'मुझको बाज़ार जाना है' को 'मैंने बाज़ार जाना है' बोला जाता है। इसी प्रकार पंजाबी भाषा का 'दी' शब्द 'की' के स्थान पर ख़ूब बोला जाने लगा है। जैसे 'जय माता दी', 'तुम्हारे पिता दा राज है' आदि।

विदेशी भाषाओं का प्रभाव

अनेक विदेशी भाषाओं के अनेक शब्द हिन्दी में विकृत रूप में बोले तथा लिखे जाते हैं और जिन्हें हिन्दी में मान्यता भी दी जाने लगी है। जैसे प्लेयर्स को 'प्लेयरों', 'बैंक्स' को 'बैंकों, 'नफ्ज़' को 'नब्ज़' 'आलमशाह' को 'शाहेआलम', बोला जाने लगा। इसी प्रकार 'अशोक' को 'अशोका' 'राम' को 'रामा' 'बुद्ध' को 'बुद्धा' बोला जाने लगा है।

संधि की अज्ञानता

संधि के नियमों की अज्ञानता के कारण अनेक शब्दों को विकृतयुक्त

बना दिया जाता है। जैसे–'अत्यधिक' को 'अत्याधिक', 'निरपराध' को 'निर्पराध', 'अंतर्देशीय' को 'अन्तरदेशीय' अथवा 'अन्तरदेसीय' आदि।

एक संख्या वाचक शब्द के अनेक रूप

हिन्दी में संख्या वाचक शब्दों में अनेक शब्द ऐसे हैं जिनमें एक ही शब्द के कई–कई रूप देखने को मिलते हैं। जैसे– छः, छै, छे, छह, छव, छउ, छऔ आदि।

इसी प्रकार ढाई, अढ़ाई, अढ़ाय, अढ़ही आदि।

लिपि की अज्ञानता

लिपि की अज्ञानता के कारण भी शब्द विकृत हो जाते हैं। जैसे 'विद्यालय' को 'विधालय', 'अस्त्र को 'अस्त्र' लिखा जाता है।

ऐसे अनेक शब्द हैं जिनको लिखा ठीक जाता है, परन्तु बोलते समय विकृति उत्पन्न होती है। जैसे 'इससे' को 'इस्से', 'उससे' को 'उस्से' 'राष्ट्रपति' को 'राष्टपति' अथवा 'रास्टपति' पढ़ा अथवा बोला जाता है।

शब्द निर्माण

आ–	अशोक+आ=अशोका।
ई–	खट्टा, खटा+ई=खटाई।
मीठा–	मीठा+ई=मिठाई।
	शक्ति+ई=शक्ती।
ऊ–	चाल+ऊ=चालू।
	पालत+ऊ=पालतू।
ए–	हुए को हुये।
ऐ–	कढ़ाई, कढ़+ऐ+या=कढ़ैया।
ओ–	सिलौटा–सिलोटा।
औ–	औरत–ओरत।
	समझ–समझौता।
अं–	कङ्गन–कंगन।

अः-	क्रमशः-क्रमशा, दुःख-दुख।
क-	समाज-सामाजिक, लोक-लौकिक।
ख-	काला-कालिख।
ग-	बाल-बालिग।
च-	ख़र्च-खरचा या खर्चा।
छ-	कढ़ाई+छा=कढ़छा या कड़छा।
ज-	थम+जा=थमजा।
झ-	मध्यपति-मझपति या मझपती, मध्यधार-मझधार।
ट-	निषेध-निषिध=निखिद्-निखट्टू।
ठ-	ठुल्ला (मनगढ़न्त शब्द)।
ड-	अंगओलि या अंगओली-डंगाडोली।
ढ-	धरा (अर्थात् धारण करने वाला)-ढरा, ढरैया।
ण-	ड़, रा।
त-	घट-घटत, सहत, करत, भरत, ढरत।
थ-	व्यर्थ-बिथा।
द-	दादा-ददा, दद्दू, दद्दा।
ध-	पगधरो-पधारो, बहुत-बहुद=बहुधा।
न-	नथ-नथनी या नथुनी, साध+ना=साधना।
प-	बूढ़ा+पा=बुढ़ापा, मोटा+पा=मोटापा या मुटापा।
फ-	स्वच्छ-साफ।
ब-	कर्त्तव्य-करतब, काजल-काजर-काजरबा या कजरबा।
भ-	हुआ-भओ।
म-	गर्म-गरमा, गरमी, गंवार-गमार।
य-	सवा-सवैया, ढाई-ढैया, झोपड़ी-झोपड़िया या झुपड़िया।
र-	असहाय-बेसहारा, बादल-बादर।
ल-	रेखा-लकीर, बड़े-बड़ेला।
ब-	वसन्त-बसन्त, वार्तालाप-बतराना या वतराना।
श-	शेर-सेर, शिकार-सिकार।

ष-	षटकोण-खटकोण, षड्‌यंत्र-खड़यंत्र।
हा-	चरानेवाला-चरवाहा, गर्दभ-गदहा।
आरी-	पूजा+आरी=पुजारी, भीख+आरी=भिखारी।
आर-	लोहा+आर=लुहार, तोष+आर=तुषार या तुसार।
औता-	समझ+औता=समझौता।
अइया-	मढ़ा+अइया=मढ़ैया, ढाई-ढइया।
आड़ी-	पीछे+आड़ी=पिछाड़ी, कबाड़+ई=कबाड़ी।
आलय-	देव+आलय=देवालय, सचिव+आलय=सचिवालय।
की-	चालाक-चालाकी।
नी-	हिन्दुस्तानी, जापानी।
खना-	कटखना, मरखना, सरकना, झटकना।
आकू-	पढ़ाकू, लड़ाकू।
रा-	वास-वसेरा, सर्प-सपेरा।
घट-	पनघट, मरघट।
तारा-	इकतारा, दो तारा।
ड़ी-	पगड़ी, तगड़ी, झगड़ी।
या-	बकरिया, पड़िया, बढ़िया।
आन-	थकान, मचान, कब्रिस्तान, पठान।
दार-	पानीदार, ज़मादार, थानेदार, पहरेदार।
याना-	हथियाना, लतियाना।
मान-	मेहमान, मुसलमान।
कर-	गिरकर, धोकर, सोकर।
का-	चौका, छक्का।
तर-	भीतर, जंतर, मंतर, तंतर।

ऐसे और अनेक शब्द हैं जिनको विकृत कर के नया स्वरूप प्रदान कर लिया गया है। ऐसा ही रूप संख्याओं में भी उपलब्ध है। जैसे-

एक, दो, तीन, चार, पाँच, छः, सात, आठ, साठ।

रह- ग्यारह से अठारह।

इस या ईस-उन्नीस, अड़तालीस, बीस, तीस, चालीस।

आस-	उनंचास से पचास।
वन-	इक्यावन से बावन तथा चउवन, सत्तावन, अट्ठावन।
पन-	त्रेपन, पचपन, छप्पन।
सठ-	उनसठ, इकसठ, बासठ, त्रेसठ, चौंसठ, पैंसठ।
त्तर-	उनहत्तर, सत्तर, इकहत्तर, बहत्तर, तिहत्तर, चौहत्तर, पचहत्तर, छःहत्तर, सतहत्तर, अठहत्तर।
सी-	उन्यासी, अस्सी, इक्यासी, ब्यासी, तिरासी, चौरासी, पचासी, छयासी, सतासी, अठासी, नवासी, अस्सी।
भे-	नभ्भे।
वे-	इक्यावने, बानवे, तिरानवे, चौरानवे, पच्चानवे, छियानवे, सत्तानवे, अट्ठानवे, निन्यानवे।
औ-	सौ, नौ।

व्याकरण के अनुसार ठीक लिखना तथा ठीक उच्चारणं करना भाषा की समरूपता, प्रगति और विकास के लिए अतिआवश्यक है। हिन्दी में अनेक शब्द ऐसे हैं जिन्हें हम ग़लत लिखते तथा बोलते हैं। हमें इस ओर ध्यान देना होगा।

उदाहरणार्थ–

ठीक शब्द	**ग़लत शब्द**
अनेक	अनेकों
कार्य	कार्यों
आटा गूंधना	आटा गूंथना
माला गूंथना	माला गूंधना
घास	घांस
आटा	आंटा
कृपा	क्रपा
कृषि	क्रसि

वशिष्ठ	वसिस्ठ
साथियो	साथियों

नोट :—साथियों से कहा, साथियों ने कहा, साथियों ने बताया, साथियों को बताया आदि प्रयोगों में 'साथियों' ठीक है। परन्तु 'साथियो सुनो' में 'साथियों', कहना या लिखना ग़लत है।

ऐसी ही स्थिति 'श्रोता' शब्द की है।

हाथ	हाँत या हाँथ
ज़माना	जमाना
ज़िन्दगी	जिन्दगी
बाग़	बाग
ग़ज़ल	गजल
पूरी	पूड़ी
अनाज पिसाना	आटा पिसाना
कर्त्तव्य	कर्त्तव्यों
भाषा	बोली
बोली	भाषा
पानी	पानियों, पानियाँ
नीम	नीमों
साल	सालों
वर्ष	वर्षों
धरती	धरतियों, धरतीयों, धरतियाँ
आकाश	आकाशों
मौत	मौतें
अंत:कथा	अन्तरकथा या अन्तर्कथा
संसार	सन्सार
पम्प	पंप
कपीश	कपेश

दैत्यारि	दैत्यरि
भानूदय	भानोदय

कुछ वाक्य–

ठीक	ग़लत
तुम घर को जा रहे हो।	तुम घर जा रहे हो।
मैंने अनेक काम किए हैं।	मैंने अनेकों काम किए हैं।
सारे संसार में शोर हो गया।	सारे संसार भर में शोर हो गया।
सीता की आंखों से आँसू बहने लगे।	सीता की आंखों से आंसू बहने लगा।
वाल्मीकि ने रामायण लिखी।	वाल्मीकि द्वारा रामायण लिखी गई।
राम अपने घर अवश्य जाएगा।	राम तो अपने घर अवश्य जाएगा।
दिल्ली नगर शाहजहाँ की राजधानी थी।	दिल्ली नगर शाजहाँ की राजधानी थी।
मोहन शाम को हमारे घर आया था।	मोहन शाम के समय हमारे घर आया था।
यह आकाशवाणी का दिल्ली केद्र है।	यह आकाशवाणी दिल्ली है।
सभी श्रोताओं को हमारा नमस्कार।	सभी श्रोताओं को नमस्कार।
श्रोताओ आपको पता है।	श्रोताओं आपको पता है।
नदी की लहरें गिनना आसान नहीं है।	नदी की लहर गिनना आसान नहीं है।
पानी से प्यास नहीं बुझ सकी।	पानियों से प्यास नहीं बुझ सकी।
उसकी नज़र ख़तरनाक है।	उसकी नज़रें ख़तरनाक हैं।
पिताजी घर आ रहे हैं।	पिताजी घर आ रहा है।
सोने का भाव गिर रहा है।	सोने के भाव गिर रहे हैं।
वह अनाज पिसवाने गया है।	वह आटा पिसवाने गया है।
राम की बेटी का विवाह है।	राम की लड़की का विवाह है।
सारी धरती पर अनाज बोया गया।	सारी धरतियों पर अनाज बोया गया।

अध्याय-१४

हिन्दी भाषा में चिह्न

प्राणी चलते-चलते जब थकन का अनुभव करता है तो वह कुछ देर विश्राम करना चाहता है। सम्भवतः इसी पद्धति पर भाषा में कुछ चिह्नों का प्रचलन आरम्भ हुआ। वाक्य पढ़ते अथवा लिखते समय कहाँ, कब, कितनी देर ठहरा जाय, किसी शब्द को स्पष्ट करने के लिए कौन सा चिह्न प्रयोग में लाया जाय, कौन सा चिह्न लगाने से वाक्य अथवा शब्द का उच्चारण (धीरे अथवा ज़ोर से) किस प्रकार किया जाय-ऐसे अनेक प्रश्नों के उत्तर चिह्नों के माध्यम से स्पष्ट हो जाते हैं।

यहाँ हम हिन्दी भाषा में प्रयोग किए जाने वाले कुछ चिह्नों पर प्रकाश डालने का प्रयास कर रहे हैं।

१. अल्प विराम :-

इस चिह्न का प्रयोग बहुत कम समय ठहरने के लिए किया जाता है। परन्तु कुछ स्थानों पर इस चिह्न के लगने से वाक्य का अर्थ भी बदल जाता है। अँग्रेजी भाषा में इस चिह्न को कॉमा कहते हैं और अब प्रचलन में इसे इसी नाम से ज़्यादातर लोग बोलते हैं। अल्प विराम कम लोग बोलते हैं।

यह चिह्न , ऐसा है।

उदाहरण—साहित्य, संगीत और कला मानवीय विकास के लिए आवश्यक हैं।

आज गया, गया।

आज, गया गया। आदि।

२. अर्ध विराम :–

दो एक जैसे उप वाक्यों को अलग तथा स्पष्ट करने के लिए अर्ध विराम चिह्न का प्रयोग किया जाता है। ऐसे उप वाक्य बोलने के लिए अल्प विराम से कुछ ज़्यादा देर तक ठहरना पड़ता है।

यह चिह्न ; ऐसा है।

उदाहरण–कभी रोना तो कभी हंसना; कभी गिरना तो कभी उठना; कभी चलना तो कभी ठहर जाना; यही जीवन का खेल है।

३. पूर्ण विराम :–

यह चिह्न वाक्य के परिपूर्ण होने के बाद प्रयोग में लाया जाता है तथा अल्प विराम व अर्ध विराम दोनों से कुछ देर ज़्यादा ठहरा जाता है। अँग्रेजी में इसे फुल स्टाप कहते हैं और प्रचलन में इसी नाम से ज़्यादातर लोग इसे बोलते हैं।

इसका चिह्न । ऐसा है।

उदाहरण– राम घर जाता है।
सोहन घर चला गया।

४. कोष्ठक :–

लिखते समय किसी शब्द अथवा वाक्य को अधिक स्पष्ट करने के लिए इस चिह्न का प्रयोग किया जाता है।

इसका चिह्न ( ) [ ] { } ऐसा है।

उदाहरण–राम गया और उसने (राम ने) मोहन को बुलाया परन्तु मोहन ने उसे (राम को) जवाब तक नहीं दिया।

दशानन (रावण) को देख महेश (शिवजी) हँसने लगे।

५. प्रश्नवाचक :–

यह चिह्न अधिकतर ऐसे वाक्यों में प्रयोग किया जाता है जिनमें क्या, क्यों, कैसे आदि शब्द विद्यमान रहते हैं। अँग्रेजी में इसे क्वश्चन मार्क कहते हैं और प्रचलन में इसी नाम से ज़्यादातर लोग इसे बोलते हैं।

इसका चिह्न ? ऐसा है।

उदाहरण– क्या राम घर जाएगा?
सोहन कहाँ जा रहा है?
तुम कैसे हो?

६. सम्बोधन :–

सम्बोधन को विस्मयादिबोधक भी कहा जाता है। अँग्रेजी में इसे साइन आफ एन्ट्रोगेशन कहते हैं और प्रचलन में इसी नाम से ज्यादातर लोग इसे बोलते हैं। हे, हरे, हाय, उफ, हो आदि शब्दों के साथ इस चिह्न का प्रयोग किया जाता है।

इसका चिह्न ! ऐसा होता है।

उदाहरण– उफ! हम कहाँ आ गये।
हे राम! हमारा कल्याण करो।

७. उद्धरण :–

यह चिह्न बनावट में अल्प विराम के समान होता है परन्तु शब्द अथवा वाक्य के ऊपर बाईं ओर उलटा तथा दाईं ओर सीधा लगाया जाता है। यह चिह्न एक-एक तथा दो-दो भी लगाये जाते हैं। अँग्रेज़ी में इसे इनवर्टेड कॉमा अथवा इनवर्टेड कॉमाज़ कहते हैं और प्रचलन में इसी नाम से ज़्यादातर लोग इसे बोलते हैं। उपनाम, शीर्षक आदि में एक-एक चिह्न प्रयोग किया जाता है।

ये चिह्न ‘ ’ ऐसा होता है।

उदाहरण–‘सूरसागर’ कवि वर सूरदास का अमर ग्रंथ है।

कोई सूक्ति, किसी का महत्त्वपूर्ण कथन, कोई उद्धरण (पुस्तक आदि से) दो उद्धरण चिह्नों में लिखा जाता है।

यह चिह्न “ ” ऐसा होता है।

उदाहरण–“परहित सरिस धरम नहिं भाई”

रामचरित मानस में सीता राम से कहती हैं ''वन देवी वन नाथ अगारा। करि हौं सास ससुर सम सारा''।

८. विवरण सूचक :–

कोई भी विषय या बात या कथ्य समझाने अथवा स्पष्ट करने के लिए इस चिह्न का प्रयोग किया जाता है।

यह चिह्न :– ऐसा होता है।

उदाहरण–हमारे देश में निम्न लिखित भाषायें बोली जाती हैं :–

हमारा स्पष्टीकरण इस प्रकार है :–

९. संयोजक :–

इस चिह्न को समासक, समास चिह्न, योजक चिह्न, संयोजक रेखा के अलावा 'पड़ी लकीर' भी कहा जाता है। अँग्रेजी में इसे हाइफॅन कहते हैं और प्रचलन में ज़्यादातर लोग इसे इसी नाम से बोलते हैं। संयोजन का अर्थ भी मिलाना, जोड़ना, संयोजित करना आदि होता है। इसीलिए दो अथवा दो से अधिक शब्दों का सम्बन्ध स्पष्ट करने अथवा जोड़ने के लिए इस चिह्न का प्रयोग किया जाता है।

यह चिह्न – ऐसा होता है।

उदाहरण–हम-तुम, यहाँ-वहाँ, आते-जाते रहते हैं।

१०. लोप सूचक :–

लोप का अर्थ है ग़ायब होना, खो जाना, छूट जाना आदि। कोई उदाहरण लिखते समय उसके बीच की पंक्तियाँ अथवा शब्द छोड़ देने पर इस चिह्न का प्रयोग किया जाता है। अंकगणित में इसे 'गुणा का निशान' भी कहते हैं।

यह चिह्न X XX ऐसा होता है।

उदाहरण– मैया मोरी मैं नहिं माखन खायो।

X X X

डारि सांट मुसकाइ जसोदा लै उर कंठ लगायो।।

११. हंस पद :–

कोई वाक्य अथवा शब्द लिखते समय जब कोई शब्द अथवा अक्षर भूलवश छूट जाता है अथवा उसी वाक्य अथवा शब्द में लिखने के बाद कोई शब्द अथवा अक्षर और बढ़ाना हो तो इस चिह्न का प्रयोग किया जाता है।

इसका चिह्न ^ ऐसा होता है।

उदाहरण– राम ने ^ श्याम से कहा

उसका नाम चिरौंजी ला ल ^ है।

१२. निदेश :–

यह चिह्न बनावट की दृष्टि से संयोजक चिह्न के समान ही होता है, परन्तु लम्बाई में थोड़ा बड़ा होता है। इसका प्रयोग किसी लेखक द्वारा लिखा उदाहरण लिखने के बाद तथा लेखक का नाम लिखने से पहले किया जाता है।

इस चिह्न का अर्थ भी निदेशन, पथ प्रदर्शन आदि करने वाला है।

इसका चिह्न — ऐसा होता है।

उदाहरण– आगे चले बहुरि रघुराई।
ऋष्यमूक परबत नियराई।।—तुलसीदास

१३. लाघव :–

इस शब्द का अर्थ है बड़े उच्चारण को छोटा (सूक्ष्म या लाघव) लिखना। यह चिह्न लिखने (लगाने) से ही लाघवता स्पष्ट होती है, बोलने, पढ़ने या उच्चारण करने से नहीं। यह चिह्न एक बिन्दु के समान होता है।

यह चिह्न . ऐसा होता है।

उदाहरण–कु. (कुमारी) मा. (मास्टर) चि. (चिरंजीव) सौ. (सौभाग्यवती)

१४. प्रतिशत :–

यह चिह्न गणित विषय में प्रयोग होता है। परन्तु कभी-कभी लेखन में भी इसका प्रयोग कर लिया जाता है। कुछ लोग इस शब्द को ही लिखते हैं, परन्तु कुछ इसके चिह्न का प्रयोग करते हैं।

यह चिह्न % ऐसा होता है।

उदाहरण– राम ने मोहन से दो % ब्याज पर कर्ज़ लिया है।
भारत की कुल आबादी में ३० प्रतिशत युवा हैं।

१५. २ का अंक चिह्न :-

इस चिह्न का प्रयोग अब बहुत कम किया जाता है। लिखते समय कुछ लेखक एक शब्द लिख कर उसके आगे २ का अंक लिख देते हैं जिसका अर्थ है वह शब्द दो बार पढ़ा या बोला जाय।

उदाहरण– राम–२ कह पटे। इसको पढ़ा जाएगा–

राम–राम कह पटे।

१६. हलन्त :-

इस चिह्न का प्रयोग केवल व्यंजन अक्षर को आधा उच्चरित करने के लिए होता है।

इसका चिह्न ् ऐसा है।

उदाहरण–सनत्, प्राक्कथन, कष्ट्, अर्थात्।

१७. विसर्ग :-

इस चिह्न का प्रयोग अब कम होता जा रहा है। शिक्षक ही जब इस ओर ध्यान नहीं देते तो भला विद्यार्थी कैसे जान पायेंगे। यह चिह्न 'ह' ध्वनि का प्रतीक होता है।

यह चिह्न : ऐसा होता है।

उदाहरण–दुःख, परन्तु अब अधिकांश लोग दुःख न लिखकर दुख अथवा दुक्ख लिखते हैं।

'अंतःकरण' को लोग अन्तहकरण अथवा अंतकरण भी लिखने लगे हैं।

१८. अर्ध चंदाकार :-

यह चिह्न अर्ध चंद्रमा के आकार का आभास कराता है इसलिए इसे अर्ध चंदाकार कहते हैं। हिन्दी में समाहित होने वाले अनेक अँग्रेजी के शब्दों (जो हिन्दी में लिखे जाते हैं) के उच्चारण के लिए इसका प्रयोग किया जाता है।

यह चिह्न अक्षर के ऊपर मात्रा लगाने के समान लगाया जाता है।

यह चिह्न ॅ ऐसा होता है।

उदाहरण–बॉय, मॉ आदि।

१९. नुक्ता :–

यह चिह्न अक्षर के नीचे वाले अग्रिम सिरे के पास लगाया जाता है। हिन्दी में समाहित फारसी, अरबी, अँग्रेज़ी, तुर्की आदि के शब्दों अथवा वर्णों में ज़्यादातर प्रयोग किया जाता है। इस चिह्न की बनावट बिन्दु की तरह ही होती है। अंग्रेज़ी में इसे डॉट कहते हैं।

यह चिह्न . ऐसा होता है।

उदाहरण–कमीज़, अँग्रेज़ी, ज़माना, ज़िन्दगी, बाग़ आदि।

कुछ शब्द ऐसे (ब्रज भाषा आदि में) भी हैं जिनका उच्चारण जिस प्रकार किया जाता है उस प्रकार उनको ठीक तरह लिखा नहीं जा सकता। अब तक इस विषय में किसी भी भाषा वैज्ञानिक ने सफलतम् कार्य भी नहीं किया है।

उदाहरण के लिए-कृष्ण अपने घर गयौ या गयो लिखते हैं लेकिन उच्चारण कुछ और करते हैं।

यौ में ौ की मात्रा है

यो में ो की मात्रा है।

दोनों का उच्चारण एक दम अलग है। तब ब्रजभाषा में उच्चरित होने वाला यह शब्द कैसे लिखा जाय? हमारा विचार है इस शब्द के उच्चारण के अनुसार हमें 'यॉ' लिखना चाहिए अथवा 'यॉ' लिखना चाहिए। बहरहाल विद्वानों को इस विषय पर चिन्तन करने की आवश्यकता है।

इन चिह्नों के अलावा अनेक चिह्न जैसे–अनुपात, समानानुपात, समानान्तर, वर्ग, भाजक, भजनफल, गुणनफल, बाकी आदि के भी होते हैं। परन्तु इनका प्रयोग गणित विषय में किया जाता है। साहित्य लेखन में यदाकदा ही इनका प्रयोग देखने को मिलता है।

अध्याय-१५

रस

साधारणतया रस शब्द का अभिप्राय वनस्पतियों और पदार्थों के रस से माना जाता है। रस अर्थात् तरल पदार्थ जो प्रवाहित अवस्था में रहता है। रस से स्वाद की अनुभूति होती है और स्वाद खट्टा, मीठा, कड़ुवा, कषैला कैसा भी हो सकता है। स्वाद (रस) से मन को तृप्ति अथवा अतृप्ति मिलती है। स्वाद के लिए मूलतः जीभ को उत्तरदायी माना गया है अर्थात् जीभ से छू (चख) कर किसी भी पदार्थ के रस के स्वाद को जाना जा सकता है।

हमारे विचार से इसके लिए सूंघने (नाक द्वारा) की शक्ति भी महत्त्वपूर्ण है। अनेक रस ऐसे हैं जिनको सूंघने से खट्टे, मीठे, कड़ुवे आदि के स्वाद का आभास हो जाता है।

हमारे प्राचीन कालीन ऋषियों को रसानुभूति का ज्ञान था। रस शब्द संस्कृत भाषा में रस धातु से बना है जिसका अर्थ स्वाद लेना बताया गया है। ऋग्वेद में कहा गया है–

सोमोअर्वति धर्ण सिर्दधान इन्द्रियं रसम्। सुवीरो अभिशस्तियाः।

अर्थात् संसार को धारण करने वाले सोम इन्द्रिय पोषक रस को धारण करते हुए उत्तमवीर और हिंसा से रक्षा करने वाले हैं।

धीरे-धीरे रस शब्द का अर्थ व्यापक होता गया। कठोपनिषद् में कहा गया है–

येन रूपं रसं गन्धं शब्दान्स्पर्शाश्च मैथुनान।
एतेनैव विजानातित किमत्र परिशिष्यते एत द्वैतत्।।

अर्थात् रूप, रस, गंध, शब्दस्पर्श और मैथुन का ज्ञान उसी आत्मा के कारण होता है। यदि वह न रहे तो क्या कुछ बच रहता है।

तैत्तिरीय उपनिषद् में कहा गया है–

रसो वै सः। रसं ह्ये वायं लब्ध्वाऽऽनन्वी भवति।

अर्थात् वह रस रूप है, इसलिए रस को पाकर जहाँ कहीं रस मिलता है उसे प्राप्त कर मनुष्य आनन्दमय हो जाता है।

रुद्रट ने काव्य में रस को अत्यधिक महत्त्वपूर्ण बताते हुए कहा है–

ननु काव्येन क्रियते सरसाना मवगमश्चतुर्वर्गे
लघु मृदु च नीरसेभ्यस्ते हि त्रस्यन्ति शास्त्रेभ्यः।
तस्मात्तत्कर्तव्यं यत्नेन महीयसा रसैर्युक्तम्।

अर्थात् सहृदयजन नीरस शास्त्रों से घबराते हैं। काव्य के द्वारा जीवन के पुरुषार्थ-चतुष्टच का उन्हें सरल और मृदु रीति से ज्ञान प्राप्त हो जाता है। इसलिए अत्यन्त यत्नपूर्वक काव्य को रसों से समृद्ध करना चाहिए।

काव्य जगत् में रसों का सर्वाधिक महत्त्व है। काव्य रसहीन हो ही नहीं सकता है। कवि के मन (हृदय) में विभिन्न प्रकार के भाव जन्मते हैं। इन भावों में कवि को जिस तरह की अनुभूति होती है उसी तरह के रसमय शब्द उसके अधरों से फूट पड़ते हैं। अनुभूति का अर्थ हम इस प्रकार समझ सकते हैं। जैसे-अग्नि में ताप और पुष्प में गंध है परन्तु इनका रूप, रंग, आकार आदि दृष्टिगोचर नहीं होता। हाँ, ताप और गंध की अनुभूति होती है। हमने भी एक गीत में कहा है–

खशबू क्या है? सांस कली की
इत उत भटके नज़र न आये।
ऐसे भटके उम्र निगोरी
सागर उतरे उतर न पाये।।

आचार्य भरतमुनि ने नाट्यशास्त्र में रस की परिभाषा इस प्रकार की है–

विभावानुभाव व्यभिचारि संयोगाद्रस निष्पत्तिः।

अर्थात् विभाव, अनुभाव और व्यभिचारी भावों के संयोग से रस की निष्पत्ति होती है।

भाव प्रत्येक प्राणी के मन में सुप्तावस्था में विद्यमान रहते हैं। किसी विशिष्ट स्थिति में जागृत होने लगते हैं। हमारे विचार से सीमित इच्छाओं में भाव भी सीमित होते हैं। जैसे-जैसे इच्छाओं में वृद्धि होती जाती है, भाव भी बढ़ते जाते हैं। पशु-पक्षियों का मस्तिष्क मानव मस्तिष्क की तरह विकसित नहीं होता। सम्भवतः इसीलिए उनकी इच्छायें सीमित होती हैं। भोजन, पानी, जीवन सुरक्षा तथा निश्चित मौसम में मैथुन बस। जोड़ा अथवा समूह में किसी के बिछड़ने (मृत्यु) पर पशु-पक्षी भी दुःखी होते हैं। बच्चों अथवा अंडों की सुरक्षा के लिए उनमें रौद्र रस भी जन्म लेता है। असहाय स्थिति में उनमें करुण रस भी जन्मता है। पशु-पक्षियों की मैथुन प्रक्रिया को एक रस में नहीं बाँधा जा सकता। कभी-कभी मैथुन के लिए अनेक नर पशु-पक्षी लड़ते हैं और विजेयता ही सफल हो पाता है। कुछ पशु-पक्षी मैथुन प्रक्रिया में शान्त रहते हैं।

मानव की स्थिति पशु-पक्षियों से एकदम अलग है। इसी स्थिति को ध्यान में रखते हुए विद्वानों ने भाव के तीन भेद किए हैं–

१. प्रज्ञात्मक भाव :–

जो भाव मानव मन में भूत, वर्तमान और भविष्य की इच्छाओं को लेकर जन्म लेते हैं वे प्रज्ञात्मक भाव कहलाते हैं।

२. इंद्रियजनित भाव :–

मानव के मन को अपनी इंद्रियों से जो ज्ञान मिलता है वही इंद्रिय जनित भाव कहलाता है।

३. गुणात्मक भाव :–

भाव मानव मन की अनुभूति है और सिर्फ मन में ही अनुभूत करने की शक्ति होती है। अतः इस शक्ति को लक्षित करते हुए जो भाव जन्म लेते हैं वे ही गुणात्मक भाव कहलाते हैं।

इस विश्लेषण से एक बात स्पष्ट हो जाती है कि विभाव, अनुभाव तथा व्यभिचारी भाव से युक्त स्थायी भाव ही रस में परिवर्तित हो जाता है।

भावानुभूति और रसानुभूति की स्थिति एक सी प्रतीत होती है। लेकिन वास्तव में दोनों में बहुत अंतर है। भाव की अनुभूति प्रत्येक मनुष्य को हो सकती है। यह अनुभूति सतोगुण, रजोगुण तथा तमोगुण तीनों से सम्बद्ध हो सकती है। भाव की अनुभूति सुखात्मक व दुखात्मक दोनों तरह की हो सकती है। भाव का सम्बन्ध किसी अन्य भाव से अवश्य होता है। भाव की अनुभूति सांसारिक महसूस होती है। भाव की अनुभूति इन्द्रियपरक होती है। दूसरी ओर रस की अनुभूति सहृदयी, सहज और सरस मनुष्यों को ही होती है। ऐसा व्यक्ति सिर्फ सतोगुणी ही हो सकता है। रस की अनुभूति कभी दुखात्मक नहीं होती, अलौकिक होती है। रस की अनुभूति सम्पूर्ण मन को होती है किसी इंद्रिय विशेष को नहीं।

स्थायी भाव

काव्य क्षेत्र में मनुष्य के मन के विकारों को स्थायी भाव माना जाता है जो उसके हृदय में वासना के रूप में स्थित रहते हैं। ये भाव प्रत्येक मनुष्य के हृदय में होते हैं। इन भावों को किसी अन्य भाव से लुप्त भी नहीं किया जा सकता। विद्वानों ने स्थायी भाव नौ प्रकार के माने हैं।

१. रति :–

नायक–नायिका का प्रेम 'रति' भाव कहलाता है। स्थायी भाव होने के बाद जब यह प्रकट होता है तब श्रृंगार रस का रूप धारण कर लेता है।

२. हास :–

किसी भी शारीरिक क्रिया से अथवा कोई विचित्रता देख कर हँसी आ जाये–यही हास्य रस है।

३. शोक :–

प्रिय अथवा अपना नुकसान होने पर 'शोक' स्थायी भाव के रूप में उत्पन्न होता है। बिछोह की स्थिति में यही शोक विषाद रूप धारण कर करुण रस को जन्म देता है।

४. उत्साह :–

अच्छा कार्य करने से मन प्रसन्न होता है जिससे उत्साह की अनुभूति होती है और यही अनुभूति वीर रस को जन्म देती है।

५. क्रोध :–

ग़लत कार्य करने वाले के प्रति क्रोध का भाव उत्पन्न होता है और यही भाव वीर रस को जन्म देता है।

६. भय :–

अनिष्ट का आभास होने पर मन भयभीत हो जाता है, तब भयानक रस का जन्म होता है।

७. विस्मय :–

चमत्कारिक वस्तुएं अथवा दृश्य देखकर विस्मय भाव उत्पन्न होता है और इसी से अद्‌भुत रस का जन्म होता है।

८. जुगुप्सा :–

घृणित दृश्य अथवा वस्तु देखकर जुगुप्सा भाव का रस उत्पन्न होता है और इसी से वीभत्स रस का जन्म होता है।

९. निर्वेद :–

जब मानव का मन वैराग्य धारण कर लेता है तब उसे इस नश्वर संसार से विरक्ति हो जाती है। यही भाव निर्वेद कहलाता है जिससे शान्त रस का जन्म होता है।

विभाव

मनुष्य विभिन्न भावों का अनुभव किसी न किसी कारणवश करता है जिस कारण से इस तरह के भाव उत्पन्न होते हैं उसे विभाव कहते हैं। इसके दो भेद बताये गये हैं।

१. आलम्बन :–

जिसके आलम्बन से मन में स्थित भाव जाग्रत होते हैं उसे आलम्बन कहते हैं। उदाहरणार्थ–किसी हिंसक जंगली जानवर को देखकर दीपक के मन में भाव जागा भय का। तो हिंसक जंगली जानवर आलम्बन है और दीपक जो उस जानवर को देखकर भयभीत हुआ वह आश्रय है।

आलम्बन के दो भेद बताये गये हैं।

(अ) विषयालम्बन :– विषय के आलम्बन से रसानुभूति होती है।

(ब) आश्रयालम्बन :– आश्रय द्वारा रसानुभूति होती है।

२. **उद्दीपन :–**

ऐसी वस्तु अथवा ऐसा वातावरण जिससे उत्पन्न भाव को और अधिक बल मिले उसे उद्दीपन कहते हैं। उदाहरणार्थ-हिंसक जंगली पशु देखकर दीपक भयभीत हो गया। लेकिन यह भयभीतता का भाव और भी अधिक उद्दीप्त तब हो जाएगा जब वह हिंसक पशु शेर या चीता हो और उसके सामने दीपक अकेला और सुनसान जंगल में हो।

अनुभाव

स्थायीभाव का अनुभव ही अनुभाव कहलाता है। ऊपर दिए गये उदाहरण में भयभीत दीपक आश्रय, जंगली हिंसक जानवर आलम्बन, सुनसान जंगल उद्दीपन है। परन्तु भय के कारण गला सूखना, सांस तेजी से चलने लगना, चेहरा पीला पड़ जाना, हाथ-पैर कांपने लगना आदि क्रिया कलाप अथवा चेष्टायें अनुभाव कही जायेंगी।

अनुभाव चार प्रकार के माने जाते हैं।

(अ) शारीरिक अनुभाव :– शारीरिक क्रिया-कलाप अथवा चेष्टाओं को शारीरिक अनुभाव कहते हैं।

(ब) मानसिक अनुभाव :– मानसिक अनुभाव मन की स्थिति से उत्पन्न होते हैं तथा बनावटी नहीं होते हैं।

(स) सात्त्विक अनुभाव :– ऐसे भाव अपने आप जन्म लेते हैं। इसीलिए सात्त्विक अनुभाव कहलाते हैं।

(द) आहार्य अनुभाव :– स्वेच्छा से की गई वेष-रचना को आहार्य अनुभाव कहते हैं। इसके निम्न लिखित लक्षण होते हैं–

१. स्तम्भ :– डर, आश्चर्य, खुशी, दुःख आदि के वेग से गति ठहर जाती है।

२. अश्रु :– हँसी, खुशी, दुःख आदि के समय आँखों से अश्रु बहने लगते हैं।

३. स्वेद :– डर, आश्चर्य, लज्जा, प्रेम आदि के कारण तन से स्वेद (पसीना) बहने लगता है।

४. कम्पन :– दुःख, भय, प्रेम, क्रोध आदि के कारण शरीर कपकपाने लगता है।

५. रोमांच :– दुःख, डर, क्रोध, प्रेम आदि के कारण शरीर के रोयें खड़े हो जाते हैं।

६. वर्ण बदलना :– दुःख, डर, क्रोध, प्रेम आदि के कारण मुखमण्डल का रंग बदलने लगता है।

७. स्वर भंग :– दुःख, डर, प्रेम आदि के कारण मुँह से शब्द नहीं निकलते हैं और निकलते भी हैं तो टूटे हुए निकलते हैं।

८. प्रलय :– परिश्रम, मूर्च्छा, नींद आदि के कारण तन-मन चेतनाहीन हो जाता है।

संचारी भाव

कुछ भाव ऐसे हैं जो मनुष्य के मन में हमेशा विद्यमान रहते हैं। उनको स्थायी भाव कहा जाता है। लेकिन कुछ भाव ऐसे होते हैं जो जन्म लेते हैं और कुछ ही क्षण में समाप्त हो जाते हैं। ऐसे ही भावों को संचारी भाव कहा जाता है। स्थायी भाव को रसयुक्त बनाने का कार्य संचारी भाव ही करते हैं। इसलिए इनको रस का सहकारी कारण भी माना जाता है और व्यभिचारी भाव के नाम से भी जाना जाता है। संचारी भाव के अनगिनत लक्षण हैं। जैसे-शंका, ग्लानि, उन्माद, श्रम, उग्रता, मोह, भय, आवेग, निद्रा, चिन्ता, उत्सुकता, स्वप्न, क्रीड़ा, हर्ष, गर्व, आलस्य, रोग आदि।

विद्वानों ने रस के निम्नलिखित भेद किए हैं–

१. श्रृंगार रस, २. हास्य रस, ३. करुण रस, ४. अद्भुत रस, ५. रौद्र रस, ६. वीर रस, ७. शान्त रस, ८. भयानक रस, ९. वीभत्स रस।

मनुष्य जब बहुत दु:खी होता है तब वह भगवानवादी हो जाता है। असहाय तथा भयभीत होने पर नास्तिक भी आस्तिक बन जाता है। किसी कवि ने लिखा भी है–

दुख में सुमिरन सब करें सुख में करे न कोइ।
जो सुख में सुमिरन करे तौ दुख काहे को होइ॥

इसके अलावा कभी-कभी कैवल्य प्राप्त करने की लालसा से भी मनुष्य भक्ति कर्म में लीन हो जाता है।

हिन्दी साहित्य के कालों में विद्वानों ने एक काल को 'भक्तिकाल' भी माना है। इस काल में अधिकांश कवियों ने भक्ति काव्य की रचना की है। संभवत: इसीलिए कुछ विद्वानों ने एक और रस 'भक्ति रस' भी गढ़ लिया है।

सूर सागर काव्य-ग्रन्थ के रचयिता महाकवि सूरदास ने विभिन्न रसों से युक्त काव्य की रचना की है जिसमें अनेक प्रकार के चित्रण हैं। परन्तु वात्सल्य का जैसा चित्रण किया है वैसा संभवत: न तो किसी अन्य कवि ने किया है और न कहीं दृष्टिगोचर होता है। इसलिए विद्वानों ने एक रस और गढ़ लिया- वात्सल्य रस।

श्रृंगार रस

काव्य रचना में नायक-नायिका के प्रेम के चित्रण के भाव को श्रृंगार रस कहते हैं। इसके दो भेद माने जाते हैं।

१. संयोग :–

नायक-नायिका का एक दूसरे को देखना, आकर्षित होना, प्रेमालाप करना, आलिंगनबद्धता और इसके बाद समर्पण की भावना फिर समर्पण कर देना संयोग कहलाता है। संयोग की मनोदशा मिलन की छटपटाहट पर निर्भर होती है। जैसे–

देखि रूप लोचन ललचाने।
हरषे जनु निज निधि पहिचाने॥
थके नयन रघुपति छवि देखे।
पलकन्ह हू परिहरी निमेखे॥

अधिक सनेह देह भई मोरी।
सरद ससिहिं जिन चितव चकोरी॥

२. वियोग :–

नायक–नायिका जब मिलने के लिए अत्यधिक आतुर रहते हुए भी मिल नहीं पाते तो वियोग की स्थिति उत्पन्न होती है। जैसे–

ऊंधों मन नाहीं दस बीस।
एकु हतौ सो गयौ स्याम संग को आराधै ईस॥

× × ×

ऊधों मोहि ब्रज बिसरत नाहीं।
हंस सुता की कारी कगरी अरु कुंजन की छाहीं॥

हास्य रस

विस्मयकारी रूप, रंग, वेष आदि देखकर अथवा वाणी सुनने से मन में हास–परिहास का भाव जगता है वही हास्य रस कहलाता है। जैसे–

विंध्य के वासी उदासी तपोव्रत धारी महा बिनु नारि दुखारे।
गौतम तीय तरी तुलसी सो कथा सुनि भे मुनिवृन्द सुखारे॥
ह्वै हैं सिला सब चन्द्रमुखी परसे पद मंजुल कंज तिहारे।
कीन्ही भली रघुनायकजू करुनाकरि कानन को पगुधारे।

× × ×

मक्खन, मलाई, घृत, दूध कौ विचार त्यागि
पास मधुशाला एक साकी रखि लीजिये।
शंख, चक्र, गदा, पद्म छांड़ि हाथ चारों बीच
घड़ी, छड़ी, हैट और हाकी रखि लीजिए॥

करुण रस

प्रिय व्यक्ति अथवा वस्तु के विनाश से मन में जो विषाद भाव उत्पन्न होता है वही करुण रस कहलाता है। जैसे–

ऐसे बिहाल बिवाइन सौं पद कंटक जाल लगे पुनि जोये।
हाय सखा तुम पाये महा दुख आये इतै न कितै दिन खोये।।
देखि सुदामा की दीन दशा करुना करि कै करुनानिधि रोये।
पानी परात को हाथ छुयौ नहिं नैनन के जल सौं पग धोये।।

वीर रस

वीर रस का स्थायी भाव उत्साह होता है। जैसे-

जो हौं अब अनुशासन पावौं।
तौ चंद्रमहि निचोर चैल ज्यौं आनि सुधा सिर नावौं।।
कै पाताल दलौं व्यालावलि अमृत कुंड महि लावौं।
भेद भुवन करि भानु बाहिरौ तुरत राहु दै तावौं।।
बिबुध बैद बदबस आनौ धरि तौ प्रभु अनुज कहावौं।
पटकौं मीच नीच मूसक ज्यों सबहि कौ पाप नसावौं।।

रौद्र रस

अपना अथवा अपने प्रिय का अनिष्ट होने के कारण क्रोध उत्पन्न होता है वही रौद्र रस में परिवर्तित हो जाता है। जैसे-

दुर्द्धर्ष से जलते हुए उत्ताप के उत्कर्ष से।
कहने लगे तब वे अरिन्दम वचन व्यक्त अमर्ष से।।
सुर, नर, असुर, गंधर्व, किन्नर आदि कोई भी कहीं।
कल शाम तक मुझ से जयद्रथ को बचा सकता नहीं।।

भयानक रस

भयानक दृश्य देखने, सुनने, याद करने अथवा उसकी अनुभूति करने से भयानक रस उत्पन्त होता है। जैसे-

बालधी बिसाल बिकराल ज्वाल जाल मानो
लंक लीलिबे कौं काल रसना पसारी है।
केधौं व्योम बीथिका भरे हैं धूरि धूमकेतु

वीर रस वीर तरवारि सी उघारी है।।
तुलसी सुरेस चाप केधौं कामिनी कलाप
केधौं द्रुत दामिनी अनेक द्रुम जारी है।
देखें जातुधान जातुधानी अकुलानी कहें
कानन उजारो अब नगर पजारी है।।

\+ + + +

झहरात भहरात दावानल आयौ।
घेरि चहुँओर करि सोर अन्दोर बन धरनि अकास छहुँ पास छायौ।।
बरत बन बांस थरहरत कुसकांस जरि उड़त है भांस अति प्रबल धायौ।
झपटि-झपटि लपट फूल-फल छट छटाति फटत न लटपट की द्रुमन बायौ।।
अति अगिनिझार झंझार धुंधार परि उछटि अंगार झंगार छायौ।
बरत बन पात भहरात-भहरात अररात तरु महाधरनि गिरायौ।।

वीभत्स रस

हाड़, मांस, खून, चर्बी, क्षत-विक्षत लाश आदि देखकर घृणात्मक भाव उत्पन्न होता है। वही वीभत्स रस कहलाता है। जैसे-

सिर पर बैठ्यो काग आंखि दोऊ खात निकारत।
खींचत जीभहिं स्यार अतिहिं आनन्द उर धारत।।
गिद्ध जांघ को खोदि-खोदि कैं मास उपारत।
स्वान आंगुरिन काटि-काटि कैं खात विदारत।।
बहु चील नौंचि लै गात अनुमोद भरो सबकौ हियो।
जनु ब्रह्म भोज जिजमान कोट आजु भिखारिन कौं दियौ।।

अदभुत रस

अद्‌भुत रस की नींव चमत्कार है। अलौकिक दृश्य देख अथवा प्रसंग सुन कर अदभुत रस की अनुभूति होती है। जैसे-

लीन्हो उखारि पहारि बिसाल चल्यो तेहि काल बिलम्ब न लायौ।

मारुतनन्दन मारुत को मन को खगराज को बेग लजायौ॥
तीखी तुरा तुलसी कहि तोपै उपमाऊ को समाउ न आयौ।
मानो प्रतच्छ परब्बत की नभ लीक सखी कपि यों धुकि धायो॥

शान्त रस

असार संसार की अनुभूति तथा आध्यात्मिक ज्ञान की ललक से शान्त रस का जन्म होता है। जैसे-

जाके प्रिय न राम वैदेही।
सो छांड़िये कोटि बैरी सम जद्यपि परम सनेही॥
तज्यो पिता प्रहलाद विभीषण बंधु भरत महतारी।
बलि गुरु तज्यो कंत ब्रज बनिता भे मृदु मंगलकारी॥
तुलसी सो सब भांति परमहित पूज्य प्रान तै प्यारो।
तौ भजु राम काम सिग पूरन ऐतो मतो हमारो॥

भक्ति रस

भक्ति रस का अलग अस्तित्त्व है अथवा नहीं? इस प्रश्न का उत्तर दुरूह है। अधिकांश काव्य शास्त्री इस रस का अलग अस्तित्त्व नहीं मानते हैं परन्तु कुछ मानते हैं। वैष्णव आचार्यों ने आध्यात्मिक तथा साम्प्रदायिक धरातल पर भक्ति रस को एक स्वतंत्र रस मान लिया है। वैष्णव आचार्य मूलतः कृष्ण के भक्त हैं। इस भक्ति में साख्य भाव की प्रधानता के साथ-साथ दीन भावना भी है। जैसे-

तू दयालु दीन हौं तू दानि हौं भिखारी।
हौं प्रसिद्ध पातकी तू पाप पुंज हारी।
नाथ तू अनाथ को अनाथ कौन मोसो।
मो समान आरतनहिं आरति हरि तोसो॥

\+ \+ \+ \+

सुने जी मैंने निरबल के बलराम।
अपबल तप बल औरु बाहु बल चौथो है बल दाम॥

+ + + +

सूर सबै बल तै बलअगरो ऐसो हरि को नाम॥

वात्सल्य रस

अधिकांश काव्य शास्त्री भक्ति रस की ही तरह वात्सल्य रस की सत्ता अलग नहीं मानते हैं। वे इस रस को श्रृंगार रस का ही एक अंग मानते हैं। आचार्य रुद्रट ने वात्सल्य रस को स्वतंत्र रस मानकर इसका स्थायी भाव स्नेह माना है। कालान्तर में सूरदास ने सूरसागर में इतना विस्तृत वात्सल्य चित्रण कर दिया जिस कारण अनेक विद्वानों ने वात्सल्य रस को एक अलग रस स्वीकार कर लिया है। जैसे–

किलकत कान्ह घुटरुवनि आवत।
मनिमय कनक नन्द के आंगन बिम्ब पकरिवे धावत॥

+ + + +

किलकत कान्ह नंदजू की कनियाँ।

+ + + +

जसोदा हरि पालने झुलावै।
हलराबै दुलराबै मल्हाबै जोई सोई कछु गावै॥
मेरे लाल को आउ निदरिया कान्हा तोहि बुलावै।
कबहुँ पलक हरि मूंदि लेत हैं कबहुँ अधर फरकावै॥

अध्याय-१६

अलंकार

अलंकार शब्द की व्युत्पत्ति संस्कृत भाषा में अलम् धातु से हुई है जिसका अर्थ है-आभूषण। इस तरह कहा जा सकता है कि आभूषित करने वाला साधन ही अलंकार है। महर्षि व्यास ने अग्नि पुराण में लिखा है-

अलंकार रहिता विधवेव सरस्वती

अर्थात् अलंकार रहित कविता विधवा के समान है।

आचार्य जयदेव कहते हैं-

अंगीकरोति यः काव्यं शब्दार्थवनलंकृती।
असौ न मन्यते कस्मादनुष्णमनलंकृती॥

अर्थात् जो शब्दार्थयुक्त काव्य को अलंकारों से रहित मानते हैं वे अग्नि को ताप से रहित क्यों नहीं मान लेते हैं?

काव्य में अलंकार के महत्त्व और आवश्यकता पर प्रकाश डालते हुए कविवर केशवदास ने कहा है-

जदपि सुजाति सुलच्छनी सुबरन सरस सुवृत्त।
भूषण बिनु न बिराजईं कविता वनिता मित्त॥

\+ \+ \+ \+

कविन कहे कवितान के अलंकार द्वै रूप।
एक कहै साधारणै एक विशिष्ट सरूप॥
सामान्यालंकार को चारि प्रकार प्रकास।
वर्ण, वर्ण्य, भू, राजश्री भूषण केशवदास॥

सारांश यह कि जिस प्रकार आभूषण धारण करने से स्त्री की सुन्दरता में वृद्धि हो जाती है उसी प्रकार कविता में अलंकारों से सुन्दरता बढ़ जाती है। प्रश्न उठता है कि क्या कुरूप स्त्री भी आभूषण धारण करने से सुन्दर लगने लगेगी? आचार्यों का मत है नहीं। संभवतः इस उत्तर को पुष्टता प्रदान करने के लिए ध्वन्यालोक-लोचनकार ने स्पष्ट किया है-

यशाहि अचेतनम् शवशरीरम् कुण्डलाद्युपेतमपि न भाति अलंकार्यस्या भावात-अर्थात् जिस प्रकार अचेतन शरीर (मृत) में कुण्डल आदि आभूषण शोभा नहीं देते उसी प्रकार काव्य में अलंकार्य (रस अथवा भाव) के बिना अलंकार अर्थहीन हैं।

आचार्य रुद्रभट्ट ने ठीक ही कहा है-

यामिनी वेन्दुना मुक्ता नारीय रमणं बिना।
लक्ष्मीरिवऋते त्यागान्नो वाणी भाति नीरसा॥

अर्थात् चंद्रमा के बिना रात, पति के बिना स्त्री और त्याग के बिना लक्ष्मी-इसी तरह रस के बिना कविता शोभा नहीं देती।

इस प्रकार स्पष्ट है कि कविता रसयुक्त होनी चाहिये और रसयुक्त तभी होगी जब उसमें भाव होगा। ऐसी ही कविता अलंकृत होने पर अधिक सुन्दर हो जाती है।

अलंकार के भेद

आचार्य भरतमुनि ने अलंकार के चार भेद किए हैं-उपमा, रूपक, दीपक और यमक। महर्षि व्यास ने सोलह और भामह ने इनकी संख्या अड़तीस तक बताई है। आचार्य दण्डी, उद्भट्ट आदि ने इनकी संख्या बढ़ा कर बावन तक कर दी। बाद में इनकी संख्या में निरंतर वृद्धि होती रही।

जिस प्रकार देश-काल की स्थिति (संस्कृत-सभ्यता) के अनुसार आभूषणों की संख्या, बनावट आदि में कमी अथवा वृद्धि हो सकती है उसी प्रकार काव्य क्षेत्र में भी अलंकार घटते-बढ़ते रहें तो आश्चर्य की बात नहीं है। यहाँ प्रचलित तथा आवश्यक अलंकारों का चित्रण किया जा रहा है।

शब्दालंकार

कविता में शब्दों का चमत्कार शब्दालंकार कहलाता है। जैसे-

बनन में बागन में बगरो बसंत है

काव्य में 'सुर' अथवा 'नाद' आवश्यक है। इसके माध्यम से ही कविता संगीतमय बनती है। संगीतात्मकता अथवा लयात्मकता के अभाव में कविता की रचना असंभव है। महाराजा भोज ने कहा भी है-

ये व्युत्पत्त्यिादिना शब्दमलकर्त्तु मिहक्षमाः शब्दालंकार संज्ञास्ते।

कविता और संगीत एक दूसरे के पूरक हैं।

यदि बनन के स्थान पर 'जंगल' बागन के स्थान पर 'उपवनन' बगरो के स्थान पर 'बिखरा' और 'बसंत' के स्थान पर 'ऋतुराज' शब्द लिख दिए जायें तो संगीतात्मकता तथा सौंदर्य दोनों समाप्त हो जाएंगे। इसीलिए काव्य में शब्दालंकार का विशेष महत्त्व है।

विद्वानों ने इसके निम्नलिखित भेद माने हैं-

अनुप्रास अलंकार

स्वर समान हो या न हो एक वर्ण आये बारम्बार।
निश्चय वहाँ समझिए अनुप्रास अलंकार॥

जब किसी पंक्ति अथवा वाक्य में स्वर समान न होने पर भी एक ही वर्ण बार-बार आये तो वहाँ अनुप्रास अलंकार होता है। जैसे-

गुलगुली गिलमें गलीचा हैं गुनीजन हैं
चिक हैं चिराके हैं चिरागन की माला है।
कहै पदमाकर है गजक गजा हूँ सजी
सज्जा है, सुराही हैं सुरा है अरु प्याला है॥

यहाँ च, ग, स वर्ण की बार-बार आवृत्ति हुई है। अतः अनुप्रास अलंकार है। अनुप्रास अलंकार के निम्न लिखित भेद बताये गये हैं।

(क) छेकानुप्रास :– जब एक ही वर्ण की अनेक बार आवृत्ति हो तो वहाँ छेकानुप्रास होता है। जैसे–

इस करुण कलित हृदय में
क्यों विकल रागनी बजती।।

यहाँ 'क' वर्ण की आवृत्ति अनेक बार हुई है। इसलिए छेकानुप्रास है।

(ख) वृत्यानुप्रास :– अनेक वर्ण अनेक बार आने पर काव्य में वृत्यानुप्रास होता है। जैसे–

कारी कूरि कोकिला कहाँ को बैर काढ़ति री
कूकि-कूकि कबलों करेजो किन कोरि लै।।

यहाँ 'क' तथा 'र' वर्ण की अनेक बार आवृत्ति हुई है। इसलिए वृत्यानुप्रास है।

(ग) श्रृत्यानुप्रास :– मुख के एक ही अवयव (हिस्सा) से उच्चरित होने वाले वर्णों की आवृत्ति जहाँ होती है वहाँ काव्य में श्रृत्यानुप्रास होता है। जैसे–एक दोहा हमारा देखिये–

कछु पी ली कछु पिऊँगी अपने पी के संग।
पीवत पीवत पी गई सिगरे पी के रंग।।

यहाँ 'प' तथा 'व' द्विओष्ठीय, 'छ' तालव्यीय तथा 'ग' कोमल तालव्यीय वर्ण हैं। इसलिए श्रृत्वानुप्रास है।

(घ) लाटानुप्रास :– जहाँ काव्य में शब्दों अथवा वाक्यों की आवृत्ति हो परन्तु अर्थ में फर्क न पड़े लेकिन अन्वय के बाद अर्थ बदल जाए तो वहाँ लाटानुप्रास होता है। जैसे–

पूत कपूत तो का धन संचय।
पूत सपूत तो का धन संचय।।

यहाँ स्पष्ट किया गया है कि यदि पुत्र सुयोग्य है तो धन एकत्र करने की आवश्यकता नहीं और यदि पुत्र अयोग्य है तो भी धन एकत्र करने की आवश्यकता नहीं है अर्थात् सुयोग्य पुत्र अपने जीवन अर्जन के लिए स्वयं धनोपार्जन कर लेगा और अयोग्य पुत्र संचित धन को भी दुरुपयोग कर नष्ट कर देगा।

(ङ) अन्त्यानुप्रास :– कविता के चरण के अंत में आये वर्णों की

समानता को अन्त्यानुप्रास कहते हैं। दूसरे शब्दों में इस अलंकार के बिना कविता में तुकबन्दी हो ही नहीं सकती। जैसे-

आगे चले बहुरि रघुराई।
ऋृष्यमूक पर्वत नियराई॥

यहाँ 'ई' वर्ण के कारण तुकबन्दी है। इसलिए अन्त्यानुप्रास है।

यमक अलंकार

एक शब्द पुनि-पुनि परै अर्थ और ही और।
सो यमकालंकार है भूषण कवि सिरमौर॥

जहाँ काव्य में एक शब्द बार-बार आये परन्तु उस शब्द का अर्थ बदल जाये तो वहाँ यमक अलंकार होता है। जैसे-

कनक-कनक तै सौ गुनी मादकता अधिकाय।
वा खाये बौराय जग या पाये बौराय॥

यहाँ एक कनक शब्द का अर्थ धतूरा और दूसरे का सोना (स्वर्ण) है। धतूरा (फल) खाने से मनुष्य (जग) बौरा (पागल) हो जाता है और सोना (स्वर्ण) पाकर भी मनुष्य बौरा अर्थात् पागल हो जाता है।

ऐसा ही एक उदाहरण और देखिये-

तो पर बारों उरबसी सुन राधिके सुजान।
तू मोहन के उरबसी है उरबसी समान॥

यहाँ 'उरबसी' शब्द का अर्थ क्रमशः 'उरवशी', 'हृदय में बसी' है। इसलिए यमक अलंकार है।

श्लेष अलंकार

शब्द एक अर्थ अनेक।
अलंकार श्लेष॥

अर्थात् जहाँ काव्य में शब्द एक ही हो परन्तु उसके अर्थ अनेक हों तो वहाँ श्लेष अलंकार होता है। जैसे-

रहिमन पानी राखिये बिन पानी सब सून।
पानी गये न ऊबरै मोती मानस चून॥

इस दोहे में 'पानी' शब्द के अनेक अर्थ हैं। एक-जल, दो-स्वाभिमान और तीन-चमक। इसलिए श्लेष अलंकार है।

विद्वानों ने श्लेष अलंकार के दो भेद माने हैं।

(क) अभंग श्लेष अलंकार :– अभंग का मतलब है जो भंग न हो अर्थात् शब्द को दो हिस्सों में किए बिना ही काव्य में उसके एक से अधिक अर्थ हों तो वहाँ अभंग श्लेष अलंकार होता है। जैसे-

चरन धरत शंका करत चितवत हैं चहुँओर।
सुवरन को ढूंढ़त फिरत कवि व्यभिचारी चोर॥

इस दोहे में चरन शब्द के दो अर्थ हैं। एक चरण (पाँव) दो -काव्य का चरण (छन्द) अर्थात् कवि चरण रचना के लिए सशंकित रहता है और व्यभिचारी तथा चोर पाँव सशंकित होकर रखता है। 'सुवरन' शब्द के तीन अर्थ हैं। एक-सुन्दर वर्ण (अक्षर), दो-सुन्दर रंग और तीन-सोना (स्वर्ण) अर्थात् कवि सुन्दर अक्षरों की खोज में रहता है, व्यभिचारी सुन्दर शारीरिक रंग की खोज में रहता है और चोर सोना (स्वर्ण) की खोज में रहता है। इसलिए यहाँ अभंग श्लेष अलंकार है।

(ख) सभंग श्लेष अलंकार :– सभंग का अर्थ है जो भंग हो जाय अर्थात् शब्द के टूटने पर काव्य में उसका अर्थ दूसरा निकले तो वहाँ सभंग श्लेष अलंकार होता है। जैसे-

चिरजीवै जोरी जुरै क्योंन स्नेह गंभीर।
को घटि वे वृषभानुजा वे हलधर के वीर।

इस दोहे में वृषभानुजा तथा हलधर शब्दों को तोड़ दिया जाय तो अर्थ भी बदल जाएगा। जैसे 'वृषभानुजा' शब्द के दो अर्थ प्राप्त करने के लिए वृषभानु+जा अर्थात वृषभानु की पुत्री राधा और दूसरा वृषभ+अनुजा अर्थात् बैल की बहिन-गाय। इसी प्रकार 'हलधर' शब्द के दो अर्थ हैं। एक-बलराम (कृष्ण के बड़े भाई) और दो-हलधारण करने वाला-बैल। इस प्रकार यहाँ सभंग श्लेष अलंकार है।

वक्रोक्ति अलंकार

कही बात का श्रोता जब चमत्कारिक अर्थ लगाय।
काव्य में तब मित्रवर वक्रोक्ति अलंकार कहलाय॥

कहने वाले के कथ्य का जब सुनने वाला चमत्कारिक अर्थ भी महसूस करे तब वहाँ वक्रोक्ति अलंकार होता है। जैसे–

बांह छुड़ाये जात हौ निबल जानि के मोहि।
हिरदय ते जब काढ़ि हौ मरद बदोंगो तोहि॥

कहा जाता है महाकवि सूरदास जन्मांध नहीं थे। एक बार जंगली मार्ग से कहीं जा रहे थे। यकायक एक अंधोले (जलरहित) कुएं में गिर गये। निकल नहीं पा रहे थे। तब वहाँ भगवान् कृष्ण प्रकट हुए। उन्हें देख सूरदास धन्य हो गये। भगवान् कृष्ण ने वर माँगने को कहा तो सूर ने वर माँगा–जिन आँखों से आपको देख लिया उनसे अब यह पापी संसार नहीं देखना चाहता। भगवान् कृष्ण ने उनको वर दे दिया और सूरदास के नेत्र ज्योतिहीन हो गये। फिर भगवान् कृष्ण ने सूरदास की बाँह पकड़ कर कुएं से बाहर निकाला और चलते बने। तब सूरदास ने कथित दोहा कहा जिसमें वक्रोक्ति अलंकार है। मुझे निर्बल समझ कर मेरी बाँह छोड़ दी और जा रहे हो। परन्तु कोई बात नही। मुझे हृदय से हटा कर देखना तब तुम्हें मर्द समझूंगा अर्थात् हृदय में पूरी तरह समाहित हूँ, व्याप्त हूँ, उससे तुम मुझे कभी अलग नहीं कर पाओगे। इस दोहे में सीधी कही गई बात का अर्थ एकदम अलग है।

वक्रोक्ति अलंकार के दो भेद बताये गये हैं–

(क) श्लेष वक्रोक्ति अलंकार :– काव्य में दूसरा अर्थ जब श्लेष अलंकार के माध्यम से स्पष्ट होता है तब वहाँ श्लेष वक्रोक्ति अलंकार होता है। जैसे–

को तुम हौ घनश्याम अहै घनश्याम अहौ कित हूँ बरसौ।
चितचोर कहावत हैं हम तौ तहं जाहु जहाँ घन है सरसौ॥

अर्थात् राधा अपने कक्ष में बैठी हैं। कक्ष के कपाट बंद हैं। बाहर से कृष्ण द्वार पर दस्तक देते हैं। राधा पूछती हैं–तुम कौन हो? कृष्ण उत्तर देते हैं–घनश्याम हूँ। तब राधा कहती हैं, घनश्याम अर्थात् काले बादल हो तो कहीं जा कर बरसो। कृष्ण पुनः कहते हैं–हम तो चितचोर अर्थात् चोर हैं। राधा भी

बड़ी चतुराई से कहती हैं–चोरी करने वाले घन हो तो किसी सरवर के समीप जाओ। वहाँ से जल की चोरी करो।

(ख) काकु वक्रोक्ति अलंकार :– कण्ठध्वनि अर्थात् बोलने के आधार पर वक्रोक्ति स्पष्ट हो तो वहाँ काकुवक्रोक्ति अलंकार होता है। जैसे–अच्छा शब्द के उच्चारण, अच्छा! अच्छा? अच्छा। करने पर अर्थ बदल जाते हैं। एक उदाहरण काव्य में देखिए–

मैं सुकुमारि नाथ वन जोगू।
तुमहिं उचित तप मोकहुं भोगू।।

जब राम चौदह वर्ष के वनवास के लिए चलने लगे तो सीता भी उनके साथ जाने के लिए हठ करने लगीं। तब राम ने उनको ऐसा न करने की शिक्षा दी। सीता को सुकुमारी बताया, वन जाने के योग्य नहीं बताया आदि–आदि। यह सब सुनकर सीता ने कहा–मैं सुकुमारी हूँ और आप वन जाने के योग्य हैं अर्थात् आप सुकुमार नहीं हैं और सदा वनों में ही रहे हैं। तुम्हारे लिए तपस्या उचित है और मैं तपस्या करने के योग्य न हो कर सिर्फ वैभव ही भोग सकती हूँ। यहाँ सीता की बात में व्यंग्य छिपा है जो बोलने (उच्चारण) की गति पर स्पष्ट होगा अर्थात् अर्थ बदल जाएगा।

अर्थालंकार

जहाँ अर्थ के माध्यम से सौंदर्य वृद्धि हो वहाँ अर्थालंकार होता है। जैसे–

सोने जैसे दिन हैं अपने चाँदी जैसी रातें।
रोज चाँदनी बाँटा करती घर-घर आ सौगातें।

यहाँ दिन सोने (स्वर्ण) के समान तथा रातें चाँदी के समान कही गई हैं। इसके साथ ही चाँदनी घर-घर आकर उपहार बाँट रही है। ऐसा कहने से अर्थ चमत्कारपूर्ण हो गया है। इसलिए यहाँ पर अर्थालंकार है। इस अलंकार के निम्न लिखित भेद बताये गये हैं।

उपमा अलंकार

एक वस्तु की अन्य वस्तु से समानता दर्शाय।
वही उपमा अलंकार है रहा बात समझाय।।

जब एक वस्तु की किसी अन्य वस्तु से समानता दर्शायी जाती है तब वहाँ उपमा अलंकार होता है। जैसे-सीता का मुख चन्द्रमा के समान है। यहाँ सीता के मुख की सुन्दरता की तुलना चंद्रमा की सुन्दरता के साथ की गई है।

उपमा अलंकार के चार अवयव माने जाते हैं।

(क) उपमेय :- जिसकी तुलना की जाय उसे उपमेय कहते हैं। उक्त उदाहरण में सीता का मुख उपमेय है।

(ख) उपमान :- जिससे उपमेय की तुलना की जाय उसे उपमान कहते हैं। उक्त उदाहरण में सीता के मुख की तुलना चन्द्रमा से की गई है। अतः चंद्रमा उपमान है।

(ग) साधारण धर्म :- उस गुण अथवा विशेषता को साधारण धर्म कहते हैं जिसके आधार पर उपमेय और उपमान में तुलना की जाती है। उक्त उदाहरण में सुन्दरता साधारण धर्म है।

(घ) वाचक शब्द :- तुलना का भाव स्पष्ट करने वाला शब्द वाचक शब्द कहलाता है। उक्त उदाहरण में समान शब्द के माध्यम से सुन्दरता की तुलना स्पष्ट होती है। इसलिए वाचक शब्द समान है। विद्वानों ने उपमा अलंकार के दो मुख्य भेद बताये हैं-

(क) पूर्णोपमा अलंकार :-जब उपमा के चारों अवयव विद्यमान हों तो पूर्णोपमा अलंकार होता है। जैसे-

पीपर पात सरिस मन डोला

यहाँ मन-उपमेय, पीपर पात-उपमान, डोला-साधारण धर्म और सरिस-वाचक शब्द है। इसलिए पूर्णोपमालंकार है।

(ख) लुप्तोपमा अलंकार :- उपमा अलंकार के जब चारों अवयवों में से कोई एक अथवा एक से अधिक अवयव लुप्त हों तो वहाँ लुप्तोपमा अलंकार होता है। जैसे-

संत हृदय नवनीत समाना

यहाँ नवनीत के समान 'कोमल' अथवा 'उज्जवल' शब्द अर्थात् साधारण धर्म का लोप हो गया है।

२. मालोपमा अलंकार :– एक उपमेय के लिए जब अनेक उपमान प्रयुक्त किए जाते हैं तब वहाँ मालोपमा अलंकार होता है। जैसे-

सीता का मुख चंद्रमा के समान सुन्दर है
कमल के समान कोमल प्रतीत होता है
सूर्य के समान तेजस्वी लगता है

यहाँ सीता का मुख उपमेय है जिसके लिए चंद्रमा, कमल और सूर्य उपमान प्रयोग किए गये हैं। इसलिए मालोपमा अलंकार है।

रूपक अलंकार

दो वस्तुओं की तुलना में तुलना शब्द बताय।
ऐसा मानो तब वहाँ रूपक अलंकार हो जाय॥

रूपक का अर्थ है-रूप ग्रहण करना। दो वस्तुओं की तुलना करते समय तुलना बताने वाला शब्द प्रयोग में लाया जाय तो रूपक अलंकार होता है। जैसे-

अवधेश के बालक चारि सदा
तुलसी मन मन्दिर में बिहरैं॥

यहाँ अवधेश (राजा दशरथ) के चारों बालक तुलसी के मन मंदिर में बिवहार करते हैं। तुलसीदास ने चारों बालकों को देव रूप तथा मन को मन्दिर का रूप ग्रहण करवाया है। इसलिए रूपक अलंकार है।

विद्वानों ने रूपक अलंकार के दो भेद बताये हैं।

(क) अभेदरूपक अलंकार :– उपमेय और उपमान का अभेद प्रकट करने वाला रूपक अभेदरूपक अलंकार कहलाता है। इसके तीन उपभेद बताये गये हैं।

१. सम अभेद रूपक अलंकार :– जहाँ उपमेय और उपमान पूरी तरह स्थापित हों वहाँ सम अभेद रूपक अलंकार होता है। जैसे-

अम्बर पनघट में डुबो रही तारा घट ऊषा नागरी।

यहाँ अम्बर को पनघट, तारे को घट और ऊषा को नागरी में उपमेय और उपमान पूरी तरह स्थापित कर दिए गये हैं।

समअभेद रूपक अलंकार के भी विद्वानों ने तीन भेद किए हैं।

(क) सांगरूपक अलंकार :– जब उपमेय और उपमान का आरोपण सारे अंगों के साथ होता है तब वहाँ सांगरूपक अलंकार होता है। जैसे–

उदित उदय गिरि मंच पर रघुवर बाल पतंग।
विकसे संत सरोज सब हरषे लोचन भृंग।।

यहाँ रघुवर उपमेय में बाल पतंग–उपमान के सारे अंगों का आरोपण किया गया है। सूर्य–बालपतंग से सम्बद्ध वस्तुओं का आरोपण रघुवर से सम्बद्ध सभी वस्तुओं के साथ है। उपमेय–रघुवर के अंग, मंच, संत, लोचन बताये गये हैं जिनमें सूर्य–उपमान के अंग उदयगिरि, सरोज और भृंग का आरोपण है।

(ख) निरंगरूपक अलंकार :– उपमान को उपमेय पर अंग रहित आरोपित करने से निरंगरूपक अलंकार होता है। जैसे

चकई री चल चरन–सरोवर जहाँ न प्रेम वियोग।
निसि दिन राम–नाम की वर्षा भय रुज नहिं दुख सोग।।
जहाँ सनक से मीन हंस शिव मुनि जन नख रवि प्रभा प्रकास।
प्रफुलित कमल निमिषि नहिं ससि डर गुंजत निगम सुबास।।
जेहि सर सुभग मुक्ति मुक्ताफल सुकृत अमृत रस पीजै।
सो सरि छाँड़ि कुबुद्धि विहंगम इहाँ कहाँ रहि कीजै।।

यहाँ चरन–उपमेय, सरोवर–उपमान, हंस–उपमेय, शिव–उपमान आदि अंग सहित आरोपित नहीं हैं। इसलिए निरंगरूपक अलंकार है।

(ग) परम्परित रूपक अलंकार :–एक आरोप दूसरे आरोप का कारण बनता है वहाँ परम्परित रूपक अलंकार होता है। जैसे–

सखि नील नभस्सर से उतरा यह हंस अहा तिरता–तिरता।
अब तारक मौक्तिक शेष नहीं निकला जिनको चरता–चरता।।
अपने हिम बिन्दु बचे तब भी चलता उनको धरता–धरता।
गढ़ जायें न कंटक भूतल के कर डाल रहा डरता–डरता।।

यहाँ हंस–सूर्य में हंस–पक्षी का आरोपण दूसरे आरोपणों का कारण है।

सूर्य को हंस बताने से आकाश में सरवर, तारे, मोती तथा किरणें हाथ के माध्यम से आरोपित हैं। इसलिए परम्परित रूपक अलंकार है।

२. अधिक सभेद रूपक अलंकार :– उपमेय को उपमान से बढ़ा-चढ़ाकर आरोपित किया जाता है तब अधिक सभेद रूपक अलंकार होता है।

जैसे-

सिय मुख सरद कमल किमि कहि जाय।
निसि मलीन वह निसि दिन यह बिगसाय॥

यहाँ सीता का मुख-उपमेय, कमल-उपमान है। लेकिन कमल रात में मलीन होना तथा सीता का मुख रूपी कमल दिन रात खिला रहना कहा गया है अर्थात् सीता मुख रूपी कमल, साधारण कमल से श्रेष्ठ है।

३. न्यून अभेदरूपक अलंकार :– उपमेय को उपमान से छोटा (न्यून) कहा जाने पर न्यून अभेद रूपक अलंकार होता है। जैसे-

देह तुम्हारी कंचन लेकिन है माटी उनहारि

यहाँ कंचन जैसी देह-उपमेय को माटी-उपमान के समान न्यून कहा गया है।

(ख) तद्रूप रूपक अलंकार :– उपमेय को उपमान के दूसरे रूप में वर्णित करने के साथ भिन्नता भी नहीं रहती है। वहाँ तद्रूप रूपक अलंकार होता है। जैसे-

तुम दूसरे राम हो यह दूसरी सीता हैं।

यहाँ तुम तथा यह-उपमेय को राम तथा सीता-उपमान, कहा गया है। सीधा राम तथा सीता नहीं कहा गया है। साम्यता के साथ भिन्नता है।

प्रतीप अलंकार

उपमा में उपमेय के समक्ष उपमान को श्रेष्ठ बताय।
सुनिये गुनिये गुनी जन वहाँ प्रतीप अलंकार हो जाय॥

प्रतीप का अर्थ उलटा होता है। उपमा अलंकार का उलटा प्रतीप

अलंकार होता है। उपमा में उपमेय के समक्ष उपमान को श्रेष्ठ बताया जाता है जबकि प्रतीप अलंकार में उपमेय को श्रेष्ठ माना जाता है। जैसे-

चन्द्रमा के समान सीता का मुख सुन्दर है।

सीता के मुख को चन्द्रमा के समान सुन्दर कहा गया है।

अन्य उदाहरण–

अमिय झरत चहुँ ओर से नयन ताप हरिलेत।
राधा जू को बदन अस चन्द उदय केहि हेत॥

व्यतिरेक अलंकार

उपमेय को उपमान से बढ़कर जो बतलाय।
सो व्यतिरेक अलंकार है रहा बात समझाय॥

उपमेय को उपमान से बढ़ाकर बताया जाय तो व्यतिरेक अलंकार होता है। जैसे-

राधा मुख को चंद सा कहते हैं मतिरंक।
निष्कलंक है यह सदा उसमें प्रगट कलंक॥

यहाँ राधा के मुख की सुन्दरता को चंद्रमा की सुन्दरता से बढ़कर बताया गया है। क्योंकि चन्द्रमा में तो कलंक भी है जबकि राधा का मुख निष्कलंक है।

अन्य उदाहरण–

सम सुबरन सुखमा कर सुखद न थोर।
सीय अंग सखि कोमल कनक कठोर॥

भ्रान्तिमान अलंकार

एक वस्तु के भ्रमवश किसी अन्य वस्तु का हो आभास।
वहाँ समझिए भ्रांतिमान अलंकार है खास॥

एक वस्तु के भ्रम से किसी दूसरी वस्तु का आभास होने पर भ्रांतिमान अलंकार होता है। जैसे-

नाक का मोती अधर की कांति से।
बीज दाड़िम का समझ कर भ्रांति से।।
देख कर सहसा हुआ शुक मौन है।
सोचता है अन्य शुक यह कौन है।।

नायिका की मोती युक्त नाक, अधरों की रक्तिम कांति के बीच अनार का दाना समझ यकायक एक तोता भ्रमित हो गया और सोचने लगा (नायिका को देखकर) यह दूसरा तोता कौन है।

अन्य उदाहरण–

समझि तुम्हें घनश्याम हरि
नाचि उठे वन मोर।

सन्देह अलंकार

जहाँ संशय के भाव का मन में उठे विचार।
वहाँ समझिए मित्रवर है संदेह अलंकार।।

जब संशय का भाव प्रतीत होता है तब सन्देह अलंकार होता है। इसमें रूप, रंग आदि समान दृष्टिगोचर होने पर उपमेय में उपमान के संशय में संदेह का आभास होता है। जैसे–

दुवन दुसासन दुकूल गह्यौ दीन बन्धु
दीन ह्वै कै द्रुपदकुमारी यौं पुकारी है।
छोड़े पुरुषारथ की ठाड़े पिय पारथ से
भीम महाभीम ग्रीव नीचे को निहारी है।।
अम्बर तो अम्बर अमर कियो बंशीधर
भीषम करन द्रोन शोभा यों निहारी है।
सारी बीच नारी है कि नारी बीच सारी है
कि सारी ही की नारी है कि नारी ही की सारी है।।

द्रौपदी के चीर हरण के समय जब श्रीकृष्ण ने चीर बढ़ाना आरम्भ किया तो उसे खींचते-खींचते दुशासन की भुजाएं थक गईं। चीर (साड़ी) के

ढेर लग गये तो संदेह होने लगा कि साड़ी के बीच नारी (द्रौपदी) है अथवा नारी के बीच साड़ी है अथवा साड़ी न होकर नारी है अथवा नारी न होकर साड़ी है।

स्मरण अलंकार

देखी अथवा सुनी वस्तु की वैसी ही वस्तु देख याद आये।
वहाँ काव्य में बेखटके स्मरण अलंकार कहलाये॥

देखी अथवा सुनी हुई वस्तु देखकर वैसी ही समान वस्तु को देखने अथवा सुनने से चमत्कारिक अर्थ का आभास हो तो वहाँ स्मरण अलंकार होता है। जैसे–

आजु घन स्याम की अनुहारि।
उनइ आये सांवरे सज देख रूप की आरि॥
इन्द्र धनुष मानो पीत बसन दामिनि दसन विचारि।
जनु बगपांति माल मोतिन की चितवत हितहि निहारि॥

आज काले बादल कृष्ण के समान दिखाई पड़ रहे हैं। इन्द्र धनुष देखकर कृष्ण के पीताम्बर की याद आ गई अर्थात् इन्द्र धनुष कृष्ण का पीताम्बर लग रहा है। बिजली की चमक कृष्ण के दांतों का आभास करा रही है, बगुलों की पंक्ति कृष्ण की मोतियों की माला लग रही है।

अन्य उदाहरण–

करि की चुराई चाल सिंह को चुरायो लंक
ससि को चुरायो मुख नासा चोरी कीर की।
पिक को चुरायो बैन मृग को चुरायो नैन
दसन अनार हाँसी बीजुरी गंभीर की॥
कहै कवि बैनी बैनी व्याल की चुराइ लीनी
रती रती सोभा सब रती के सरीर की।
अब तौ कन्हैयाजू को चितहू चुराइ लीनो
छोरटी है गोरटी या चोरटी अहीर की॥

उल्लेख अलंकार

एक वस्तु का नानाविधि से चित्रण जब किया जाय।
हिन्दी साहित्य में वही उल्लेख अलंकार कहलाय॥

एक वस्तु का अनेक प्रकार से चित्रण किया जाय तो उल्लेख अलंकार होता है। जैसे-

तू रूप है किरन में सौंदर्य है सुमन में
तू प्राण है पवन में विस्तार है गगन में
तू ज्ञान हिन्दुओं में ईमान मुस्लिमों में
तू प्रेम क्रिश्चियन में है सत्य तू सुजन में॥

यहाँ भगवान् के अनेक रूप बताये गये हैं। अर्थात् किरन में तू रूप है, सौंदर्य में फूल है, पवन में प्राण है, गगन में विस्तार है। आदि।

अन्य उदाहरण-

अपनी मस्ज़िद में है जो
अपने मंदिर में है सो
सारी धरती का वो रंग
सारी दुनिया का वो नूर
तुझमें भी है वो भरपूर
मुझमें भी है वो भरपूर
सारे धर्मों में है जो
सारे कर्मों में है सो॥

उत्प्रेक्षा अलंकार

उपमेय में उपमान की कल्पना हो साकार।
तब वहाँ मन से मानिये उत्प्रेक्षा अलंकार॥

उपमेय में उपमान की कल्पना अथवा सम्भावना दृष्टिगोचर होती है तब वहाँ उत्प्रेक्षा अलंकार होता है। मानो, जानो, ज्यों, मनु, जनु, जानहु आदि इस अलंकार के वाचक शब्द हैं। जैसे-

सुनि सुन्दर वैन सुधारस साने सयानी है जानकी जानी भली।
तिरछे करि नैन दै सैन तिन्हें समुझाइ कछू मुसकाइ चली।।
तुलसी तेहि औसर सोहें सबै अवलोकत लोचन लाहु अली।
अनुराग तड़ाग में भानु उदै बिगसी मानो मंजुल कंज कली।।

राम, लक्ष्मण और सीता वनवास के लिए चले जा रहे हैं तो मार्ग में कुछ ग्रामीण स्त्रियाँ सीता से पूछती हैं–साँवरे से सखि रावरे को हैं? अर्थात् तुम्हारे साथ यह साँवले से और गोरे से कौन हैं? उस समय राम व लक्ष्मण थोड़ा आगे निकल जाते हैं। अकेली सीता ठहर कर उन स्त्रियों को उनके प्रश्न का उत्तर देती हैं और मुस्कराकर आगे चलने लगती हैं। इस अवसर की कवि तुलसी ने कल्पना की कि मानो अनुराग के तड़ाग में भानु (सीता का मुख) उदय हो गया है तथा सीता के इर्द-गिर्द खड़ी ग्रामीण स्त्रियाँ मानो मंजुल कंज कलियाँ खिल गई हों। यह कवि की मात्र कल्पना है।

विद्वानों ने इस अलंकार के निम्न लिखित भेद माने हैं–

(क) वस्तुत्प्रेक्षा अलंकार :– जब एक वस्तु में किसी अन्य वस्तु की कल्पना कर ली जाय तो वस्तुत्प्रेक्षा अलंकार होता है। जैसे–

नील परिधान बीच सुकुमार
खिल रहा मृदुल अधखुला अंग।
खिला हो ज्यों बिजली का फूल
मेघ बन बीच गुलाबी रंग।।

नीले वस्त्रों के बीच कोमल, मृदुल, अधखुला अंग ऐसा लग रहा है (कवि ने कल्पना की) मानो मेघों के बीच बिजली का गुलाबी रंग का फूल खिला हो।

(ख) हेतुत्प्रेक्षा अलंकार :– वास्तविक कारण न होने पर भी जिसे काल्पनिक कारण मान लिया जाय वही हेतुत्प्रेक्षा अलंकार कहलाता है। जैसे–

मानो धरती चाह रही हो
छूना उस आकाश को।

धरती कभी भी आकाश को छू नहीं सकती और दूसरे वह निर्जीव भी

है-यह केवल कवि की कल्पना है जो वास्तविक कारण हो ही नहीं सकती है।

(ग) फलोत्प्रेक्षा अलंकार :– उद्देश्य न होने पर भी उद्देश्य की कल्पना अर्थात् अफल में फल की कल्पना करना ही फलोत्प्रेक्षा अलंकार कहलाता है। जैसे-

तरनि तनूजा तट तमाल तरुवर बहु छाये।
झुके कूल सौं जल परसन हित मनहुँ सुहाये॥
किधों मुकुर में लखत उझकि सब निज निज सोभा।
कै प्रनवत जल जानि परम पावन फल लोभा॥

नदी के किनारे खड़े विभिन्न प्रकार के वृक्ष प्रफुल्लित मन से नदी का जल स्पर्श करना चाहते हैं। यद्धपि यह बात असम्भव है फिर भी कवि ने कल्पना की है अर्थात् अफल में फल की कल्पना।

अन्योक्ति अलंकार

किसी वस्तु को लक्ष्य कर किसी अन्य वस्तु का वर्णन किया जाय।
हिन्दी भाषा साहित्य में वही अन्योक्ति अलंकार कहलाय।

जब किसी एक वस्तु को लक्ष्य करके किसी दूसरी वस्तु का चित्रण किया जाता है तो वहाँ अन्योक्ति अलंकार होता है। जैसे-

माली आवत देखि कैं कलियन करी पुकार।
फूली-फूली चुनि लईं काल्हि हमारी बार॥

यहाँ जीवन और मृत्यु को लक्ष्य करके बात कही गई है। जीवन कली, फूल जीवन का अंतिम समय तथा माली काल है। अर्थात् माली को आता देख कलियाँ पुकार-पुकार कर कहने लगीं कि उसने (माली ने) फूल-फूल चुन लिए हैं। कल हमारी भी बारी आएगी। हम भी फूल बन जाएंगी और माली हमें भी तोड़ ले जाएगा।

अन्य उदाहरण–

जिन दिन देखे वे कुसुम गई सो बीति बहार।
अब अलि रही गुलाब की अपत कटीली डार॥

दृष्टांत अलंकार

उपमेय और उपमान के साधारण धर्म का बिम्बित भाव।
वाचक शब्द विलुप्त हो यह दृष्टान्त सुभाव॥

उपमेय और उपमान के साधारण धर्म का बिम्बित भाव स्पष्ट हो और वाचक शब्द विलुप्त हो तो वहाँ दृष्टान्त अलंकार होता है। जैसे-

जो कहा रुक-रुक पवन ने।
जो सुना झुक-झुक गगन ने॥
साँझ जो लिखती अधूरा।
प्रात रंग पाता न पूरा॥

इन पंक्तियों में साधारण धर्म का ऐसा वर्णन है जिसमें समानता परिलक्षित होती है। प्रतिबिम्बों के भाव का अर्थ ऐसा है कि वास्तविकता एकदम अलग होने पर भी समानता प्रतीत होती है। अर्थात् जो पवन ने रुक-रुक कर कहा और जो (जिसे) गगन ने झुक-झुक कर सुना। साँझ पता नहीं क्या अधूरा लिख कर छोड़ देती है और प्रात उसे पूर्ण नहीं रंग पाता है अर्थात् पूरा नहीं कर पाता है।

दीपक अलंकार

उपमेय और उपमान का एक धर्म से हो नाता।
तब हिन्दी के क्षेत्र में दीपक अलंकार हो जाता॥

उपमेय और उपमान का एक ही धर्म से सम्बन्ध होने पर दीपक अलंकार होता है। जैसे-

पौधे सींचो ही नहीं उन्हें गोड़ो भी।
डालों को चाहो जिधर उधर मोड़ो भी॥
पुरुषों को तो बस राजनीति की बातें।
नृप में माली में काट-छांट की बातें॥

राम ने सीता से कहा कि पौधों की गुड़ाई करो और डालियों को मोड़ो भी तो सीता ने तुरन्त उत्तर दिया कि पुरुषों को तो प्रत्येक जगह राजनीति

दृष्टिगोचर होती है। माली के समान राजा भी काट-छाँट में संलग्न रहता है। यहाँ राजा उपमेय तथा माली उपमान है जिनका एक ही धर्म 'काट-छांट' से सम्बन्ध है।

अतिशयोक्ति अलंकार

लोक सीमा का उल्लंघन कर,
चित्रण भारी बढ़ा-चढ़ा कर,
अगर कर दिया जाय।
अतिशयोक्ति अलंकार कहलाय॥

किसी वस्तु अथवा दृश्य का चित्रण लोक सीमा का उल्लंघन करके खूब बढ़ा-चढ़ा कर किया जाय तो वहाँ अतिशयोक्ति अलंकार होता है। जैसे-

देखि सुदामा की दीन दशा
करुना करिके करुनानिधि रोये।
पानी परात को हाथ छुयो नहिं
नैनन के जल सों पग धोये॥

सखा सुदामा की दीन दशा देखकर करुणानिधान कृष्ण खूब रोये तो इतना अश्रु जल झरा कि उन्होंने जो पानी सुदामा के पाँव धोने के लिए परात में रखा था उसे हाथ तक नहीं लगाया और अश्रु जल से ही सुदामा के पाँव धो दिए।

विद्वानों ने अतिशयोक्ति अलंकार के निम्नलिखित भेद बताये हैं।

१. रूपकातिशयोक्ति अलंकार :-

जब उपमेय का वर्णन न करके उपमान के वर्णन के माध्यम से ही उपमेय को स्पष्ट कर दिया जाए तो रूपकातिशयोक्ति अलंकार होता है। जैसे-

देख लो साकेत नगरी है यही।
स्वर्ग से मिलने गगन में जा रही॥

यहाँ उपमेय (साकेत) का वर्णन न करके उपमान (स्वर्ग) के वर्णन

के माध्यम से ही उपमेय को स्पष्ट कर दिया गया है। साकेत नगरी स्वर्ग से मिलने गगन में जा रही है अर्थात् साकेत स्वर्ग के समान है।

२. भेदकातिशयोक्ति अलंकार :-

जहाँ अभेद का भेद के माध्यम से स्पष्टीकरण हो जाय वहाँ भेदकातिशयोक्ति अलंकार होता है। जैसे-

अनियारे दीरघ दृगनि किती न तरुनि समान।
यह चितवनि कछु और है जेहि बस होत सुजान॥

इन अनियारे दीर्घ दृगों में जो चितवन है वह चितवन तो है परन्तु किसी अन्य चितवन से एकदम अलग है जिसके वश में सुजान भी हो सकते हैं।

३. सम्बंधातिशयोक्ति अलंकार :-

असम्बन्ध से कल्पना द्वारा सम्बन्ध स्थापित कर लेना सम्बंधातिशयोक्ति अलंकार कहलाता है। जैसे-

आये महंत वसंत।
मखमल के झूल पड़े हाथी-सा टीला,
बैठे किंशुक छत्र लगा बाँध पाग पीला,
चँवर सदृश्य डोल रहे सरसों के सर अनंत॥

यहाँ वसंत और महंत का कोई सम्बन्ध नहीं है फिर भी कल्पना के माध्यम से सम्बन्ध स्थापित कर लिया गया है, महंत अर्थात् मठाधीश जिसकी हाथी की सवारी धूमधाम से निकलती है। पलाश के पीले छत्रप तथा पीली पगड़ी में कोई सम्बन्ध नहीं है। इसी प्रकार सरसों के पौधों के डोलते ऊपरी सर तथा चंवर में कोई सम्बन्ध नहीं है, परन्तु कवि ने कल्पना द्वारा सम्बन्ध स्थापित कर लिया है।

४. असम्बंधातिशयोक्ति अलंकार :-

सम्बन्ध होने के बावजूद असम्बन्ध की कल्पना असम्बंधातिशयोक्ति अलंकार कहलाता है। जैसे-

विधि हरि हर कवि कोविद वानी।
कहत साधु महिमा सकुचानी।।

यहाँ साधु की महिमा का सम्बन्ध कवि तथा विद्वान् की वाणी से होने पर भी असम्बन्ध वर्णित किया गया है।

५. अत्यन्ताशयोक्ति अलंकार :–

कारण से पहले ही कार्य सम्पन्न होने का चित्रण अत्यन्ताशयोक्ति अलंकार कहलाता है। जैसे–

हनूमान की पूंछ में लगन न पाई आगि।
लंका सिगरी जरि गई गये निसाचर भागि।।

अर्थात् हनुमान की पूंछ में आग लगने से पहले ही सारी लंका जल गई और राक्षस भाग गये।

६. अतिक्रमातिशयोक्ति अलंकार :–

कारण कार्य से पहले होता है फिर भी कार्य तथा कारण का अस्तित्व एक साथ होने पर अतिक्रमातिशयोक्ति अलंकार होता है। जैसे–

रहिमन यहि संसार में सबसों मिलिए धाइ।
ना जानैं केहि रूप में नारायण मिलि जाइ।।

यहाँ सबसे दौड़ कर मिलना नारायण मिलने का कारण है।

७. चपलातिशयोक्ति अलंकार :–

कारण के आभास मात्र से कार्य करने अथवा होने का चित्रण चपलातिशयोक्ति अलंकार कहलाता है। जैसे–

हरि जाएंगे ब्रज तज मथुरा
यह सुन राधा के प्राण जले।।

अभी कृष्ण मथुरा गये नहीं हैं। राधा ने सिर्फ जब यह सुना कि वह ब्रज छोड़कर मथुरा जाएंगे तो उसके प्राण जल गये।

समासोक्ति अलंकार

प्रस्तुत वर्णन से अप्रस्तुत वर्णन का हो ज्ञान।
समासोक्ति अलंकार की यह होती पहचान।।

प्रस्तुत कथन के माध्यम से अप्रस्तुत वर्णन का ज्ञान हो तो वहाँ समासोक्ति अलंकार होता है। जैसे-

पानी बरसा रातभर भीगा सब वन राय।
घड़ा भरा नहिं नीर से पंछी प्यासा जाय॥

यहाँ पानी बरसने का वर्णन है परन्तु वास्तव में ओस पड़ने की बात कही गई है।

अपह्नुति अलंकार

उपमेय पर उपमान का निषेधपूर्वक आरोप लगे।
भाषा के ऐसे वर्णन में अपह्नुति अलंकार जगे॥

उपमेय पर उपमान के निषेधपूर्वक आरोप के वर्णन को अपह्नुति अलंकार कहते हैं। जैसे-

काया की न छाया यह केवल तुम्हारी द्रुम!
अंतस् के मर्म का प्रकाश यह छाया है।
भरी है इसी में वह स्वर्ग स्वप्न धार अभी
जिसमें न पूरा-पूरा नर बह पाया है॥
शांतिसार शीतल प्रसार यह छाया धन्य
प्रीति सा पसारे इसे कैसी हरी काया है।
हे नर तू प्यारा इस तरु का स्वरूप देख
देख फिर घोर रूप तूने जो कमाया है॥

यहाँ नर क्षेत्र और मनुष्येतर सजीव सृष्टि के क्षेत्र की बात कही गई है। अर्थात् हे द्रुम यह केवल तुम्हारी काया की ही छाया नहीं है बल्कि अन्तस् के मरम का प्रकाश है। काया की छाया पर अंतस के मरम का प्रकाश निषेधपूर्वक आरोपित किया गया है।

परिकरांकुर अलंकार

विशेष्य का कथन जब साभिप्राय हो जाय।
परिकरांकुर अलंकार वहाँ सुनो कहलाय॥

विशेष्य का कथन जहाँ अभिप्राय सहित हो वहाँ परिकरांकुर अलंकार होता है। जैसे-

वामा भामा कामिनी कहि बोली प्रानेश।
प्यारी कहत लजात नहिं पावस चलत विदेश॥

वामा-कुटिला, भामा-क्रोधित होने वाली, कामिनी-कामासक्त रहने वाली-ये सभी विशेष्य नारी के लिए कहे गये हैं जो पूरी तरह अभिप्राय सहित हैं।

विरोधाभास अलंकार

सचमुच नहीं विरोध हो, हो विरोध आभास।
निश्चय होगा वहाँ तब अलंकार विरोधाभास॥

विरोध न होने के उपरान्त विरोध आभासित हो तो वहाँ विरोधाभास अलंकार होता है। जैसे-

या अनुरागी चित्त की गति समुझै नहिं कोय।
ज्यों-ज्यों बूढ़ै स्याम रंग त्यों-त्यों उज्ज्वल होय॥

श्याम (काला) रंग में मन जितना अधिक से अधिक डूबेगा उतना ही उज्ज्वल होता जाएगा अर्थात् जितना कृष्ण के रंग में मन रंगता जाएगा उतना ही पवित्र होता चला जाएगा।

तद्‌गुण अलंकार

अपने गुण को त्याग समीपी वस्तु का गुण करे ग्रहण।
हिन्दी भाषा में तब होता अलंकार तद्‌गुण॥

कोई भी वस्तु अपने गुणों को त्यागकर समीपस्थ वस्तु के गुण ग्रहण कर ले तो वहाँ तद्‌गुण अलंकार होता है। जैसे-

अधर धरत हरि के परत ओठ दीठि पट ज्योति।
हरित बाँस की बाँसुरी इन्द्र धनुष रंग होति॥

कृष्ण ने जैसे ही हरे (रंग) बाँस की बाँसुरी अपने अधरों पर धारण की

तो कृष्ण के अधर, दृष्टि, वस्त्र आदि के रंगों के साथ हरे रंग की बाँसुरी इंद्र धनुष (जिसमें अनेक रंग माने जाते हैं) के रंगों के समान हो गई।

क्रमालंकार

किसी चीज़ का वर्णन कर उसके गुण का
उसी क्रम से वर्णन किया जाय।
मित्रो ऐसी दशा में क्रमालंकार सज जाय॥

किसी भी वस्तु का वर्णन करते समय उसके गुण का जब उसी क्रम में वर्णन किया जाता है तब वहाँ क्रमालंकार होता है। जैसे-

अमिय हलाहल मद भरे श्वेत श्याम रतनार।
जियत मरत झुकि-झुकि परत जेहि चितवत इकबार॥

आँखों में अमृत, विष, नशा है। इनके गुण हैं श्वेत-अमृत, श्याम-हलाहल, रतनार-मदभरे। ऐसे नेत्र एक बार भी चितवन डाल दें तो जियत, मरत, झुकि-झुकि परत-तीन गुण और स्पष्ट हो जाते हैं।

मीलित अलंकार

दो समान गुण वाली चीज़ें आपस में ऐसे मिल जायें,
अलग दिखाई पड़ें न केवल एक नज़र ही आयें,
सुनिये साहित्यिक सुविचार।
यही उन्मीलित है अलंकार॥

जब दो समान गुण वाली चीज़े एक दूसरे में इस प्रकार मिल जाएं कि एक चीज़ का दूसरी से अलग अस्तित्त्व ही नज़र न आये तो वहाँ मीलित अलंकार होता है। जैसे-

मिलि चंदन बेंदी रही गोरे मुख न लखात।
ज्यों-ज्यों मद लाली चढ़ै त्यों-त्यों उघटत जात॥

अर्थात् चंदन की बिन्दी और चेहरे का रंग दोनों एक रंग के हो गये हैं। इसलिए बिन्दी का अस्तित्त्व दृष्टिगोचर ही नहीं हो रहा है।

उन्मीलित अलंकार

समान गुण वाली दो चीज़ें जब आपस में मिल जायें।
किसी कारण हो भेद प्रकट तब उन्मीलित अलंकार बतायें।

समान गुण वाली दो चीज़ें जब आपस में मिल जायें परन्तु किसी कारण से उनका अंतर स्पष्ट हो जाये तो वहाँ उन्मीलित अलंकार होता है। जैसे-

चम्पक हरवा संग मिलि अधिक सुहाय।
जानि परै सिय हियरै जब कुम्हलाय।।

चम्पा का हार तथा सीता का रंग एक सा है। पता ही नहीं चलता कि उन्होंने हार पहन रखा है। लेकिन हार का पता तब लगता है जब वह मुरझा जाता है अर्थात् तब उसका रंग बदल जाता है। जिस कारण सीता के रंग से उसका रंग मेल नहीं खाता।

अतद्गुण अलंकार

कोई वस्तु समीपस्थ वस्तु का गुण न ग्रहण कर पाय।
समझो वहाँ अतद्गुण अलंकार हो जाय।।

कोई वस्तु अथवा पदार्थ किसी दूसरी वस्तु के समीप होने पर भी गुण ग्रहण न कर सके तो वहाँ अतद्गुण अलंकार होता है। जैसे-

चंदन विष व्यापत नहीं लिपटे रहत भुजंग

चंदन के वृक्ष से विषधर लिपटे रहते हैं फिर भी चंदन में विष व्याप्त नहीं हो पाता।

विशेषोक्ति अलंकार

कारण के न होने पर काम भी न हो पाय।
वह विशेषोक्ति अलंकार है रहा रमन समझाय।।

जब कारण के न होने पर भी कार्य न हो तो वहाँ विशेषोक्ति अलंकार होता है। जैसे-

पानी बिच मीन पियासी
मोहि सुनि-सुनि आवत हाँसी
मछली पानी में रहते हुए भी प्यासी है।

अन्य उदाहरण–

बिजली ने मुस्काराकर देखा बादल ने अगमानी की।
मैं प्यासा रह गया किसी ने बात न पूछी पानी की।।

\+ \+ \+ \+ \+ \+

पानी पर पानी लिख पाना मुश्किल यही कहानी की।।

अध्याय-१७

छन्द

परिभाषा, व्याख्या, विवेचना, समालोचना, समीक्षा आदि की दृष्टि से अब तक छंद कोई भी विद्वान् एक सूत्र में नहीं बाँध सका है। इसीलिए अब तक इस विषय को विज्ञान का स्वरूप प्राप्त नहीं हो सका है। यह शास्त्र का रूप भी ग्रहण नहीं कर पाया है, क्योंकि इसके नियम–अधिनियम निरंतर बनते और बदलते रहे हैं।

एक महत्त्वपूर्ण तथ्य यह भी है कि छन्द का प्रयोग गद्य क्षेत्र में नहीं किया जाता है। इसका क्षेत्र तो काव्य है और काव्य का रूप लगातार परिवर्तित होता रहा है। आजकल तो इस प्रकार का काव्य लिखा जा रहा है जिसमें छन्द की आवश्यकता समाप्त हो गई अथवा कर दी गई है। जो कवि जैसा भी लिख देता है उसे वह काव्य का दर्जा देने अथवा दिलवाने में तब और भी सफल हो जाता है, जब वह किसी 'बल' के माध्यम से अपने उस काव्य को साहित्यिक बना अथवा बनवा देता है।

लेकिन काव्य जगत् में छन्द का विशेष महत्त्व माना जाता रहा है। पिंगल शास्त्र में गति, यति, वर्ण, मात्रा, गण, लय, चरण आदि की समुचित व्यवस्था के नाम को छन्द कहा गया है।

आचार्य पिंगल का जन्म कब और कहाँ हुआ–इसका उत्तर विद्वान अब तक प्राप्त नहीं कर सके हैं। कुछ विद्वानों के अनुसार आचार्य पिंगल का जन्म आदि कवि वाल्मीकि से पहले हुआ था और कुछ का कहना है कि वह बाद में पैदा हुए थे। लेकिन पिंगल ग्रंथ में वैदिक तथा लौकिक दोनों प्रकार के छन्दों

का शास्त्रीय वर्णन उपलब्ध है। आचार्य पिंगल का पिंगल शास्त्र इतना महत्त्वपूर्ण सिद्ध हुआ कि समस्त आचार्यों ने पिंगल को ही छन्द रूप प्रदान कर दिया।

छन्द पादो तु वेदस्य-छन्द को वेदों का चरण भी कहा गया है। महर्षि वाल्मीकि को लौकिक साहित्य का आदि कवि माना जाता है। कहते हैं कि क्रौञ्च पक्षी का जोड़ा कामरत था। एक निषाद (बहेलिया) ने उनमें से एक क्रौञ्च पक्षी का वध कर दिया। दूसरा क्रौञ्च पक्षी आर्तनाद कर उठा। यह दृश्य देखकर आदि कवि के मुख से स्वयं ही छन्द बद्ध कविता फूट पड़ी-

मा निषाद प्रतिष्ठां त्वम्
अगमः शाश्वतीः समाः।
यत्क्रौञ्च मिथुना देकम
अवधीः काम मोहितम॥

अर्थात् हे निषाद! तुमने कामरत क्रौञ्च युगल में से एक का वध किया है अतः अनेक वर्षों तक तुम्हें कीर्ति प्राप्त न हो।

पिंगल शास्त्र संस्कृत साहित्य के लिए महत्त्वपूर्ण ग्रन्थ है और हिन्दी का जन्म संस्कृत भाषा से ही हुआ है इसलिए यह हिन्दी साहित्य के लिए भी अत्यधिक उपयोगी है। संस्कृत भाषा में पिंगल शास्त्र के 'छन्दो मंजरी', 'श्रुति बाँध', 'वृत्त रत्नाकर' आदि ग्रन्थ हैं। इसी के आधार पर हिन्दी में मतिराम ने 'छन्द हार पिंगल', रघुवर दयाल ने 'पिंगल प्रकाश', परमानन्द ने 'पिंगल पीयूष', पद्माकर ने 'छन्द मंजरी', भिखारी दास ने 'छन्दोवर्णन' आदि ऐसे अनेक विद्वानों ने 'छन्द' शास्त्र पर ग्रन्थ लिखे हैं।

भाषा में साहित्य के तीन रूप होते हैं।

१. गद्य :-

जब रचनाकार अपनी भावना को मात्रा, गण, यति, आदि से मुक्त कर प्रकट करता है तो उसे गद्य कहा जाता है।

२. पद्य :-

जब रचनाकार अपनी भावना को यति, मात्रा, गण आदि के बंधन से बाँध कर प्रकट करता है तो उसे पद्य कहा जाता है।

३. व्याकरण :–

व्याकरण भाषा को शुद्ध, सुस्पष्ट बनाने के साथ ही गद्य तथा पद्य की रचना के लिए नियम निर्धारित करता है।

विद्वानों का मानना है कि गद्य का सम्बन्ध मस्तिष्क से तथा काव्य (पद्य) का सम्बंध हृदय से होता है। प्रत्येक व्यक्ति संवेदनशील होता है। अपने सुख–दुःख के अलावा संसार के सुख–दुःख का उसके हृदय पर प्रभाव पड़ता है। तब उसके हृदय में विभिन्न प्रकार के भावों का जन्म होता है और भावों की रसानुभूति से वह काव्य की संरचना करता है। कहते हैं चेतन मन से गद्य तथा अवचेतन मन से पद्य का सृजन होता है। महात्मा बुद्ध ने मन के पाँच प्रकार बताये हैं–रूपभूमि, अरूपभूमि, कामभूमि, लोकभूमि और लोकोत्तरभूमि। मैं तो यह कहना चाहूँगा कि कथित चार भूमियों तक तो गद्य रचनाकार विचरता है परन्तु पद्य का रचयिता तो सदैव लोकोत्तर भूमि पर ही विचरण करता है।

सुख–दुःख के अलावा वन, उपवन, नदी, सागर, झरना, लता, बल्लरियाँ, वृक्ष, फूल, पत्ते, पौधे, पशु, पक्षी, आकाश, सूरज, चंद्रमा, बादल, बिजली, नक्षत्र, ग्रह आदि प्राकृतिक उपादानों से प्रभावित होकर कवि ही काव्य साधना कर सकता है। मेघ गर्जना, बरसात की रिमझिम, घिरती घटाओं से संवेदनशील मनुष्य ही प्रभावित होता है और वही कविता लिखता है। किसी नायिका के अंगों के उपमान, चितवन के स्वरूप, चलने की कलायें, हंसी में खनक, अधरों के रस आदि का आभास कविता के द्वारा कवि ही करवा सकता है।

समय के साथ–साथ कवि के हृदय का विस्तार और कविता की व्यापकता में बदलाव आया है। तभी सूर्यकान्त त्रिपाठी निराला जैसे कवि ने लिखा है–

अबे सुनबे ओ गुलाब
पाई है तूने खुश्बू रंगेआब
खून चूसा खाद का तूने अशिष्ट
डाल पर इतरा रहा है कैपिटलिस्ट॥

अब कविता रीतिकाल अथवा भक्ति काल की तरह किसी एक सीमा

में बंध कर नहीं रह गई है। वह कल, कारखाना, मज़दूर, किसान, शोषण, मालिक, नौकर, ज़ुल्म, अन्याय, अधिकार, कर्त्तव्य आदि क्षेत्रों में उतर चुकी है।

कविता का स्वरूप, आकार, परिभाषा, आयाम, परिवेश आदि बदला है फिर भी छन्द का एक अलग अस्तित्व है। छन्द के माध्यम से कविता को लय, मात्रा, वर्ण, यति आदि की प्राप्ति होती है। ऐसी ही कविता जिस मनुष्य के हृदय से फूटती है वह कवि होता है और ऐसी ही कविता श्रोता अथवा पाठक के हृदय को छूती है।

छन्द के भेद

विद्वानों ने छन्द के तीन भेद बताये हैं—वर्णिक छन्द, मात्रिक छन्द और लयात्मक छन्द।

१. वर्णिक छन्द :—

जब काव्य चरण में भाषाओं के नियम को मान्यता न प्रदान कर उसके वर्णों की संख्या तथ. वर्णों से उत्पन्न होने वाले गुणों को नियमबद्ध किया जांता है तब वहाँ वर्णिक छन्द होता है। जैसे—

	मात्रा	**वर्ण**
कैसे सहूँ मौसम की मार—	१६	१०
तन बीमार मन बीमार—	१४	१०
धड़कन में सांस का अब—	१३	१०
चुभे बार-बार, तार-तार	१५	१०

उपर्युक्त छन्द के प्रत्येक चरण में वर्णों की संख्या दस है परन्तु मात्राओं की संख्या समान नहीं है। सिर्फ वर्णों की संख्या का नियम निर्धारित होने के कारण इसे वर्णिक छन्द माना जाएगा।

२. मात्रिक छन्द :—

जिस छन्द में मात्राओं को नियमबद्ध किया जाता है अर्थात् प्रत्येक चरण में मात्रायें बराबर होती हैं तथा वर्णों की संख्या बराबर होना आवश्यक नहीं होता है, मात्रिक छंद कहलाता है। जैसे—

शशि	मुख	पर घूँघट	डाले	**मात्रा**	**वर्ण**
।।	।।	।। ऽ।।	ऽऽ	१४	११
आँचल	में	दीप	छिपाये		
ऽ।।	ऽ	ऽ।	।ऽऽ	१४	९
जीवन	की	गोधूली	में		
ऽ।।	ऽ	ऽऽऽ	ऽ	१४	८
कौतूहल	से	तुम	आये		
ऽऽ।।	ऽ	।।	ऽऽ	१४	९

उपर्युक्त छन्द के प्रत्येक चरण में चौदह मात्राएं हैं जो विधान के अनुसार ठीक हैं परन्तु वर्णों की संख्या अलग-अलग है जो नियमानुसार नहीं है।

३. लयात्मक छन्द :– इस छन्द में मात्रा तथा वर्ण की समानता अथवा असमानता के लिए कोई नियम़ नहीं होता है। लय अर्थात् गेयता विद्यमान रहती है। जैसे-

	मात्रा	**वर्ण**
पानी दे रे पानी दे-	१४	९
काले मेघा पानी दे-	१४	७
ताल-तलैया भर दे भैया-	१६	१०
धरती को चूनरधानी दे-	१६	१०

उपर्युक्त छन्द के प्रत्येक चरण में मात्रा तथा वर्णों की संख्या समान नहीं है। सिर्फ लयात्मकता विद्यमान है।

विद्वानों ने वर्णिक तथा मात्रिक छन्दों के तीन उपभेद बताये हैं।

१. सम, २. अर्ध सम, ३. विषम।

१. समछन्द :–

इस छन्द के चारों चरणों की मात्राएं अथवा वर्णों की संख्या बराबर होती है।

२. अर्ध सम छन्द :–

इस छन्द के पहले तथा तीसरे अथवा दूसरे तथा चौथे चरण में वर्णों अथवा मात्राओं की संख्या बराबर होती है।

३. विषम छन्द :–

इस छन्द के प्रत्येक चरण में मात्राओं की संख्या बराबर नहीं होती है।

विद्वानों ने सम छन्द के दो भेद किए हैं।

१. साधारण सम मात्रिक छन्द :–

जिस मात्रिक समछन्द के प्रत्येक चरण में अधिक से अधिक ३२ अथवा इससे कम मात्राएं होती हैं उसे साधारण सम मात्रिक छन्द कहते हैं।

२. दण्डक सम मात्रिक छन्द :–

जिस सम मात्रिक छन्द के प्रत्येक चरण में ३२ से अधिक मात्राएं होती हैं उसे दण्डक सम मात्रिक छन्द कहते हैं।

वर्ण

साधारण समवर्णिक छन्द के प्रत्येक चरण में अधिकतम वर्ण २६ तक होते हैं।

दण्डक समवर्णिक छन्द के प्रत्येक चरण में २६ से अधिक वर्ण होते हैं।

विद्वानों ने दण्डक समवर्णिक छन्द के दो भेद बताये हैं।

१. साधारण दण्डक छन्द, २. मुक्तक दण्डक छन्द।

१. साधारण दण्डक छन्द :–

इस छन्द में वर्ण विधान होता है।

२. मुक्तक दण्डक छन्द :–

इस छन्द में किसी भी प्रकार का वर्ण विधान नहीं होता है।

चरण या पद या दल

छंद में कुछ पंक्तियाँ होती हैं जिनको चरण अथवा पद कहा जाता है।

रोला छन्द में चार चरण होते हैं। परन्तु कुण्डलिया, छप्पय आदि में चार से अधिक चरण होते हैं। दोहा, सोरठा आदि में दो ही चरण होते हैं और प्रत्येक चरण दल कहा जाता है।

मात्रा

स्वर उच्चारण में जो भी समय (अवधि) लगता है उसे ही मात्रा कहा जाता है। ह्रस्व स्वर उच्चारण की अवधि एक मात्रा तथा दीर्घ स्वर उच्चारण की अवधि दो मात्राओं के बराबर मानी जाती है। अ, इ, उ, ऋ, ह्रस्व स्वर तथा आ, ई, ऊ, ए, ऐ, ओ, औ, अं दीर्घ स्वर माने जाते हैं। दीर्घ स्वरों को गुरु भी कहा जाता है।

लघु मात्रा के लिए । निशान (पूर्ण विराम के समान) तथा दीर्घ मात्रा के लिए ऽ निशान (अंग्रेजी के एस अक्षर के समान) प्रयोग में लाया जाता है।

अकेला व्यंजन अथवा उस पर छोटी मात्रा लगी हो तो उसे लघु मात्रिक वर्ण माना जाएगा। जैसे स, क, ग, सु, कु, पु, कि आदि। परन्तु बड़ी मात्रा लगने पर यही व्यंजन दीर्घ मात्रिक वर्ण हो जाता है जैसे सा, का, कं, के, कौ, पू, पी, रो आदि।

विसर्ग सहित वर्ण को गुरु मात्रिक वर्ण कहा जाता है। जैसे दुःख, निःसंतान आदि। इसमें दुः तथा निः गुरु मात्रिक वर्ण हैं। संयुक्त वर्णों के पहले वर्ण को गुरु मात्रिक वर्ण माना जाता है। जैसे– निश्चय, छन्द, परिपूर्ण आदि। यहाँ श्च, न्द, र्ण से पहले न, छ, पू, को गुरु मात्रिक वर्ण माना जाएगा।

परन्तु संयुक्त वर्ण से पहले के वर्ण का उच्चारण करते समय यदि उस पर ज़्यादा ज़ोर न लगाना पड़े तो उसे लघु मात्रिक वर्ण ही माना जाएगा। जैसे–सन्तान, पल्लू आदि। यहाँ न्तान से पहले स तथा ल्लू से पहले प उच्चारण में अधिक ज़ोर नहीं लगाना पड़ता इसलिए इनको लघु मात्रिक वर्ण ही माना जाएगा। जिस वर्ण पर चंद्र बिन्दु लगा होता है तब उसे भी ज़ोर के अनुसार ही लघु तथा दीर्घ मात्रिक वर्ण माना जाता है। जैसे हँसुली–यहाँ 'हँ' वर्ण के उच्चारण पर अधिक ज़ोर नहीं लगाना पड़ रहा है। इसलिए यह लघु मात्रिक वर्ण है। हँस में 'हँ' वर्ण के उच्चारण में अधिक ज़ोर लग रहा है। इसलिए यह दीर्घ मात्रिक वर्ण माना जाएगा।

कभी-कभी उच्चारण के अनुसार कम और अधिक ज़ोर पड़ने वाले लघु वर्ण को दीर्घ और दीर्घ वर्ण को लघु मान लिया जाता है। जैसे-

मोहि-मोहि मोहन मई री मन मेरौ भयौ।

यहाँ मोहि-मोहि में दोनों मो-मो लघु मात्रिक वर्ण माने जाएंगे क्योंकि उच्चारण के समय इन पर अधिक ज़ोर नहीं लगाना पड़ रहा है जबकि मोहन का 'मो' वर्ण दीर्घ मात्रिक वर्ण है क्योंकि इसके उच्चारण पर अधिक ज़ोर लगाना पड़ रहा है।

हमारे विचार से यह नियम दोषपूर्ण है क्योंकि लिखने में तो यह अंतर स्पष्ट हो नहीं सकता। हाँ पढ़ने अथवा गेय स्थिति (लयात्मकता) में यह अंतर आभासित हो सकता है। यही कारण है कि ऐसे दोष गायक छिपा लेते हैं। हमारे विचार से यह मात्रिक वर्ण भेद लेखन के आधार पर ही किया जाना चाहिए।

गतिमयता

काव्य में गतिमयता बहुत आवश्यक है। इसको प्रवाह भी कह सकते हैं। छन्द का वर्ण क्रम बदलने से मात्रा तथा वर्णों की संख्या में तो किसी भी प्रकार का फर्क नहीं पड़ता। परन्तु गति (लय) टूट जाती है। जैसे-

बुद्ध ने कहा, "सुनो प्रिय बंधु
एक पथ है सम्यक् व्यायाम।
अविद्या के विनाश के लिए
यत्न का यह पहला आयाम॥

परन्तु यदि इसी पद को इस प्रकार लिखा जाय तो लय टूट जाती है। जैसे-

सुनो कहा प्रिय बंधु बुद्ध ने
सम्यक एक पथ है व्यायाम।
विनाश के लिए अविद्या
पहला यह यत्न का आयाम॥

गण

तीन वर्णों के समूह को गण कहा जाता है। लघुता तथा दीर्घता की दृष्टि से वर्ण आठ माने गये हैं–

यगण, मगण, तगण, रगण, जगण, भगण, नगण, तथा सगण।

इनकी गणना का चिह्न (निशान) इस प्रकार माना गया है–

गण	चिह्न	उदाहरण
यगण	।ऽऽ	किनारा
मगण	ऽऽऽ	सेनानी
तगण	ऽऽ।	आकार
रगण	ऽ।ऽ	शीतला
जगण	।ऽ।	सुनार
भगण	ऽ।।	सूरत
नगण	।।।	मदन
सगण	।।ऽ	जगना

जैसा पहले भी स्पष्ट किया गया है। चिह्न । (पूर्ण विराम जैसा) लघु मात्रा तथा चिह्न ऽ (अंग्रेज़ी के एस जैसा) दीर्घ मात्रा के लिए निर्धारित किया गया है। इसको (ऽ) गुरु भी कहा जाता है।

हरेक गण का देवता, फल तथा इसका लक्षण शुभ अथवा अशुभ भी माना जाता है।

यगण का देवता जल, फल उम्र तथा लक्षण शुभ
मगण का देवता पृथ्वी, फल लक्ष्मी तथा लक्षण शुभ
तगण का देवता आकाश, फल शून्य तथा लक्षण अशुभ
रगण का देवता अग्नि, फल दाह तथा लक्षण अशुभ
जगण का देवता सूर्य, फल रोग तथा लक्षण अशुभ
भगण का देवता चंद्रमा, फल यश तथा लक्षण अशुभ
नगण का देवता स्वर्ग, फल सुख तथा लक्षण शुभ
सगण का देवता पवन, फल परदेश तथा लक्षण अशुभ

गण के लिए एक सूत्र प्रतिपादित किया गया है–

यमाताराजभानसलगा

इस सूत्र के पहले आठ वर्णों के अंत में 'गण' शब्द मिला देने से आठों गणों के नाम स्पष्ट हो जाते हैं। इस सूत्र में 'ल' वर्ण लघु का तथा 'ग' वर्ण दीर्घ (गुरु) का प्रतीक माना जाता है। इस सूत्र के माध्यम से गण का रूप भी स्पष्ट हो जाता है। जिस गण का आप रूप जानना चाहते हैं उसके वर्ण के बाद दो वर्ण और मिला दीजिए। उदाहरणार्थ यगण के रूप के लिए 'य' वर्ण के बाद 'माता' दीर्घ (गुरु) वर्ण मिलाने से 'यमाता' शब्द बन जाएगा। इसमें 'य' लघु (।) तथा माता (ऽऽ) गुरु (दीर्घ) मात्रिक वर्ण हैं।

काव्य जगत् में शुभ और अशुभ वर्ण भी माने गये हैं।

शुभ वर्ण :–

हिन्दी भाषा में सभी स्वर वर्ण शुभ माने जाते हैं। इसके अलावा व्यंजनों में क, ख, ग, घ, च, छ, ज, ड, द, ध, न, य, स, तथा क्ष भी शुभ वर्ण बताये गये हैं।

अशुभ वर्ण :–

ङ, झ, ट, ठ, ड, ण, त, थ, प, फ, ब, भ, म, र, ल, व, ष तथा ह अशुभ वर्ण माने गये हैं।

छन्द का प्रारम्भ झ, ह, र, म, तथा ष वर्ण से करना काव्य शास्त्र के अनुसार बहुत बड़ा दोष है। इसके साथ ही छन्द का आरम्भ किसी भी अशुभ वर्ण से नहीं करना चाहिए। लेकिन किसी देव की स्तुति अथवा मंगलाचरण का आरम्भिक अक्षर अशुभ होने पर भी दोषरहित बताया गया है अर्थात् वह शुभ है। लघु अशुभ वर्ण को दीर्घ कर लिया जाय तो भी यह शुभ हो जाता है।

तुकबन्दी

छन्द अथवा पद के प्रत्येक चरण के अंत में समान स्वर के वर्ण 'तुकबन्दी' कहे जाते हैं। ऐसे छन्दों में दोहा, चौपाई आदि सम्मिलित हैं। जैसे–

जिय बिनु देह नदी बिनु बारी।
तैसहिं नाथ पुरुष बिनु नारी॥

अन्य उदाहरण–

कबिरा गर्व न कीजिये काल गहे कर केस।
ना जानै कब मारि है क्या घर क्या परदेस॥

यति

छन्द पढ़ते समय हमको अनेक बार बीच-बीच में ठहरना पड़ता है। इस ठहरने तथा रुकने की क्रिया को ही यति माना गया है। यति निश्चित स्थान पर विधान के अनुसार होनी चाहिए। यदि ऐसा नहीं है तो समझिए उस छन्द में यति भंग दोष विद्यमान है। जैसे गिरधर, दशानन, आनन, अभिव्यक्ति आदि। यदि गिरधर को गिर धर, दशानन को दश आनन, आनन को आ नन, अभिव्यक्ति को अभि व्यक्ति अर्थात् शब्द को तोड़ कर पढ़ा जाएगा तो वहाँ निश्चित रूप से यति भंग दोष होगा।

छन्द की पहचान

छन्द की पहचान उसके लक्षणों के माध्यम से की जाती है और लक्षणों में गण (तीन-तीन समूह के वर्ण) मात्रा (लघु तथा गुरु) वर्ण आदि सम्मिलित होते हैं।

कुछ वर्णिक छन्दों के लक्षण

इन्द्रवज्रा छन्द :–

इस छन्द के प्रत्येक चरण में पहले दो तगण फिर एक जगण तथा अंत में दो गुरु के साथ ही ग्यारह वर्ण होते हैं:–

भागीरथी रूप अनूप कारी।
चन्द्राननी लोचन कंज धारी॥
वाणी बखानी मुख तत्त्व साध्यो।
रामनुजै आनि प्रबोध बाध्यो॥

भुजंगी छन्द :–

इस छन्द के प्रत्येक चरण में पहले तीन यगण फिर एक लघु और अंत में एक गुरु होने के साथ ही ग्यारह वर्ण होते हैं :–

धर्म होता नहीं छलना कभी
धर्म होता नहीं पागलपना।
धर्म होता नहीं बोझ उम्र का
धर्म होता नहीं उत्पीड़ना॥

उपेन्द्रवज्रा छन्द :–

इस छन्द के प्रत्येक चरण में पहले जगण फिर तगण फिर जगण तथा अंत में दो गुरु होने के साथ-साथ ग्यारह वर्ण होते हैं–

संवारता है वह कृत्य खोया।
दुलारता है वह सत्य सोया।
जगा रहा है जयगान जो भी
वही हमारा मनमीत होगा॥

भुजंग प्रयात छन्द :–

इस छन्द के प्रत्येक चरण में चार यगण होने के साथ ही बारह वर्ण होते हैं–

तुम्हें रात की बात आओ सुनायें।
तुम्हें बात की बात आओ बतायें।
यहाँ चाँदनी आज सोई अकेली-
उसे आज की रात आओ जगायें॥

तोटक छन्द :–

इस छन्द के प्रत्येक चरण में चार सगण होने के साथ ही बारह वर्ण होते हैं–

हर तन डरा-डरा रहता है
सहमा-सहमा रहता मन है।
नहीं भरोसा किसी पर कहीं है
लगता सब झूठा आश्वासन है॥

मोतियदाम छन्द :–

इस छन्द के प्रत्येक चरण में चार जगड़ होने के साथ ही बारह वर्ण होते हैं–

बड़े जन को नहिं मागन जोग।
फवै छल साधन में लघु लोग।।
रमापति विष्णु असंग अनूप।
धरयो पहि कारन वामन रूप।।

मालिनी छन्द :–

इस छन्द के प्रत्येक चरण में दो नगण, दो मगण तथा अंत में एक यगण होने के साथ ही पंद्रह वर्ण होते हैं और प्रत्येक आठवें वर्ण पर यति होती है–

ठहर ज़रा कि मुझे देश घूम लेने दे।
वतन के प्यार की मस्ती में झूम लेने दे।
ठहर जा मौत अभी साथ ही चलता हूँ
वतन की ख़ाक मुझे ज़रा चूम लेने दे।।

मन्दाक्रान्ता छन्द :–

इस छन्द के प्रत्येक चरण में एक मगण, एक भगण, एक नगण, दो तगण तथा सबसे अंत में गुरु होता है। इसके साथ ही सत्रह वर्ण होते हैं और छठवें वर्ण पर यति होती है–

मैंने तूने सब कुछ सहा था यही शोक भारी।
कभी सारा तन मन बिंधा दीठि कैसी बिचारी।।
यात्रा टूटी पर मिलन की मंद मती हमारी।
आओ-आओ मिल कर करें आखरी बात सारी।।

शालिनी छन्द :–

इस छन्द में पहले मगण, दो तगण तथा अंत में दो गुरु के साथ ही ग्यारह वर्ण होते हैं–

आओ-आओ आज तो कुछ गायें।
धीरे-धीरे मन को समझायें।।
जीते-जीते मन से जय बोलें।
भाई-भाई मिल के रस घोलें।।

वसन्त तिलका :-

इस छन्द में तगण, भगण दो जगण तथा अंत में दो गुरु होने के साथ चौदह वर्ण होते हैं। आठवें वर्ण पर यति होती है–

बातें बड़ी मधुर औ, अति ही मनोज्ञा
नाना मनोहर रहस्यमयी अनूठी।
जो हैं प्रसूत भवदीय मुखाब्ज द्वारा
हैं वांछनीय यह सर्व सुखेच्छकों की॥

वंशस्थ छंद :-

इस छन्द में जगण, तगण, जगण और रगण होने के साथ ही बारह वर्ण होते हैं–

ग़रीब के घर गया कभी न वो ।
अमीर के संग जुड़ा कभी न वो॥
रहा अकेला सिर्फ सोचता यही।
संसार पवित्र है पवित्र मही॥

शार्दूल विक्रीड़ित छन्द :-

इस छन्द में मगण, सगण, जगण, सगण, तगण तथा अंत में गुरु होने के साथ ही उन्नीस वर्ण होते हैं–

ज्यों-ज्यों थी रजनी व्यतीत करती और देखती व्योम को
त्यों ही त्यों उनका प्रगाढ़ दुःख भी दुर्दान्त था हो रहा।
आँखों से अविराम अश्रु बहते थे शान्ति देते नहीं
बारम्बार अशक्त कृष्ण जननी थी मूर्छिता हो रही॥

द्रुत विलम्बित छन्द :-

इस छन्द में जगण, दो भगण, रगण होने के साथ ही बारह वर्ण होते हैं–

दिवस का अवसान समीप था
गगन था कुछ लोहित हो चला।
तरु शिखा पर थी अवराजती
कमलिनी कुल वल्लभ की प्रभा॥

शिखरणी छन्द :–

इस छन्द में यगण, मगण, नगण, सगण, भगण तथा अंत में लघु व गुरु के साथ सत्रह वर्ण होते हैं। चौथे, छठे ओर सातवें वर्ण पर यति होती है–

छबीली छाया सा सहज घूमता तू उधर है।
हवा का झोका भी बरबस बता दे जिधर है।।

सवैया छन्द

सवैया छन्द की श्रेणी में आने वाले वर्णिक छन्द के प्रत्येक चरण में बाइस से लेकर छब्बीस तक वर्ण होते हैं। सवैया छन्द अनेक प्रकार का होता है।

मदिरा सवैया :–

इस छन्द में सात भगण और अंत में एक गुरु होने के साथ ही बाइस वर्ण होते हैं–

जेठ के दारुण आतप से तप के जगती तल जावे जला।
नभ मण्डल छाया मरुस्थल सा दल बाँध के अंधड़ आवे चला।।
जलहीन जलाशय व्याकुल हैं पशु पक्षी प्रचण्ड है भानु कला।
किसी कानन कुंज के धाम में प्यारे करैं विसिराम चलौ तौ भला।।

मालती सवैया :–

इसके प्रत्येक चरण में सात भगण तथा अंत में दो गुरु होने के साथ ही तेइस वर्ण होते हैं। इसे मत्त गयंद तथा इन्द्रव सवैया भी कहा जाता है–

आजु लौं जो न मिले तो कहा
हम तो तुमरे सब भांति कहावैं।।
मेरो उराहनो है कछु नाहिं
सबै फल आपुने भाग को पावैं।।
जो हरि चंद भई सो भई
अब प्रान चले चहै तासों सुनावैं।।
प्यारे जू है जग की यह रीति
विदा की समै सब कंठ लगावैं।।

चन्द्रकला सवैया :–

इसमें आठ सगण होने के साथ ही चौबीस वर्ण होते हैं। इसे दुर्मिल सवैया भी कहा जाता है–

छहरै सिर पै छवि मोरपखा उनकी नथ के मुकुता थहरैं।
पहरै पियरौ पट बेनी इतै उनकी चुनरी के झबा झहरैं॥
रस रंग भिरे अभिरे हैं तमाल दोउ रस ख्याल चहै लहरैं।
नित ऐसे सनेह सौं राधिका स्याम हमारे हिए में सदा बिहरैं॥

घनाक्षरी छन्द :–

इस छन्द के प्रत्येक चरण में इकतीस वर्ण होने के साथ ही अंत में गुरु होता है। सोलहवें वर्ण पर यति होती है। इसको कवित्त, मनहर तथा मनहरण छन्द भी कहते हैं–

करि की चुराई चाल सिंह को चुरायो लंक
ससि को चुरायो मुख नासा चोरी कीर की॥
पिक को चुरायो बैन मृग को चुरायो नैन
दसन अनार हाँसी बीजुरी गंभीर की॥
कहै कवि बैनी, बैनी ब्याल की चुराय लीनी
रती-रती सोभा सब रती के सरीर की॥
अब तौ कन्हैया जू को चितहू चुराय लीनो
छोरटी है गोरटी या चोरटी अहीर की॥

रूप घनाक्षरी छन्द :–

इसके प्रत्येक चरण के अंत में गुरु और लघु होने के साथ ही बत्तीस वर्ण होते हैं। प्रत्येक सोलहवें वर्ण पर यति होती है–

भूरी हरी घास आसपास फूली सरसों है
पीली-पीली बिन्दियों का चारों ओर है प्रसार॥
कुछ दूर विरल सघन फिर और आगे
एक रंग मिला चला गया पीत पारावार॥
गाढ़ी हरी श्यामता की तुंग राशि रेखा घनी

बांधती है दक्षिण की ओर उसे घेरघार।।
जोड़ता है जिसे खुले नीचे नीले नभ मण्डल से
धुंधली सी नीली नगमाला उठी धुआँधार।।

देवघनाक्षरी छन्द :–

इस छन्द के प्रत्येक चरण के अंत में तीन लघु होने के साथ ही तेतीस वर्ण होते हैं। प्रत्येक तेरहवें या सत्रहवें वर्ण पर यति होती है–

आवेंगे आजुकाल कहें सिग वृद्ध बाल
कान बहराये बेरि-बेरि यह सुनत-सुनत।।
भोर ते अँधेरे तकि साँझ ते सवेरे लगि
नैन पथराये पंथ दूरि लौं लखत-लखत।।
रविवार, सोमवार, मंग, बुध, गुरुवार
शुक्र, शनि, थकि गये पोरुआ गिनत-गिनत।।
कुबड़ी सौं प्रीति करि नीति रीति भूलि गये
हम सूखि जायेंगे अँसुन सौं गलत-गलत।।

कुछ मात्रिक छन्दों के लक्षण

अरिल्ल छन्द :–

इस छन्द के प्रत्येक चरण में सोलह मात्रायें तथा अंत में दो लघु अथवा यगण होना आवश्यक है।

चरण के अंत में दो लघु–
शुचि वर के कर कुलीन लख कर।
है काम तुम्हारा धर्मोत्तर।।
अब कुछ दिन इसे साथ लेकर।
अपने घर रहो ढूंढ़कर वर।।
चरण के अंत में यगण एक लघु तथा दो गुरु–
कोई संगी रहा न साथी।
राह अकेली सफर अकेला।।

पास न पूंजी हाथ न झोली।
कैसे देखेंगे यह मेला।।

उल्लाला छन्द :–

इसके असमान चरणों में पंद्रह तथा समान चरणों में तेरह मात्रायें होती हैं अर्थात् कुल अट्ठाइस मात्रायें–

शुचि सुधा सींचता रात में, तुझ पर चंद्र प्रकाश है।
हे मातृभूमि दिन में तरणि, करता तम का नाश है।।

कुण्डलिया छन्द :–

इस छन्द के छः चरण होते हैं। आरम्भ के दो चरण दोहा के समान अर्थात् पहले चरण में तेरह तथा दूसरे चरण में ग्यारह मात्रायें होती हैं। बाद के चरण रोला छन्द के समान होते हैं। रोला के प्रत्येक चरण में चौबीस मात्रायें होने के साथ ही ग्यारहवीं और तेरहवीं मात्रा पर ठहराव आता है। इसके साथ ही दोहा का चौथा चरण (जिसमें ग्यारह मात्रायें होती हैं) रोला के आरम्भ में लिखते हैं तथा दोहा के पहले चरण (जिसमें तेरह मात्रायें होती हैं) के पहले लिखे गये शब्द अंतिम चरण के अंत में लिखे जाते हैं–

लाठी में गुन बहुत है सदा राखिये संग।
जहाँ बिपति आफति परै तहाँ बचावै अंग।।
तहाँ बचावै अंग झपटि कुत्ता को मारै।
नदिया नारे कूल सबन तै पार उतारै।।
कह गिरधर कविराय सुनो सब मन के पाठी।
सब हथियारन छांड़ि हाथ तुम लीजो लाठी।।

जयकारी छन्द :–

इस छन्द के प्रत्येक चरण में पंद्रह मात्रायें होने के साथ ही अंत में गुरु तथा लघु आवश्यक है। इसे चौपाई भी कहा जाता है–

उठक-पटक मच गई दुआर।
खून-खून लगती चौबार।।

हो गया पंवाड़ा गांव में।
लगती धूप खूब छांव में।।

चौपाई छन्द :–

इस छन्द के प्रत्येक चरण में सोलह मात्राएं होने के साथ ही अंत में गुरु होना आवश्यक है–

रावनु रथी बिरथ रघुवीरा।
देखि बिभीषनु भयेउ अधीरा।।
अधिक प्रीति मन भा संदेहा।
बंदि चरन कह सहित सनेहा।।

छप्पय छन्द :–

इस छन्द में छः चरण होते हैं जिनमें पहले चार चरण रोला छन्द (प्रत्येक चरण में ग्यारह तथा तेरह अर्थात् कुल चौबीस मात्रायें होती हैं) के तथा अंतिम दो चरण उल्लाला छन्द (प्रत्येक चरण में पंद्रह तथा तेरह अर्थात् कुल अट्ठाइस मात्रायें होती हैं) के होते हैं–

जिस पृथ्वी में मिले हमारे पूर्वज प्यारे।
उससे हे भगवान् कभी हम रहे न न्यारे।।
लोट-लोट कर वही हृदय को शान्त करेंगे।
उसमें मिलते समय मृत्यु से नहीं डरेंगे।।
उस मातृभूमि की धूल में जब पूरे सन जायेंगे।
होकर भव बंधन मुक्त हम आत्मा रूप बन जायेंगे।।

गीतिका छन्द :–

इस छन्द के प्रत्येक चरण में छब्बीस मात्रायें होने के साथ ही अंत में लघु व गुरु होता है। प्रत्येक चौदहवीं तथा बारहवीं मात्रा पर यति होती है–

हे प्रभो आनन्ददाता ज्ञान हमको दीजिए।
शीघ्र सारे दुर्गुणों को दूर हम से कीजिए।।

तोमर छन्द :–

इस छन्द के प्रत्येक चरण में बारह मात्रायें होने के साथ ही गुरु तथा लघु होता है–

ग़म किए हँस कर कबूल।
बिके बेभाव उसूल।।
आँसू हो गये धूल।
हम गये सब कुछ भूल।।

ताटंक छन्द :–

इस छन्द के प्रत्येक चरण में तीस मात्रायें होने के साथ ही सोलहवीं तथा चौदहवीं मात्राओं पर यति होती है। चरण के अंत में दो गुरु होते हैं–

बार-बार आती है मुझको मधुर याद बचपन तेरी।
गया ले गया तू जीवन की सबसे मस्त खुशी मेरी।।

दिग्पाल छन्द :–

इस छन्द में चौबीस मात्रायें होने के साथ ही चरण के अंत में लघु तथा गुरु होता है। प्रत्येक बारहवीं मात्रा पर यति होती है-

फूल पात छुओ मगर, खूश्बू मत निचोड़ियो।
डाली से जुड़े हुए पातों को न तोड़ियो।।

दोहा छन्द :–

इस छन्द के पहले और तीसरे चरण तेरह और दूसरे व चौथे चरण में ग्यारह मात्रायें होने के साथ ही चरण के अन्त में लघु आवश्यक है–

सतसैया के दोहरे ज्यों नाविक के तीर।
देखत में छोटे लगें घाव करें गंभीर।।

बरबै छन्द :–

इस छन्द के पहले और तीसरे चरण में (विषम चरण) बारह मात्रायें और दूसरे व चौथे चरण में (समचरण) सात मात्रायें होने के साथ ही चरण के अंत में लघु होता है–

चम्पक हरवा अंग मिलि अधिक सुहाय।
जानि परै सिय हियरै जब कुम्हलाय॥

रोला छन्द :–

इस छन्द के प्रत्येक चरण में कुल चौबीस मात्रायें होने के साथ ही ग्यारहवीं तथा तेरहवीं मात्राओं पर ठहराव आता है। चरण के अंत में दो गुरु होते हैं–

पीकर जीवन ज़हर, हो गये अमर पुजारी।
केवल धरती नहीं सृष्टि भी तुमसे हारी॥

त्रिभंगी छन्द :–

इस छन्द में बत्तीस मात्रायें होने के साथ ही दसवीं, आठवीं फिर आठवीं तथा छठवीं मात्राओं पर यति होती है। चरण के अंत में गुरु होता है–

परसत पद पावन शोक नसावन प्रगटभई पुंजमही।
देखत रघुनायक जन सुखदायक सनमुख होइ कर जोरि रही॥
अति प्रेम अधीरा पुलक सरीरा मुख न आवत वचन कही।
अतिसय बड़भागी चरननि लागी जुगत नयन जलधार बही॥

राधिका छन्द :–

इस छन्द में बाइस मात्राएं होने के साथ ही तेरहवीं तथा नौवीं मात्राओं पर यति होती है। चरण के अन्त में दो गुरु होते हैं–

यह कौन-मौन चुपचाप, हुआ जाता है।
भटके पंछी की तरह, न सुन पाता है॥

लावनी छन्द :–

इस छन्द में बाइस मात्रायें होने के साथ ही अंत में गुरु होता है–

सावन के झूले पड़े मेघ घिरि आये
रिमझिम-रिमझिम जल बरसा पपिहा बोला।
आई प्रियतम की याद नयन भर आये
डगमग-डगमग जियरा भी डोला॥

आल्हा छन्द :–

इस छन्द में इकतीस मात्रायें होने के साथ ही सोलहवीं व पंद्रहवीं मात्राओं पर यति होती है। चरण के अंत में गुरु तथा लघु होता है–

विपता परि गई महादेव पै, जब भसमासुर परो पिछार।
विपता परि गई रामचंद्र पै, सकती लगी लक्षमन क्यार॥

सोरठा छन्द :–

इस छन्द के पहले व तीसरे (विषम) चरण में ग्यारह तथा दूसरे व चौथे (सम) चरण में तेरह मात्रायें होती हैं। यह छन्द दोहा छन्द का उलटा होता है–

सुनि केवट के वैन प्रेम लपेटे अटपटे।
विहँसे करुणा ऐन चितई जानकी लखन तन॥

अध्याय-१८

साहित्यिक हिन्दी का काल

इतिहास भविष्य की धरोहर है। भविष्य का निर्माण भी वर्तमान से ही होता है। वर्तमान जीवन-यापन करते समय मनुष्य भविष्य के लिए चिन्तित रहता है। प्रसिद्ध वैज्ञानिक आइंस्टीन ने भी भविष्य को इसलिए सत्य और महत्त्वपूर्ण माना क्योंकि सूर्य की किरण को धरती तक आने में लगभग आठ मिनट का समय लग जाता है।

यहाँ हम धरती अथवा धरती पर विचरने वाले अनन्य प्राणियों के इतिहास पर चर्चा नहीं कर रहे हैं। बल्कि मानव की उस संस्कृति एवं सभ्यता के इतिहास की चर्चा करने का प्रयास कर रहे हैं जिसका सम्बन्ध भाषा (बोली) से है और भाषा भी वह जो आज हमारे देश की राज भाषा है अर्थात् हिन्दी।

हिन्दी शब्द भी भारतीय नहीं है। इस शब्द का जन्म फारसी भाषा से हुआ है। इस संदर्भ में हम पहले विस्तृत रूप से लिख चुके हैं।

हिन्दी का इतिहास कब लिखना आरम्भ किया गया? इसका पहला लेखक कौन रहा होगा? इस संदर्भ की पहली पुस्तक कौन सी मानी जाए? आदि अनेक ऐसे प्रश्न हैं जिनका उत्तर खोज पाना दुरूह कार्य है। चौरासी वैष्णवन की वार्ता, दो सौ बावन वैष्णवन की वार्ता, कालिदास हजारा, भक्तमाल, कविमाला आदि अनेक ग्रन्थ उपलब्ध हैं परन्तु ये ग्रन्थ इतिहास की श्रेणी में नहीं गिने जा सकते। क्योंकि इन ग्रन्थों से समय आदि का ज्ञान प्राप्त नहीं हो पाता।

विद्वानों के अनुसार फ्रांस के भाषा विद्वान् गार्सी द तासी ने उन्नीसवीं सदी के उत्तरार्द्ध में 'इस्त्वार द लॉ लितरे त्यूर एंदुई ए एन्दुस्तानी' नामक ग्रन्थ लिखा। इलाहाबाद विश्वविद्यालय (उ०प्र०) में अध्यापन कार्य से जुड़े विद्वान् डॉ० लक्ष्मी सागर वार्ष्णेय ने इस ग्रन्थ के कुछ अंशों का अनुवाद किया और उस अनूदित लेखन को उन्होंने 'हिन्दी साहित्य का इतिहास' नाम भी दिया। इसमें हिन्दी तथा उर्दू भाषाओं के लगभग सत्तर कवियों का वर्णन है परन्तु इतिहास ख़ासतौर से हिन्दी साहित्य का, इतिहास की दृष्टि से ठीक नहीं है।

इस परिपाटी को 'शिव सिंह सरोज' ग्रन्थ के लेखक शिव सिंह सेंगर ने आगे बढ़ाया। विद्वानों के अनुसार इस ग्रन्थ का रचनाकाल अठारह सौ तेतीस ईसवी माना गया है। श्री सेंगर ने अपने इस ग्रन्थ में लगभग एक हज़ार कवियों का जीवन काल, उनके द्वारा रचे गये काव्य ग्रन्थ तथा कुछ कविताओं के उदाहरण भी दिए हैं।

इस परम्परा को जॉर्ज ग्रियर्सन ने और आगे बढ़ाया। उन्होंने 'द मॉडर्न वर्नेक्युलर लिटरेचर ऑफ हिन्दुस्तान' नामक ग्रन्थ लिखा। इस ग्रन्थ का अनुवाद डॉ० किशोरी लाल गुप्त ने हिन्दी भाषा में किया और नाम दिया 'हिन्दी साहित्य का प्रथम इतिहास'।

हिन्दी साहित्य का इतिहास अपने-अपने दृष्टिकोण से अनेक मनीषियों ने लिखा है जिनमें मिश्र बंधु, डॉ० श्यामसुन्दर दास, प्रसिद्ध कवि-लेखक पं० अयोध्या सिंह उपाध्याय 'हरि औध', आचार्य हजारी प्रसाद द्विवेदी, आचार्य विश्वनाथ प्रसाद मिश्र, डॉ० रामकुमार वर्मा, डॉ० श्री कृष्ण लाल, डॉ० नगेन्द्र आदि विद्वानों के नाम उल्लेखनीय हैं। परन्तु आचार्य रामचन्द्र शुक्ल ने जो हिन्दी साहित्य का इतिहास लिखा है उसे सर्वाधिक महत्त्वपूर्ण, विश्वसनीय एवं ऐतिहासिक दृष्टि से ठीक माना जाता है। आचार्य शुक्ल ने इस इतिहास में तत्कालीन राजनीति, धर्म, सम्प्रदाय, समाज, लेखन दृष्टिकोण आदि का विश्लेषणात्मक वर्णन खोजने का सफलतम् प्रयास किया है। आचार्य शुक्ल ने लिखा है-'प्रत्येक देश का साहित्य वहाँ की चित्तवृत्ति का सचित्र प्रतिबिम्ब होता है, तब यह निश्चित है कि जनता की चित्तवृत्ति के परिवर्तन के साथ-साथ साहित्य के स्वरूप में भी परिवर्तन होता चलता है।

आचार्य रामचन्द्र शुक्ल ने हिन्दी साहित्य के इतिहास को चार कालों में विभाजित किया है–

१. आदिकाल :–

इसे वीर गाथा काल भी कहा जाता है इसका काल सं० १०५० से १३७५ तक माना गया है।

२. पूर्व मध्यकाल :–

इसे भक्तिकाल का नाम भी दिया गया है। इसका समय सं० १३७५ से १७०० तक माना गया है।

३. उत्तर मध्य काल :–

इसे रीतिकाल नाम से भी जाना जाता है। इसका काल सं० १७०० से १८०० तक माना गया है।

४. आधुनिक काल :–

इसका काल सं० १८०० से अब तक माना गया है। अर्थात् इस समय हिन्दी का आधुनिक काल चल रहा है।

आदिकाल

इस काल को विद्वानों ने अनेक नाम दिए हैं। जैसे ग्रियर्सन ने इसे चारण काल, आचार्य महावीर प्रसाद द्विवेदी ने बीजवपन काल, पं० राहुल सांकृत्यायन ने सिद्ध सामन्त काल, डॉ० हजारी प्रसाद द्विवेदी ने आदिकाल, आचार्य विश्वनाथ प्रसाद मिश्र ने वीरकाल, डॉ० धीरेन्द्र वर्मा ने संधि काल आदि। परन्तु आचार्य रामचन्द्र शुक्ल ने इसे आदिकाल अथवा वीरगाथा काल नाम दिया है।

अधिकांश विद्वान् आचार्य रामचन्द्र शुक्ल के विचार से सहमत हैं। इस काल में भारत में अनेक छोटे-छोटे स्वतंत्र राज्य थे। इनके राजा निरंतर आपस में युद्ध करते रहते थे। इसके साथ ही विदेशी हमलावरों ने भारत पर आक्रमण आरम्भ कर दिए थे। कहा जाता है कि कुछ भारतीय राजा विदेशी हमलावरों को अपने भारतीय शत्रु राजाओं पर हमला करने के लिए आमंत्रित भी करते

थे। ऐसे देश द्रोही राजाओं में कन्नौज के राजा जयचन्द का नाम आजतक गिना जाता है।

चारों ओर युद्धमय वातावरण था। जूझने की प्रवृत्ति को लेकर काव्यमयी एक स्वर गूंजता रहता था–

बारह बरस कूकरा जीवै
औरु सोरह का जिये सियार।
तीस बरस तक क्षत्री जीवे
आगे जीवन है धिरकार।।

इस काल में संस्कृत, अपभ्रंश, प्राकृत, बृज, मैथिली, राजस्थानी आदि भाषाओं के मिश्रण से हिन्दी भाषा का जन्म माना जाता है। यद्यपि इस काल में गद्य तथा पद्य दोनों प्रकार का साहित्य रचा गया परन्तु प्रचुरता पद्य साहित्य की ही है।

अपभ्रंश भाषा में रहधू का सम्मतिनाथ चरिउ, देवसेन गणि का सुलोचना चरिउ, वीर कवि का ज़ंबुसामि चरिउ, पद्म कीर्ति का पासु चरिउ आदि ग्रन्थ उपलब्ध हैं। इस पद्धति को हिन्दी में अपनाया गया और देव चरित, सुजान चरित तथा रामचरितमानस जैसे अनेक ग्रन्थों की रचनायें की गई हैं।

तत्कालीन सिद्ध साहित्य, नाथ साहित्य तथा कुछ रासो साहित्य जैसे हम्मीर रासो आदि पर अपभ्रंश का प्रभाव दृष्टि गोचर होता है–

जउवे मन आत्क्षमण जाइ तणु तुट टड बंधण।
तव्बे समरस सहजे वज्नइ सुद्ध न बम्हण।।

तथा

भव निर्वाणे साद उछलि काण्ड डोम्बी विवाहे चलिला।

इसके साथ ही ऐसी हिन्दी का प्रयोग भी आरम्भ हो गया था जिस पर अपभ्रंश का प्रभाव नहीं था जिसके अंतर्गत चन्दबरदायी का पृथ्वीराज रासो, जगनिक का परमाल रासो, नरपति नाल्ह का वीसल देव रासो तथा विद्यापति के कीर्तिलता, कीर्तिपताका आदि ग्रन्थ सम्मिलित हैं।

इस काल के अमीर खुसरो तो ऐसे साहित्यकार हैं जिन्होंने हिन्दी भाषा को 'हिन्दी' नाम दिया है।

अमीर खुसरो का असली नाम अब्दुल हसन बताया गया है। इनके विषय में इस पुस्तक में पहले लिखा जा चुका है।

इस काल के कुछ प्रसिद्ध रचनाकारों पर हम दृष्टिपात करने का प्रयास कर रहे हैं जिन्होंने महाकाव्य अथवा अनेक महत्त्वपूर्ण काव्य ग्रंन्थ रचे हैं।

जगनिक

जगनिक तत्कालीन कालिंजर रियासत के परमर्दिदेव के राजदरबारी कवि थे। इनके रचना ग्रंथ का नाम परमाल रासो माना जाता है। कुछ विद्वानों का मानना है कि परमाल रासो के फुटकर गीतों का एकत्रीकरण किये जाने के बाद इस ग्रन्थ का एक नया नाम 'आल्हखण्ड' पड़ गया। आल्हखण्ड में आल्हा तथा ऊदल दो भाइयों की वीरता का चित्रण है। इसके साथ ही संयोगिता स्वयंवर, आल्हा, ऊदल, मलखान तथा ब्रह्मा का विवाह, पृथ्वीराज के विरुद्ध लगातार युद्ध, पृथ्वीराज की पुत्री बेला की कथा (ब्रह्मा परमर्दिदेव का पुत्र था और उसका विवाह बेला से हुआ था) आदि का वर्णन है।

आल्हखण्ड वीर रस के काव्य के रूप में प्रतिस्थापित है। उत्तर भारत तथा बुंदेलखण्ड के तमाम क्षेत्रों में आल्ह खण्ड 'आल्हा' के रूप में गाया जाता है। वर्षा ऋतु में ग्रामीण इसे बड़े चाव से गाते और सुनते हैं। कुछ क्षेत्रों में आल्हा वाद्य यंत्रों के साथ गाई जाती है।

आल्हा की भाषा अलग-अलग क्षेत्रों में क्षेत्रीय बोली में गाई जाती है। अतः यह कह पाना अत्यधिक कठिन है कि इसकी मूलभाषा क्या रही होगी।

चंदबरदायी

चंदबरदायी वीरगाथा काल के प्रतिनिधि कवि कहे जा सकते हैं। वह राजा पृथ्वीराज चौहान के राजदरबारी कवि होने के साथ ही उनके मित्र, वीर योद्धा तथा अत्यधिक विश्वासपात्र भी थे। चंदबरदायी ने 'पृथ्वीराज रासो' नामक महाकाव्य की रचना की जिसमें पृथ्वीराज की वीरता तथा महत्त्वपूर्ण कार्यों का बहुत ही सजीव एवं सुन्दर चित्रण है। इसके अलावा इस ग्रन्थ में श्रृंगार, वियोग, संयोग, नीतिगत आदि पक्षों का भी इतना गहन तथा सटीक चित्रण किया गया है जो वास्तव में अन्यत्र दुर्लभ है।

पुनर जन्नमेजय ते जानि जग्गे
रहे संकि ते सेस ते पूठि लग्गे
माँग मोहन्नि लय मुत्ति वानी
तिलक नग निरषि लग
मनउधार आहार कउ दूध तानी
नितंब उतंग जुरे बे गयंद
मझ्झ रिपु छीन राषउ मयंद॥

अर्थात् उनकी (सुन्दरियों की) वेणियाँ देख ऐसा लगता है मानो जो जन्मेजय थे वह पुनः नाग यज्ञ कर रहे हैं जिससे शंकित होकर जो नाग बचे थे वे आकर उनकी पीठ पर लग गये हैं। उनकी मोहिनी माँगें (बालों की माँगें) मुक्ताओं का रंग लिए हुए ऐसी लगती हैं मानों उन नागों के आहार के लिए दूध की धारा प्रवाहित की गई हो। उनके नितम्ब इस तरह उत्तंग हैं मानो दो हाथी आ जुटे हों और मानों उनके बीच में उनका शत्रु सिंह क्षीण हो, उसे रख दिया गया है।

एक अन्य उदाहरण पृथ्वीराज को जागृत करने के लिए–

कग्गरू अप्पिअ राज करमुष जंपई आवत्त।
गोरी रत्तउ तुव धरा तु गोरी अनुरत्त॥

अर्थात्–यह कागज़ (चिटठ्ी) राजा के हाथ देना तथा मौखिक यह भी कहना कि गोरी (शहाबुद्दीन मौहम्मद गौरी) तुम्हारी धरा पर अनुरक्त है और तुम गोरी (संयोगिता) पर अनुरक्त हो।

इस ग्रन्थ के अनुसार पृथ्वीराज चौहान तथा मौहम्मद गौरी में भीषण युद्ध हुआ। पृथ्वीराज को गौरी बंदी बनाकर अपने साथ गज़नी ले गया और उसके नेत्र फोड़ दिए। कवि चंदबरदायी ने यह अधूरा ग्रन्थ अपने सुयोग्य पुत्र जल्हण को पूरा करने के लिए सौंप दिया–

पुस्तक जल्हण हत्थ दे
चलि गज्जन नृप काज

चंदबरदायी गज़नी पहुंचे और पृथ्वीराज से शब्द बेधी बाण चलवा कर मौहम्मद गौरी को मरवा दिया–

निकट सुनइ सुरतान बाम दिसि उच्च्च हाथ सउ।
जस अवसर सतु नंचि अथ लुट्ठिय न करिय भउ।।

इसके बाद दोनों ने कटार भौंककर आत्महत्या कर ली।

नरपति नाल्ह

नरपति नाल्ह ने बीसलदेवरासो नामक काव्य ग्रन्थ की रचना की है। कुछ विद्वानों के अनुसार बीसलदेव अजमेर के राजा थे और कुछ विद्वानों का मत है कि बीसलदेव रासो के नायक गुजरात के राजा थे।

बीसलदेव रासो मूलत: गीतिकाव्य है और इसमें प्रेम, वियोग, संयोग आदि का वर्णन है। राजमती से बीसलदेव का रूठकर चला जाना, राजमती का विरह आदि घटनाओं का चित्रण है।

नल्हसिंह

नल्हसिंह ने विजयपाल रासो नामक काव्य ग्रन्थ की रचना की है। इसमें विजयपाल सिंह तथा पंग राज के बीच हुए युद्ध का चित्रण किया गया है।

इस रचना ग्रन्थ को विवादास्पद माना जाता है। कुछ विद्वांनों का मत है कि इस ग्रन्थ की रचना तेरहवीं सदी की प्रतीत होती है क्योंकि उस समय हिन्दी का रूप काफी परिवर्तित हो चुका था और यह कल्पना पर आधारित है। परन्तु रचनात्मकता में गेयता है—

सदा तरैया ना बन फूले
यारो सदा न सावन होय।

इसी गेय शैली में आजकल आल्हा भी गाई जाती है।

विद्यापति

विद्यापति ने संस्कृत, मैथिली, प्राकृत तथा अपभ्रंश भाषाओं के अलावा हिन्दी भाषा में भी रचना की है इनकी कीर्तिलता तथा कीर्तिपताका जैसी रचनायें हिन्दी भाषा की ही हैं। हाँ, उन पर अपभ्रंश की छाप है, इसे नकारा भी नहीं जा सकता।

भक्तिकाल

मनुष्य जब दु:खी और असहाय होता है तब उसे भगवान् की याद आती

है और वह भगवान् का भजन-पूजन आरम्भ कर देता है। ऐसी परिस्थिति में कट्टर नास्तिक भी आस्तिक बन जाता है।

लगातार विदेशी आक्रमण तथा अनेक विदेशी आक्रमणकारियों का भारत में बस कर सत्ता हथिया लेना, भारतीय राजाओं के परस्पर युद्ध और उनकी समाप्ति, विदेशी शासकों द्वारा भारतीयों का शोषण, सामाजिक, धार्मिक, आर्थिक तथा राजनैतिक उथल-पुथल के कारण भारतीय जन-मानस त्राहि-त्राहि करने लगा था। तब अनेक संत एवं भक्त कवियों ने किसी न किसी इष्ट की ओर आम आदमी को आकर्षित करने के लिए काव्य रचना की। यही भक्ति काल की विशेषता है।

जिस प्रकार स्वतंत्र भारत में उत्तर भारत में बोली जाने वाली हिन्दी को राज भाषा बनाने का श्रेय दक्षिण भारत को है उसी प्रकार भक्ति आन्दोलन के बीजारोपण का श्रेय भी दक्षिण भारत को ही प्राप्त है जो उत्तर भारत में एक विशाल वृक्ष बन कर फैल गया। कहा भी जाता है-

दक्षिण भगती ऊपजी
लाये रामानन्द

भक्ति का अर्थ अनुराग अथवा सेवा भाव माना गया है अर्थात् स्वामी और सेवक की स्थिति। इस परम्परा में ब्रह्माण्ड का स्वामी ब्रह्म अथवा भगवान है तथा ब्रह्माण्ड में विचरण करने वाले सब जीव जिनका कल्याण तभी संभव है जब वे ब्रह्म में लीन हो जाएंगे अर्थात् उनको कैवल्य पद प्राप्त हो जाएगा।

ब्रह्म अथवा भगवान् के भी दो रूप मान लिए गये। एक साकार और दूसरा निराकार। साकार वह जो संसार का कष्ट दूर करने के लिए अवतार धारण करता है। महाकवि सूर ने कहा है-

रूप रेख गुन जाति जुगति बिनु
निरालंब मन चक्रत धावै।
सब विधि अगम विचारहिं तातै
सूर सगुन लीला पद गावै॥

ऐसे साकार भगवान् को प्रेम से जीता जा सकता है। इसलिए इस परम्परा को मानने वाले प्रेम मार्गी कहलाते हैं।

दूसरे वर्ग में वे भक्त कवि हैं जो ब्रह्म अथवा भगवान् को घट-घट वासी मानते हैं। कबीर ने कहा है–

मोकों कहाँ ढूंढ़ै बन्दे मैं तो तेरे पास में।

जीव तथा ब्रह्म के बीच अज्ञान का पर्दा है। यदि ज्ञान के माध्यम से जीव उस पर्दे का भेदन कर ले तो यह ब्रह्म में मिल जाएगा और संसार से उसका आवागमन समाप्त हो जाएगा अर्थात् उसे कैवल्य पद मिल जाएगा।

इनके अलावा एक वर्ग ऐसा भी है जो साकार और निराकार में भेद नहीं मानता है। तुलसी ने कहा है–

अगुनहिं सगुनहिं नहिं कछु भेदा।
उभय हरहिं भव संकट खेदा।।

लेकिन एक बात अवश्य है वह यह कि ज्ञान मार्ग अत्यधिक कठिन है। तुलसी ने आगे कहा है–

ज्ञान के पंथ कृपान के धारा।
कहै खगेस सुनै सुविचारा।।

इसलिए ब्रह्म अथवा भगवान् अथवा अपने इष्ट को प्रेम के माध्यम से जीता जा सकता है।

बहरहाल भक्ति नौ प्रकार की मानी गई है-श्रवण, कीर्तन, स्मरण, अर्चन, वंदन, पादसेवन, आत्मनिवेदन, दास्य तथा साख्य।

इस काल के भक्त कवियों में एक वर्ग ने राम को तथा दूसरे वर्ग ने कृष्ण को अपना-अपना इष्ट माना। कृष्ण भक्ति के समर्थक महाप्रभु चैतन्य माध्व सम्प्रदाय में दीक्षित थे और माध्वाचार्य भक्ति मार्ग के समर्थक थे। परन्तु उत्तर भारत में इस आन्दोलन को आचार्य बल्लभ ने संभाला और इनकी मृत्यु के बाद इनके पुत्र विट्ठल नाथ ने इस आन्दोलन की बागडोर संभाली।

दूसरी ओर रामभक्त तुलसी ने उस समय अवतारवादी परम्परा में राम को भगवान् होने के अलावा मर्यादा पुरुषोत्तम रूप में भी प्रतिस्थापित किया है। घर-परिवार के प्रति कर्त्तव्य, प्रजा के प्रति कर्त्तव्य, शत्रु के साथ कर्त्तव्य, दुराचारियों, आतताइयों का सर्वनाश करना, निर्बल का शोषण करने वाले को

सज़ा देना अर्थात् घर से लेकर बाहर तक और सेवक से लेकर स्वामी तक के अधिकार तथा कर्त्तव्यों की व्याख्या तुलसी ने की है।

यहाँ तत्कालीन कुछ कवियों पर दृष्टिपात किया जा रहा है।

कबीर -

संत कबीर रामानन्द को अपना गुरु मानते थे। माना जाता है कि कबीर एक सौ बीस वर्ष तक जीवित रहे। इनका जन्म सन् १३९२ ई० में और मृत्यु सन् १५१८ ई० में हुई। अनेक विद्वानों के अनुसार कबीर किसी विधवा ब्राह्मणी के पुत्र थे। लोक लाज के कारण उसने काशी के लहरतारा तालाब के किनारे कबीर को फैंक दिया था। नीरू और नीमा निःसंतान दम्पत्ति उधर से गुज़र रहे थे जो उस बच्चे को उठा ले आये। उन्होंने उस बच्चे को कबीर नाम दिया। नीरू-नीमा जुलाहा थे। इस प्रकार कबीर का लालन-पालन जुलाहा परिवार में हुआ।

कबीर पढ़े-लिखे नहीं थे। उन्होंने स्वयं कहा है-

मसि कागद छुओ नहिं, कलम गही नहिं हाथ

परन्तु उन्होंने देशाटन किया। उनके राम सर्वव्यापी हैं, निराकार हैं और अवतार नहीं लेते हैं। ऐसे राम से मिलने के लिए प्राणी (जीव) भटक रहा है, उसके नेत्रों पर अज्ञानता का पर्दा पड़ा है जिसे ज्ञान के प्रकाश से नष्ट किया जा सकता है। जब जीव ब्रह्म से मिल जाएगा तब वह संसार से छुटकारा प्राप्त कर लेगा। कबीर की वाणी का संकलन उनके शिष्य धर्मदास ने किया है जिसको साखी, सबद और रमैनी तीन प्रकार के साहित्य में विभाजित किया गया है। साखी में दोहे, सबद में गेय पद तथा रमैनी में दोहा-चौपाई संग्रहीत हैं।

कबीर आडम्बर के सख़्त विरोधी थे। उन्होंने कहा है-

पाहन पूजैं हरि मिलैं तौ मैं पुजौं पहार।
जातै तौ चाकी भली जो पीसि खाइ संसार॥

x x x x

कांकर-पाथर जोरि कैं मसजिद लई चिनाइ।
ता चढ़ि मुल्ला बांग दै क्या बहरा हुआ खुदाइ॥

कबीर क्रांतिकारी विचारधारा के समाज सुधारक संत कवि थे। इसके साथ ही कबीर के काव्य में सांसारिक माया से छुटकारा पाने पर अधिक बल दिया गया है। मनुष्य माया जाल में उलझा हुआ है–

माया महा ठगिन हम जानी।
केसव के कमला ह्वै बैठी सिव के भवन भवानी।।

कबीर को शारीरिक संचरना का भी सूक्ष्मतर ज्ञान था–

झीनी-झीनी बीनी चदरिया।
इंगला-पिंगला ताना भरनी
सुसमन तार सौं बीनी चदरिया।।

कबीर वाणी से प्रभावित जन समुदाय ने 'कबीर पंथ' की स्थापना की। आज भी इस पंथ को मानने वाले लाखों की संख्या में विद्यमान हैं।

रैदास

संत कवि कबीर की तरह संत कवि रैदास के जीवन परिचय की प्रामाणिक जानकारी बहुत कम उपलब्ध है। उन्होंने स्वयं कहा है–

जाती ओछी पाती ओछी ओछा जनमु हमारा।
राजाराम की सेवा न कीह्नी कहि रैदास चमारा।।

इस काव्य कथन से ज्ञात होता है कि उनका जन्म चमार जाति में हुआ था जिसे अब अनुसूचित जाति कहा जाता है। कुछ विद्वानों के अनुसार इनका जन्म मंडुआडीह ग्राम में हुआ था जो अब बनारस में है। रविदास रामायण में इनकी माता का नाम करमाबाई और पिता का नाम राहू बताया गया है जबकि कुछ विद्वानों के अनुसार पिता का नाम रग्घू तथा माता का नाम घुरबिनिया भी माना जाता है। इनकी पत्नी का नाम लोना था।

संत कबीर ने भी रैदास को उच्चकोटि का संत कहा है–

सन्तनि में रैदास सन्त

संत कवयित्री तथा राणा परिवार की कुलवधू मीरा ने रैदास को अपना गुरु माना है–

गुरु रैदास मिले मोहि पूरे।

गुरु ग्रंथ साहब में रैदास के लगभग सौ पद संग्रहीत हैं।

रैदास भी आत्मा-परमात्मा के मिलन के लिए व्याकुल हैं। उनका जीव भी अज्ञानता के कारण ब्रह्म से नहीं मिल पा रहा है। लेकिन उनका ब्रह्म भी सर्वव्यापी है-

प्रभु जी तुम चंदन हम पानी।

x x x

प्रभु जी तुम मोती हम धागा।
जैसे सोनहि मिलत सुहागा॥

गुरु नानक देव

गुरु नानकदेव सिखों के आदि गुरु हैं। इनका जन्म लाहौर के पास तलवंडी नामक ग्राम में हुआ था जिसे अब ननकाना साहब कहते हैं। इनके पिता का नाम कालूराम तथा माता का नाम तृप्ता देवी था। बटाला वासी मूलचन्द की पुत्री सुलक्खनी से इनका विवाह हुआ था। गुरु नानक देव भी आडम्बर के विरोधी तथा बिना किसी भेद भाव के सबको समान मानने में विश्वास रखते थे। नाम स्मरण, भक्ति, ज्ञान, वैराग्य, ईश्वर के प्रति समर्पण आदि इनकी रचनाओं की मुख्य विशेषता है। गुरु देव ने पद, दोहे, जपुजी, आसा दी वार, रहिराम आदि विख्यात रचनायें की हैं-

रैण गंवाई सोइकै दिवसु गंवाइया खाइ।
हीरे जैसा जनमु है कउड़ी बदले जाइ॥

दादू दयाल

संत कवि दादू दयाल के जीवन वृत्त के विषय में विद्वानों के अलग-अलग मत हैं। कुछ इनको ब्राह्मण, धुनिया, चमार आदि जातियों से जोड़ते हैं तो कुछ मुसलमान धुनिया बताते हैं। इनका जन्म स्थान अहमदाबाद (गुजरात) माना जाता है।

अन्य संत कवियों की तरह यह भी जाति-पाँति, ऊँच-नीच के विरोधी तथा निर्गुण ब्रह्म के उपासक थे। इनकी प्रसिद्ध रचना अनभेवाणी है जिसमें

पद तथा साखियाँ हैं। कुछ विद्वान् इनकी एक अन्य रचना कायाबेलि भी मानते हैं जिसमें संसार को व्यर्थ तथा दुर्व्यसनों को बुरा बताया गया है–

मास अहारी मद पिवे विषय विकारी सोय।
दादू आतम राम बिन दया कहाँ थी होय॥

मलूकदास

अजगर करै न चाकरी पंछी करै न काम।
दास मलूका कहि गये सबके दाताराम॥

संत कवि मलूकदास द्वारा रचित उक्त दोहा 'कहावत' बन गया है। विद्वानों के अनुसार इनका जन्म उत्तर प्रदेश में इलाहाबाद जनपद के ग्राम कड़ा में हुआ था। कहा जाता है कि इन्होंने ज्ञान बोध, भक्त बच्छावली, रामअवतार लीला, ब्रजलीला, सुख सागर आदि रचनाएं की हैं जिनमें ज्ञान, योग, भक्ति, दर्शन, अवतारी पुरुषों का चरित्र आदि का वर्णन है। हिन्दू–मुसलमान के ईश्वर को एक बताते हुए उन्होंने कहा–

हिन्दू-तुरक का एके करता।
एके ब्रह्मा सबन का भरता॥

मलिक मौहम्मद जायसी

अन्य सन्त कवियों की तरह जायसी के जीवन वृत्त का भी प्रामाणिक विवरण उपलब्ध नहीं है। कुछ विद्वानों के अनुसार इस सूफी कवि का जन्म सन् १४८८ ई० तथा मृत्यु सन् १५४२ ई० के आसपास हुई। कहते हैं जायसी अनेक राजाओं के आश्रय में रहे। इनका एक नेत्र तथा एक कान नहीं था और अत्यन्त कुरूप भी थे। शेरशाह सूरी व महाराजा जगतदेव के आश्रय के बाद ये अमेठी नरेश रामसिंह के आश्रय में रहे और अंततः अमेठी में ही इनकी मृत्यु हुई।

स्लामधर्म के अनुयायी होने के बावजूद जायसी हिन्दू–देवी–देवताओं का भी पूरी तरह सम्मान करते थे। कहा जाता है कि जायसी कबीर की तरह पढ़े लिखे नहीं थे परन्तु साधु–सन्तों और विद्वानों की संगति से वह स्वयं अत्यधिक विद्वान् हो गये थे।

जायसी द्वारा रचित अनेक ग्रन्थ बताये जाते हैं परन्तु प्रामाणिक मात्र छः ग्रन्थ पद्मावत, चित्ररेखा, अखरावट, कहरनामा, मसलानामा और आखिरी कलाम माने गये हैं। अखरावट में कवि का दार्शनिक तथा आध्यात्मिक वर्णन है। आखरी कलाम में क़यामत के दिन मौम्मद साहब की सिफ़ारिश पर ख़ुदा पापियों को माफ़ कर देंगे-ऐसा ही वर्णन है। चित्ररेखा इनका प्रेम काव्य है। मसलानामा में प्रेम, नीति तथा सांसारिक माया सम्बन्धी विवरण है।

जायसी का पद्मावत सबसे अधिक महत्त्वपूर्ण काव्य ग्रन्थ है जिसे सूफी साहित्य की श्रेणी प्राप्त है। वैसे इस ग्रन्थ में राजा रत्नसेन और पद्मावती की प्रेम कथा है। तोता हीरामन गुरु है। राजा रत्न सेन भक्त तथा पद्मावती ब्रह्म है। गोरा-बादल आदर्शवीर हैं परन्तु वे ज्ञान के प्रतीक हैं। अलाउद्दीन भक्ति मार्ग में बाधा है। राघव, चेतन, तामसी वृत्ति है।

कुछ विद्वान् इस ग्रन्थ की ऐतिहासिक प्रामाणिकता सिद्ध करने का असफल प्रयास भी करते हैं। सच बात तो यह है कि इस कथा में यहाँ-वहाँ कुछ घटनायें इतिहास की कड़ियाँ अवश्य हैं परन्तु इतिहास से इनका किसी प्रकार का सूत्र नहीं जुड़ पाता है।

तम चितउर मन राजा कीन्हा।
हम सिंघल बुधि पदमिन चीन्हा।।
गुरु सूआ जेहि पंथ देखावा।
बिनु गुरु जगत् का निरगुन पावा।।
नागमती कह दुनिया धंधा।
वांचा सोई न एहि चित बंधा।।
राघव दूत साइ सैतानू।
माया अलाउदीं सुलतानू।।

प्रकृति दृष्टि से इस अध्यात्म काव्य में जायसी ने बारहमासा के अलावा श्रृंगार, वियोग आदि का बहुत ही सुन्दर चित्रण भी किया है-

ऋतु पावस बरसे पियु पावा।
सावन-भादों अधिक सुहावा।।
हरियर भूमि कुसुंभी चोला।

और धन पिय संग रचा हिंडोला।।

x x x

उनई घटा आइ चहुँ फेरी।
कंत उबार मदन हौं घेरी।।

कुतबन

इसी सूफी कवि ने 'मृगावती' नामक प्रेम काव्य की रचना की है। 'मृगावती' में कंचनपुर के राजा रूपमुरारी की पुत्री मृगावती तथा चंद्रगिरि के राजा गणपति देव के पुत्र की प्रेम कथा का वर्णन है। यह प्रेम मार्गी काव्य है जिसमें राजकुमारी, राजकुमार से बिछड़ जाती है। राजकुमार उसकी खोज में इधर-उधर भटकता है। इस बीच उसे रुकमणी नामक एक प्रेयसी मिल जाती है जिसकी जान वह राक्षस से बचाता है। अंततः उसे मृगावती भी मिल जाती है। सब सुखमय जीवन यापन करने लगते हैं। तभी एक दिन राजकुमार हाथी से गिरकर मर जाता है और दोनों रानियाँ सती हो जाती हैं।

इसी प्रकार सूफी कवि मंझन का मधुमालती, उसमान का चित्रावली तथा नूर मोहम्मद का इन्द्रावती प्रेम काव्य ग्रन्थ उपलब्ध है। लेकिन इन ग्रन्थों में प्रेम मार्गी भक्ति ओत-प्रोत है जिसमें सांसारिक माया की अड़चनें भी सम्मिलित हैं।

तुलसीदास

अन्य अनेक कवियों की तरह संत कवि तुलसीदास के जीवन वृत्त के विषय में प्रामाणिक जानकारी उपलब्ध नहीं है। परन्तु कुछ विद्वानों के अनुसार इनका जन्म सं० १५५४ में हुआ था। कहा जाता है कि जन्म के समय इनके मुँह में बत्तीस दाँत थे और 'राम' शब्द निकलने के कारण इनका नाम 'राम बोला' रख दिया गया था। बचपन में भिक्षा माँगते-माँगते राम बोला जब किशोर हो गया तो गुरु नरहरि से शिक्षा प्राप्त की। रत्नावली नामक विदुषी कन्या से इनका विवाह हो गया और उसी की प्रताड़ना से राम बोला महाकवि तुलसीदास बन गया।

इनके प्रामाणिक बारह रचना ग्रन्थ माने जाते हैं-राजाज्ञा प्रश्न, रामलला नहछू, जानकी मंगल, पार्वती मंगल, वैराग्य संदीपनी, गीतावली, विनय पत्रिका,

दोहावली, बरवै रामायण, कवितावली, हनुमान बाहुक तथा रामचरितमानस। घर-घर में राम का प्रवेश महाकवि तुलसी ने ही कराया है और इसीलिए रामचरितमानस महाकाव्य के रूप में इनका विश्व विख्यात ग्रन्थ है।

तुलसी के राम साधारण राम नहीं हैं। वह विष्णु के अवतार हैं, मर्यादा पुरुषोत्तम हैं और रावण जैसे दुराचारी का संहार करने के लिए अवतरित हुए हैं।

इस महाकाव्य में तुलसी ने एक साधारण घर से लेकर महल तक, समाज से लेकर राज काज तक, गाँव से लेकर नगर तक, ग़रीब से लेकर अमीर तक, सेवक से लेकर स्वामी तक, राजा से लेकर प्रजा तक का समग्र सांसारिक, व्यावहारिक तथा आध्यात्मिक चित्रण बड़ी सूझ-बूझ से किया है। यही कारण है कि श्रेष्ठतम् शासन के लिए 'राम राज' महत्त्वपूर्ण ही नहीं जन कल्याणकारी माना जाता है। यह ग्रन्थ तुलसी ने अवधी भाषा में लिखा है। तुलसी ने कहा भी है-

राम से राम, सिया सी सियां
सिरमौर विचारि विरंच संवारे॥

मीराबाई

कृष्ण भक्त कवियों में कवयित्री मीराबाई का नाम बड़े आदर के साथ लिया जाता है। अनुमान के आधार पर मीरा का जन्म सन् १४९८ ई० में राजस्थान में जोधपुर के पास कुड़की गाँव में हुआ था। इनके पिता का नाम राव रत्नसिंह था। इनका विवाह मेवाड़ के राणा सांगा के सबसे छोटे पुत्र भोजराज के साथ सन् १५१६ ई० में सम्पन्न हुआ था। संयोगवश कुछ समय बाद ही भोजराज की मृत्यु हो गई। परिणामत: इनके जीवन में वैराग्य उत्पन्न हो गया और वह कृष्ण भक्ति में स्वयं पद रच कर गाने लगीं-

मेरे तो गिरधर गोपाल, दूसरो न कोई।
जाके सिर मोर मुकुट मेरो पति सोई॥

किम्बदन्तियों के अनुसार परिवार के अत्याचारों से ऊबकर इन्होंने मेवाड़ छोड़ दिया और वृंदावन आकर रहने लगीं। कुछ दिन वहाँ रहने के बाद वह

द्वारिका चली गईं। वहाँ रण छोड़ जी के मंदिर में पद रचना कर भगवान् कृष्ण को गा-गा कर समर्पित करती रहीं। कहा जाता है सन् १६४६ ई० में मीरा भगवान् की मूर्ति में समा गईं।

कुछ विद्वानों के अनुसार मीरा बाई द्वारा रचित काव्य ग्रन्थों में गर्वा गीत और पदों के अलावा नरसी जी रो माहरो, गीत गोविन्द की हिन्दी टीका, राग गोविन्द, सोरठा के पद तथा मीरा बाई का मलार प्रामाणिक माने जाते हैं। मीराबाई के पद अत्यधिक लोकप्रिय हैं जिनकी संख्या लगभग दो सौ है।

मीराबाई के काव्य में विरह-वेदना के अलावा भगवान् के प्रति समर्पण भाव है। सीधी-सादी भाषा में स्वतः उपमा, रूपक, उत्प्रेक्षा, श्लेष आदि अलंकार के प्रयोग से ऐसा माधुर्य है जो श्रोता को मंत्रमुग्ध कर लेता है। वह प्रेम मार्गी शाखा की कवयित्री हैं और उनके कृष्ण साकार हैं जो भक्ति से प्रसन्न होकर भक्त का उद्धार करते हैं।

सूरदास

सूर-सूर तुलसी ससी उडगन केशवदास।
अब के कवि खद्योत सम जहँ-तहँ करत प्रकास॥

सूर को हिन्दी साहित्याकाश का सूर (सूर्य) कहा जाता है। यही वह कवि है जिसके वात्सल्य वर्णन की पराकाष्ठा से प्रभावित होकर विद्वानों ने रसों की संख्या में एक रस वात्सल्य और जोड़ दिया।

कहा जाता है सूर का जन्म उत्तर प्रदेश में मथुरा के पास सीही नामक गाँव में सन् १४७८ ई० में हुआ था। सूर जन्म से नेत्रहीन थे अथवा नहीं इसका कोई ठोस प्रमाण उपलब्ध नहीं है। सूर पद रचना कर स्वयं गाते थे। उसी समय वह बल्लभाचार्य के सम्पर्क में आये। सूर के अनुनय विनय भरे पद सुनकर बल्लभाचार्य ने समझाया-

सूर ह्वै के ऐसे काहे कूं घिघियात है, कछू भागवत लीला कौ बरनन करौ।

कहा जाता है सूर पर बल्लभाचार्य की इस उक्ति का प्रभाव पड़ा और वह साख्य भाव से पद रचना करने लगे। इसके साथ ही उन्होंने विनय, बाल लीला एवं श्रृंगार प्रधान पदों की रचना की।

चरन कमल बन्दौं हरि राई।
जाकी कृपा पंगु गिरि लंघे अंधे को सब कछु दरसाई॥

ऐसा लगता है मानो सूर सब कुछ आँखों से देखा हुआ बता रहे हैं–

खेलन के मिस कुंवरि राधिका,
नन्द महरि घर आई हो।
सकुचि सहित मधुरे करि बोली,
घर हौ कुंवर कन्हाई हो।
मैया सौं कछु करत कलह ते,
रिस डारी बिसराई हो।
मैया री तू इनको चीन्हौ,
बारम्बार बताई हो।
जमुना तीर कालि मैं भूल्यौ,
बाँह पकरि लै आई हो।

भ्रमर पद भी सूर के बेजोड़ हैं। साकार-निराकार का खण्डन-मण्डन तथा उच्चकोटि के निराकारी विद्वान् उद्धव को साकारी अनपढ़ गोपियों द्वारा तर्क में परास्त करना सचमुच सूर का ऐसा जादू है जिसे कोई काट नहीं सकता।

मथुरा में कृष्ण उद्धव से कहते हैं–

ऊधों मोहि ब्रज बिसरत नाहीं।
हंस सुता की कारी कगरी अरु कुंजन की छाहीं।
ग्वाल बाल सब करत कुतूहल नाचत गहि-गहि बाहीं॥

उधर उद्धव को कृष्ण के वियोग में उत्तर देती अनपढ़ गोपियाँ–

ऊधों मन नाहीं दस-बीस।
एक हुतौ सो गयौ स्याम संग को आराधै ईस॥

सूर ने ब्रज भाषा अपनाई है। कहा जाता है सूर सागर इनका प्रामाणिक ग्रन्थ है जिसमें पाँच हज़ार पद थे परन्तु अब लगभग साढ़े तीन हज़ार पद उपलब्ध हैं।

नन्ददास

अष्टछाप के कवियों में नन्ददास का महत्त्वपूर्ण स्थान है। दो सौ बावन वैष्णवन की वार्ता तथा अष्ट सखन की वार्ता के आधार पर नन्ददास का जन्म सन् १५३३ ई० में उत्तर प्रदेश के एटा जनपद के ग्राम रामपुर में हुआ था। वह सनाढ्य ब्राह्मण थे। इनकी मृत्यु सन् १५८३ ई० में हुई।

कहा जाता है कि किशोर अवस्था में नन्ददास द्वारिका दर्शन के लिए जा रहे थे। परन्तु मार्ग में सिंहनद गाँव की एक रूपवती पर मोहित हो गये। उस महिला के परिवार वाले उसे लेकर गोकुल आ गये। संयोगवश नन्ददास तथा उस सुन्दरी से वहाँ फिर मिलन हो गया। उसी समय नन्ददास विट्ठल नाथ जी के सम्पर्क में आये और भगवान् कृष्ण की शरण में रचना करने लगे।

श्री विट्ठल मंगल रूप निधान।
कोटि अमृत सम हंसि मृदु बोलत सबके जीवनप्रान।।

x x x

तुमरे चरन कमल के मकरंद मन मधुकर लपटान।
नन्ददास प्रभु द्वार परे अब रुचत नहीं कछु आन।।

रस मंजरी, मान मंजरी, रूप मंजरी, विरह मंजरी, सुदामा चरित, भंवरगीत, रुक्मिणी मंगल, गोवर्धन लीला, नन्ददास पदावली आदि इनके महत्त्वपूर्ण ग्रन्थ हैं। ब्रजनन्दन की छवि पर आसक्त नन्ददास ब्रज भाषा के कवि हैं–

चलति-बाल लाल संग कुंज भवन में लटकि लटकि।
अंग-अंग की छवि कही न परत कछु रोम-रोम रमि रह्यौ अटकि अटकि।।
रवि ससि कौ सरूप ऐसी देखियत तन कौ तुषार ढारौ फटकि फटकि।
नन्ददास प्रभु की छवि निरखत पीवत नैन पुट गटकि गटकि।।

कृष्णदास

अष्टछाप के कवियों में कृष्णदास का नाम भी महत्त्वपूर्ण है। इनके जीवन वृत्त का प्रामाणिक विवरण उपलब्ध नहीं है। कुछ विद्वानों की मान्यता है कि इनका जन्म सन् १४९६ ई० में गुजरात प्रान्त में हुआ था। बाल्यकाल में ही वह ब्रज प्रदेश में आ गये। इनकी भक्ति तथा निपुणता से प्रभावित होकर बल्लभाचार्य ने इन्हें अपना शिष्य बना लिया।

प्रेम तत्त्व वर्णन और भ्रमर गीत काव्य ग्रन्थों के अलावा अनेक फुटकर पद इनके लिखे उपलब्ध हैं। बाल-लीलाओं तथा रास लीलाओं के इन्होंने सुन्दर चित्रण किए हैं–

नाचत रास में गोपाल संग मुदित गोकुल की नारी।
तरुन तमाल स्याम लाल कनक बेलि प्यारी॥

कुंभनदास

कुछ विद्वानों के अनुसार कुंभनदास का जन्म सन् १४६८ ई० में क्षत्रिय परिवार में हुआ था। पेशे से वह किसान थे और आर्थिक दशा ठीक नहीं थी। फिर भी वह कृष्ण भक्ति में लीन रहते थे। सन् १४९२ ई० में इन्होंने बल्लभाचार्य को अपना गुरु बना लिया। इनका लिखा हुआ कोई ग्रन्थ नहीं है, परन्तु इनके रचे अनेक पद उपलब्ध हैं।

कहा जाता है कि इस कवि की काव्य रचना तथा गेय शैली से प्रभावित होकर सम्राट अकबर ने इनको दरबार में गाने के लिए बुलाया तब इन्होंने यह पद गाया था–

संतन कों कहा सीकरी सों काम।
आवत जात पनहियाँ टूटी बिसरि गयो हरि नाम॥
जिनको मुख देखे दुख उपजत तिनको करिवे परी सलाम।
कुंभनदास लाल गिरधर बिनु औरु सबै बेकाम॥

कहा जाता है कि ब्रज प्रदेश पर यवनों के आक्रमण के समय श्री नाथ जी को 'टौंड कौ घनौ' नामक सुरक्षित कंटीली झाड़ियों वाले वन में पधरा दिया गया था। तब कुंभनदास ने श्रीनाथजी से परिहास करते हुए यह पद रचकर गाया था–

भावति तोहि टौंड घन्यौ।
कांटे लगे गोखरू टूटे फार्यौ है सब तन्यौ॥
सिंघहिं कहा लोमड़ी कौ डरु यह कहा बनिक बन्यौ।
कुंभनदास तुम गोवर्धनधर वह तौ नीच ढेड़नी जन्यौ॥

कहा जाता है सन् १५८३ ई० के आसपास इनकी मृत्यु हुई थी।

परमानन्द दास

इनका जन्म उत्तर प्रदेश के कन्नौज नगर में सन् १४९३ ई० में ब्राह्मण परिवार में हुआ था। सन् १५२० ई० में यह बल्लभाचार्य के शिष्य हो गये और सन् १५८० ई० में इनकी मृत्यु हो गई थी। काव्य रचना करने के साथ ही यह अच्छे कीर्त्तनकार भी थे।

'परमानन्द सागर' नामक ग्रन्थ इनकी प्रामाणिक रचना मानी जाती है। इनके द्वारा रचित पदों में नाद उपलब्ध है–

यह सुनि बचन पिया पै आई।
मिलि धाई अकुलाई अंकधरि मानहु रंक महानिधि पाई॥
मिलि पौढ़े संकेत कुंज में नव कुसमन की सेज बनाई।
परमानन्द दास कौ ठाकुर विविध केलि कीनी मनभाई॥

छीत स्वामी

कुछ विद्वानों के अनुसार इनका जन्म सन् १५१५ ई० में मथुरा के ब्राह्मण परिवार में हुआ था। अष्टछाप के कवियों में इनका महत्त्वपूर्ण स्थान था। इनका कोई काव्य ग्रन्थ उपलब्ध नहीं है। कुछ पद आदि अवश्य उपलब्ध हैं।

अहौ विधिना तो पै अचरा पसारि मांगौं
जनम-जनम दीजौ याही ब्रज बसिबौ।
अहीर की जाति समीप नन्द घर
घरी घरीन स्याम हेरि हेरि हँसिबौ॥
दधि के दानमिस ब्रज बीथिन में
झकझोरन अंग-अंग कौ परसिबौ।
छीत स्वामी गिरिधरन श्री विट्ठल
सरद रैन रस रास कौ बिलसिबौ॥

सन् १५८५ ई० में इनकी मृत्यु हो गई थी।

गोविन्द स्वामी

गोविन्द स्वामी सनाढ्य ब्राह्मण थे। इनका जन्म सन् १५०५ ई० में राजस्थान के भरतपुर जनपद के गाँव आंतरी में हुआ था। कहा जाता है सन्

१५३५ ई० में यह अष्ट छाप के कवियों में दीक्षित हो गये। इनका कोई भी प्रामाणिक ग्रन्थ उपलब्ध नहीं है। बाल लीला, प्रेम लीला आदि सम्बन्धी कुछ पद अवश्य मिलते हैं।

झूलो पालने बलि जाऊँ।

x x x

विविध भांति खिलौना लै लै गोविन्द प्रभु को खिलाऊँ॥

रसखान

कृष्ण भक्त कवियों में रसखान का नाम बड़े आदर से लिया जाता है। हिन्दी साहित्य को रसखान ने अमर धरोहर प्रदान की है। अन्य अनेक कवियों की तरह रसखान का जीवनवृत्त भी प्रामाणिक नहीं मिलता। कहा जाता है रसखान का असली नाम सैयद इब्राहीम था और वह पठान थे। मुसलमान होने के बाद भी वह कृष्ण के प्रेम में सराबोर हो गये तथा ऐसी काव्य रचना कर डाली जो बेजोड़ है।

सुजान रसखान, प्रेमवाटिका, दान लीला, अष्टछाप आदि रसखान के काव्य ग्रन्थ माने जाते हैं। रसखान ने प्रेम, भक्ति, श्रृंगार, रूप माधुर्य, कृष्ण लीला के साथ-साथ बाल्य झाँकियाँ भी ऐसी रची हैं जो अन्यत्र दुर्लभ हैं-

धूरि भरे अति सोभित स्याम जू,
तैसी बनी सिर सुन्दर चोटी।
खेलत खात फिरैं अंगना पग,
पैजनि बाजति पीरी कछोटी॥
ता छवि को रसखान विलोकत,
वारत काम कला निधि कोटी।
काग के भाग कहा कहिए,
हरि हाथ सौं लै गयो माखन रोटी॥

एक अन्य सवैया में भक्ति की पराकाष्ठा देखिये जिसे मुरली के साथ सौतिया डाह से उपमित किया गया है-

मोर पखा सिर ऊपर राखिहौं,

गुंज की माल गरे पहिरौंगी।
ओढ़ि पितम्बर लै लकुटी,
वन गोधन ग्वारिन संग फिरौंगी॥
भावतो तोहि कहा रसखान,
सो तेरे कहैं सब स्वांग भरौंगी।
या मुरली मुरलीधर की,
अधरा न धरी अधरा न धरौंगी॥

कुछ विद्वानों की मान्यता है कि इनका जन्म सन् १५४८ ई० में हुआ था। बाल्यकाल में वह दिल्ली पहुँच गये। सन् १५५६ ई० में जब भयंकर अकाल पड़ा तो वह बृज प्रदेश में पहुँच गये। कहा जाता है यहाँ वह रामचरित मानस का पाठ सुनते थे। परन्तु भगवान् श्रीकृष्ण से प्रभावित होकर वह कृष्ण भक्त बन गये और बृज भाषा में रचनायें करने लगे। सन् १६२८ ई० में उनकी मृत्यु हो गई।

रीतिकाल

प्रश्न उठता है 'रीति' शब्द से क्या तात्पर्य है? आचार्य वामन ने रीति को काव्य की आत्मा माना है। भरतमुनि ने रीति का सम्बन्ध रीति रिवाज़ वाले अर्थ से जोड़ा है अर्थात् विभिन्न प्रान्तों अथवा देशों, प्रदेशों के रीति-रिवाज़। परन्तु हिन्दी भाषा में रीति का सम्बन्ध काव्य शास्त्रीय पद्धति को माना जाता है जिसमें शब्द, शक्ति, अलंकार, छन्द विधा, ध्वनि आदि सम्मिलित हैं।

भक्तिकाल के बाद एक नया युग आरम्भ हुआ। चारों-ओर राजतंत्रीय प्रणाली स्थापित हो गई। अनेक छोटे-छोटे राजा-महाराजा और नवाब बड़े-बड़े राजा-महाराजा और बादशाहों के अधीन रह कर मौजमस्ती में जुट गये, क्योंकि वे सशक्त राजाओं का सामना करने में अक्षम थे इसलिए सुखपूर्वक जीने में ही वह सार्थकता समझने लगे।

चाटुकारों का महत्त्व बढ़ने लगा। राजा-महाराजा, नवाब, बादशाह आदि अपनी प्रशंसा सुनकर प्रसन्न होने लगे तो दरबारी कवियों की संख्या में वृद्धि होने लगी जो अपने स्वामियों की प्रशंसा में काव्य गान करने लगे। भारत में

अपना राज्य स्थापित करने के बाद विदेशियों के दो ही मुख्य उद्देश्य रह गये थे। एक, अपने राज्य का अधिकतम् विस्तार करना और दो सुरा-सुन्दरियों के भोग-विलास में अधिक से अधिक मौज मस्ती करना।

परिणामत: काव्य में नायक-नायिका, शृंगार, रस, छन्द, अलंकार आदि की भरमार होने लगी। भक्तिकाल में कृष्ण और राधा जो आदर्श रूप स्थापित था वह रीति काल में प्रेमी-प्रेमिका के रूप में प्रस्तुत किया जाने लगा। नख-शिख रूप-सरूप के वर्णन किए जाने लगे। इस प्रकार रीति काल में कवियों ने हिन्दी साहित्य को एक नया रूप दे डाला। हालांकि इस काल में वीर रस प्रधान काव्य भी रचा गया, परन्तु वह बहुत कम है। नीति परक, प्रेरणा-दायक काव्य भी रचा गया। यह आम आदमी के लिए भी उपयोगी और महत्त्वपूर्ण है जबकि ऐसा काव्य सिर्फ राजा-महाराजाओं के लिए लिखा गया था।

आइये रीति कालीन कुछ कवियों पर दृष्टिपात करते हैं।

केशवदास

केशवदास को कठिन काव्य का प्रेत कहा जाता है। इसके साथ ही किसी समीक्षक ने यह भी कहा है-

सूर सूर तुलसी ससी उड्गन केशवदास।
अब के कवि खद्योत सम जहँ तहँ करत प्रकास॥

केशवदास का जन्म ओरछा में पंडित काशीनाथ के घर हुआ था। इनके पिता पण्डित काशीनाथ संस्कृत भाषा के विद्वान् थे और इनके घर में सस्कृत भाषा ही बोली जाती थी। केशवदास ने यह बात स्वयं लिखी है-

भाषा बोलि न जानहीं जिनके कुलके दास।
तिन भाषा कविता करी जड़मति केशवदास॥

केशवदास ने रसिक प्रिया, कवि प्रिया, रतन बावनी, जहाँगीर जस चंद्रिका, वीरसिंह देव चरित तथा राम चंद्रिका ग्रंथों की रचना की है। इनमें रामचन्द्रिका बहुत ही विख्यात काव्य ग्रन्थ है। इस ग्रन्थ में राम कथा तो गौण है जबकि अलंकार चित्रण बेजोड़ है साथ ही कवि की विद्वता भी बेमिसाल है।

केशव ने काव्य शास्त्र के साथ ही आध्यात्मिक चित्रण भी बहुत सुन्दर ढंग से किया है। इसीलिए इनको चमत्कारी कवि भी माना जाता है।

बिहारी

रीति कालीन कवियों में बिहारी का नाम श्रेष्ठतम् कवियों में गिना जाता है। इनका जीवन वृत्त भी विवादित है। इनके एक दोहे के अनुसार–

जन्म ग्वालियर जानिए खण्ड बुंदेले बाल।
तरुणाई आई सुखद मथुरा बसि ससुराल।।

कुछ विद्वानों का मत है कि बिहारी का जन्म सन् १६६५ ई० में ग्वालियर में हुआ था और वह लगभग ७० वर्ष तक जीवित रहे। इनका बचपन बुंदेलखण्ड में बीता तथा इनकी ससुराल मथुरा में थी जहाँ वह रहे भी।

कहा जाता है कि प्रौढ़ावस्था में वह अजमेर के राजा जयसिंह के आश्रय में रहे और वहीं उन्होंने 'बिहारी सतसई' जैसे अमर काव्य ग्रन्थ की रचना की थी। राजा जयसिंह अपनी नवोड़ा रानी के वशीभूत होकर राजकाज भूल गये थे। तब एक दिन बिहारी ने एक दोहा लिख कर उनके पास भिजवा दिया–

नहिं पराग नहिं मधुर मधु नहिं विकास इहि काल।
अली कली ही सौं बिंध्यौ आगे कौन हवाल।।

कहते हैं इस दोहा से प्रेरित होकर महाराजा जयसिंह ने अपनी भूल सुधार ली थी और वह बिहारी का बेहद आदर करने लगे थे।

'बिहारी सतसई' में कवि ने गागर में सागर भर दिया है। तभी किसी ने कहा है–

सतसैया के दोहरे ज्यों नाविक के तीर।
देखत में छोटे लगैं घाव करैं गंभीर।।

बिहारी ने दोहों में विरह, वियोग, संयोग, श्रृंगार, नीति, प्रणय, अध्यात्म, अलौकिक चित्रण, अलंकार और रसों के साथ मिश्रित कर ऐसा वर्णित किया है वैसा अन्यत्र कहीं उपलब्ध नहीं है।

नेत्रों का चित्रण देखिये–

अमिय हलाहल मदभरे स्वेत स्याम रतनार।
जियत मरत झुकि-झुकि परत जेहि चितवत इकवार॥

सतसई का एक दोहा इतना प्रसिद्ध है जिसमें उन्होंने अलंकार प्रयोग से चमत्कार उत्पन्न कर दिया है–

मेरी भव बाधा हरौ राधा नागरि सोइ।
जा तन की झाईं परै स्याम हरित दुति होइ॥

चिंतामणि

चिन्तामणि के पिता का नाम रत्ना कर त्रिपाठी था। इनका जन्म फतेहपुर जनपद के तिकवांपुर गाँव में हुआ था। कहा जाता है मतिराम इनके चचेरे तथा भूषण इनके सगे भाई थे। चिन्तामणि के लिखे हुए दो काव्य ग्रन्थ कविकुल कल्पतरु तथा छंद विचार पिंगल उपलब्ध हैं। कविकुल कल्पतरु में कवि ने काव्य के सभी अंगों का वर्णन किया है। इन्होंने विशुद्ध बृज भाषा का प्रयोग करने के साथ ही काव्य के अन्य अंगों के लक्षणों का वर्णन छन्दबद्ध किया है। कवित्त और सवैया इन्होंने अधिक लिखे हैं–

आँखिन मूंदिबे के मिस आनि अचानक पीठि उरोज लगावै।
कहूँ कहूँ मुसकाइ चितै अंगराय अनूपम अंग चढ़ावै॥
नाह छुई छल सौं छतियाँ हँसि भौंह चढ़ाइ अनंद बढ़ावै।
जोवन के मद मत्त तिया हित सौं पति को नित चित्त चुरावै॥

मतिराम

जैसा कहा जा चुका है मतिराम चिन्तामणि के चचेरे भाई थे ओर इनके पिता का नाम विश्वनाथ त्रिपाठी था। इनका जन्म उत्तर प्रदेश में फतेहपुर जनपद के ग्राम वनपुर में हुआ था।

रसराज और ललित ललाम मतिराम के दो अत्यधिक प्रसिद्ध ग्रन्थ माने जाते हैं। इन्होंने भी बृजभाषा में काव्य रचना की है। इनका एक अन्य रचना ग्रन्थ फूल मंजरी है जिसके प्रत्येक दोहे में किसी न किसी फूल का वर्णन किया गया है। इन्होंने कोमल कल्पनाओं से मन को मोहने वाले भावों को बाँधा है–

दोऊ आनन्दसों आँगन माँझ बिराजैं असाढ़ की साँझ सुहाई।
प्यारी के बूझत और तिया को अचानक नाम लियो रसिकाई॥
आई उनै मुंह में हंसी कोहितिया पुनि चाप सी भौंह चढ़ाई।
आंखिन ते गिरे आँसू के बूंद सुहास गयो उड़ि हंस की नाई॥

भूषण

भूषण चिन्तामणि के सगे भाई थे। इनके जीवन मृत्यु का ठीक-ठीक विवरण उपलब्ध नहीं है। परन्तु कुछ विद्वानों का मत है कि इनका जन्म तिकवांपुर गाँव में ही सन् १६१३ ई० में हुआ था। जीविकोपार्जन के लिए भूषण दक्षिण भारत की ओर चले गये थे और वहाँ इन को शिवाजी तथा छत्रसाल का आश्रय मिल गया। इनके लिखे हुए तीन ग्रन्थ शिवराज भूषण, शिवाबावनी तथा छत्रसाल दशक उपलब्ध हैं। इनका काव्य वीर रस प्रधान है जिसमें युद्धवीर, दानवीर, धर्म वीर और दयावीर अर्थात् चार प्रकार के वीरों का वर्णन मिलता है।

इस श्रृंगारिक काल में कवि ने लीक से हटकर वीर रस प्रधान काव्य की रचना की परन्तु अलंकार और छन्द विधान की कतई कमी नहीं है–

साजि चतुरंग सैन अंग में उमंगधरि
सरजा शिवाजी जंग जीतन चलत है।
भूषण भनत नाद बिहद नगारन के,
नदी नद मद गैबरन के रलत है॥
ऐल फैल खैल भैल खलक में गैल गैल
गजन की ठैल पैल सैल उसलत है।
तारा सो तरनि धूरि धारा में लगत जिमि
थारा पर पारा पारावार यों हलत है॥

देव

रीतिसिद्ध कवियों में महाकवि देव का नाम महत्त्वपूर्ण है। इनका जन्म उत्तर प्रदेश के इटावा जनपद के कुसमरा गाँव में हुआ था। भाव विलास, अष्टयाम, भवानी विलास, प्रेम तरंग, कुशल विलास, जाति विलास, देव चरित्र, रस विलास, प्रेम चन्द्रिका, सुजान विनोद, शब्द रसायन, सुख-सागर

तरंग, राग रत्नाकर, देव शतक और देव माया प्रपंच इनके रचित ग्रन्थ उपलब्ध हैं।

देव ने अपने कुछ काव्य ग्रन्थों में काव्य शास्त्र के लक्षणों का वर्णन किया है तो कुछ गन्थों में कृष्ण का चरित्र चित्रण किया है। कुछ ग्रन्थों में संगीत शास्त्र प्रतिपादित है तो कुछ ग्रन्थों में नायक-नायिका भेद तथा श्रृंगारिक चित्रण है। देव माया प्रपंच इनका संस्कृत के सुबोध चन्द्रोदय नाटक का पद्य बद्ध अनुवाद है। देव की भाषा बड़ी ही प्रभावशाली तथा रसीली है-

धार में धाय धसी निरधार ह्वै,
जाय फसी उकसी नहिं धेरी।
री अगराय गिरी गहराय कै
फेरि फिरी न फिरै नहिं फेरी।।
देव कछू अपनों बसना रसना
रिसि चारु चितै भई चेरी।
बेगहिं बूढ़ि गईं पखियाँ
अखियाँ मधु की मखियाँ भई मेरी।।

कहा जाता है देव को राजा भोगी लाल, आज़मशाह, भवानीदत्त वैश्य, कुशल सिंह, उदोत सिंह, सुजानमणि, अकबर ख़ां आदि राजा-नवाबों का आश्रय मिला था।

घनानन्द

घनानन्द, आनन्दघन और घनआनन्द-तीन नाम एक ही कवि के हैं। कुछ विद्वान् इनको अलग-अलग तीन तथा कुछ विद्वान् अलग-अलग दो कवि भी मानते हैं। सच तो यह प्रतीत होता है कि कवि ने काव्य की आवश्यकतानुसार अपने नाम को प्रयोग करते समय तोड़-मरोड़ दिया है-

घन आनन्द प्यारे सुजान सुनौ
जहँ एक तै दूसरो आंक नहीं।
तुम कौन धौं पाटी पढ़े हो लला
मन लेहु पै देहु छटांक नहीं।।

कुछ विद्वान् इनका जन्म सं० १७४६ के आसपास तथा मृत्यु सं० १७९६ मानते हैं। कहा जाता है घनानंद मुग़ल बादशाह मुहम्मद शाह के मीर मुंशी थे। दरबार में सुजान नामक नर्तकी नृत्य किया करती थी। घनानन्द उस पर आसक्त हो गये। इनके कुछ शत्रुओं ने एक दिन बादशाह से कहा कि हज़ूर घनानंद बहुत अच्छा गाते हैं। घनानन्द से गाने के लिए कहा गया तो वे आना कानी करने लगे। इस पर षणयंत्रकारियों ने बादशाह से फिर कहा कि हज़ूर अगर सुजान फरमाइश करे तो घनानंद अवश्य गाएंगे। ऐसा ही करवाया गया तो घनानन्द ने सुजान की ओर मुँह करके बहुत अच्छा गाया। उस समय बादशाह की ओर उनकी पीठ थी। इससे बादशाह ने गुस्सा होकर घनानन्द को राज्य से बाहर चले जाने का आदेश दे दिया। तब घनानंद ने सुजान से भी साथ चलने का निवेदन किया परन्तु वह नहीं गई। कहते हैं घनानंद जीवन पर्यन्त सुजान को भूल नहीं पाये और अपने काव्य में उन्होंने सुजान का नाम बड़े आदर से सजाया है।

यही कारण है घनानंद के काव्य में मूलतः विरह वर्णन उपलब्ध है। सुजान सागर, विरह लीला, कोकसार, रसकेलि वल्ली और कृपा काण्ड घनानंद के प्रसिद्ध काव्य ग्रन्थ हैं।

आलम

आलम मुग़लबादशाह औरंगज़ेब के पुत्र मुअज़्ज़म शाह के दरबारी कवि थे। कहते हैं एक बार इन्होंने एक दोहा की एक पंक्ति लिखी–

कनकछरी सी कामिनी काहे को कटि छीन।

दूसरी पंक्ति वह नहीं लिख पाये। अतः वह एक पंक्ति लिखा कागज़ उन्होंने अपनी पगड़ी के छोर में बांध दिया। वही पगड़ी रंगने के लिए वह शेख नामक रंगरेजिन को दे आये। रंगरेज़िन ने देखा पगड़ी के एक छोर में कुछ बंधा है सो उसने खोल कर देखा तो एक आधा दोहा लिखा पाया। रंगरेजिन ने पगड़ी रंगने–सुखाने के बाद उस अधूरे दोहा में एक पंक्ति लिख कर जोड़ दी–

कटि को कंचन काटि विधि कुचन मध्य धरि दीन॥

इस गतिविधि से आलम उस शेख रंगरेजिन के दीवाने हो गये और उसके समक्ष विवाह करने का प्रस्ताव प्रस्तुत कर दिया। शेख के कहने पर

वह मुसलमान बन गये और विवाह कर लिया। कहते हैं उनका जन्म ब्राह्मण परिवार में हुआ था। शेख और आलम दोनों ने एक काव्य संग्रह रचा जिसका नाम 'आलमकेलि' है।

पद्माकर

रीतिकालीन कवियों में पद्माकर का नाम महत्त्वपूर्ण है। कहा जाता है इनका जन्म मध्य प्रदेश के सागर नगर में हुआ था और ये तैलंग ब्राह्मण थे। पद्माकर को भी अनेक राजाओं का आश्रय मिला था जिनमें सागर के राजा रघुनाथ राय, दतिया के राजा परीक्षित, जयपुर के राजा प्रतापसिंह, ग्वालियर के राजा दौलतराव सिंधिया, उदयपुर के राजा भीम सिंह आदि प्रमुख हैं।

हिम्मत बहादुर विरुदावली, पद्माभरण, जगद्विनोद, प्रबोध पचासा, गंगा लहरी, प्रतापसिंह विरुदावली और कलि पच्चीसी इनकी रचनायें उपलब्ध हैं। इन ग्रन्थों में रीति, राज प्रशंसा तथा भक्ति भावना से ओतप्रोत कवितायें हैं।

कवि का अपनी भाषा पर पूरा अधिकार होने के साथ-साथ कल्पना शक्ति भी अत्यधिक प्रखर है–

नैन नचाय कही मुसकाय लला फिर आइयो खेलन होरी।

एक अन्य उदाहरण जगद्विनोद से देखिये–

आई भले ही चली सखियान में पाई गोविंद के रूप की झांकी।
त्यों पद्माकर हार दियो गृह काजकहा अरु लाज कहाँ की।।
है नख तै सिख लौं मृदु माधुरी बांकिये भौहें बिलोकनि बांकी।
आजु की या छवि देखिभटू अब देखिवे को न रहयौ कछु बाकी।।

भिखारीदास

भिखारीदास का जन्म उत्तर प्रदेश में प्रतापगढ़ जनपद के गाँव ट्योंगा में हुआ था। ये कायस्थ थे और इनके पिता का नाम कृपालदास था। कहा जाता है कि भिखारी दास को प्रतापगढ़ के राजा पृथ्वी सिंह के भाई हिन्दू पति सिंह का आश्रय प्राप्त था। रस सारांश, छन्दोर्णव पिंगल, काव्य निर्णय, श्रृंगार निर्णय आदि इनके रचे हुए ग्रन्थ माने जाते हैं।

इन्होंने शृंगार, भक्ति पक्ष के अलावा छन्दों के परिचय पर भी लिखा है।

रीति कालीन कवियों में अमीरदास, गिरिधर कविराय आदि कवियों को भी गिना जाता है।

आधुनिक काल

आचार्य रामचन्द्र शुक्ल ने सन् १८४३ ई० से अब तक चल रहे काल को आधुनिक काल माना है। इस काल में हिन्दी भाषा ने बृज भाषा को पीछे छोड़ दिया। हिन्दी भाषा में लिखने वालों की संख्या में निरंतर वृद्धि होने लगी। सबसे महत्त्वपूर्ण बात यह हुई कि पाश्चात्य साहित्य का हिन्दी साहित्य पर भारी प्रभाव पड़ा। फलस्वरूप गद्य तथा पद्य दोनों क्षेत्रों में रचनायें तेजी से लिखी जाने लगीं।

हिन्दी में कहानी, लघु कथा, निबंध, रेखाचित्र, डायरी, रिपोर्ताज, आत्मकथा, जीवनी, आलोचना, समालोचना, समीक्षा आदि लेखन आरम्भ हो गया। इसके साथ छायावाद, रहस्यवाद, प्रगतिवाद जैसे वादों पर लिखा जाने लगा। गीत, नवगीत, प्रगीत और हिन्दी में ग़ज़लें लिखी जाने लगीं।

इस बीच एक बहुत बड़ा परिवर्तन देश में हुआ। भारतवासी आज़ादी प्राप्त करने के लिए छटपटाने लगे। देश में अंग्रेज़ी हुकूमत के विरुद्ध साहित्य लिखा जाने लगा। अख़बारों और पत्रिकाओं के माध्यम से ऐसा साहित्य सारे विश्व में क्रान्तिकारी चिंगारी बन कर सुलगने लगा। देशभक्ति तथा क्रान्तिकारी साहित्य की रचना ने हिन्दी को एक नया मोड़ दे दिया।

समाज अंध विश्वास की ज़ंज़ीरों में जकड़ा था। बाल-विवाह सती प्रथा, जातिवाद, छुआ छात आदि कुरीतियाँ निरंतर बढ़ रही थीं। साहित्यकारों ने इनके विरुद्ध लिखना आरम्भ कर दिया।

ऐसे दूषित वातावरण को सुधारने के लिए ब्रह्म समाज, आर्य समाज आदि जैसे संगठन आगे आये। इन संगठनों के अनेक विद्वानों ने गद्य तथा पद्य दोनों प्रकार के साहित्य की रचना की।

सामाजिक, धार्मिक तथा आर्थिक क्रान्ति के लिए लेखन के अलावा साहित्यिक क्रान्ति का सूत्रपात भी आरम्भ हुआ। लल्लू लाल तथा सदल मिश्र जैसे विद्वान हिन्दी साहित्य लेखन की ओर अग्रसर हुए। लल्लू लाल का

संस्कृत, फारसी, उर्दू और हिन्दी भाषा पर पूरी तरह अधिकार था। हिन्दी खड़ी बोली में इन्होंने प्रेम सागर की रचना की जो भागवत का अनुवाद है। इसके अलावा लल्लू लाल ने आधो विलास, शकुन्तला नाटक, सिंहासन बत्तीसी की भी रचना की है परन्तु इन ग्रन्थों में उर्दू भाषा का अधिक प्रयोग किया गया है।

सदल मिश्र का संस्कृत तथा हिन्दी भाषा पर समान अधिकार था। इन्होंने नासिकेतो पाख्यान का संस्कृत से खड़ी बोली में सरलीकरण किया है। यह भाषा पंडिताऊ भाषा कही जा सकती है।

इंशाअल्ला खां ने रानी केतकी की कहानी की रचना की है जिसमें उन्होंने उर्दू और बृज भाषा को बहुत दूर रखा है।

इनके अलावा मुंशी सदासुख लाल, नवीन चंद्र राय, राजा शिव प्रसाद 'सितारे हिन्द' राजा लक्ष्मण सिंह आदि विद्वानों ने इस परम्परा को निरंतर आगे बढ़ाने में महत्त्वपूर्ण गद्य साहित्य रचकर हिन्दी साहित्य को नये आयाम प्रदान किए हैं।

इन सबके बाद भारतेन्दु हरिश्चन्द्र ने तो हिन्दी को मातृ भाषा की श्रेणी तक पहुँचाने में बहुत बड़ा सहयोग प्रदान किया है। संभवतः इसीलिए उन्होंने भविष्यवाणी कर दी थी–

निज भाषा उन्नति अहै सब उन्नति को मूल।
बिन निज भाषा ज्ञान के मिटत न हिय को सूल॥

भारतेन्दु जी ने हिन्दी भाषा को लोक प्रिय बनाने के लिए हास्य-व्यंग्य, नाटक, काव्य आदि की रचना की है। अमीर खुसरो की तरह भारतेन्दु ने मुकरियां भी लिखी हैं–

मुँह जब लागी तब नहिं छूटै।
जाति मान धन सब कुछ लूटै॥
पागल करि मोहिं करै खराब।
क्यों साखि साजन नहीं सराब॥

भारत दुर्दशा में उन्होंने लिखा है–

भारत किरण जगत उजियारा।
भारत जीव जियत संसारा॥
भारत वेदकथा इतिहासा।
भारत वेदप्रथा प्रकासा॥

यद्यपि उनकी हिन्दी भाषा पर बृज भाषा का पूरा प्रभाव है फिर भी हिन्दी की ओर बढ़ने का एक अलग अन्दाज़ भी है–

कूकै लगीं कोइलें कदंबन पै बैठि फेरि,
धोए-धोए पात हिलि-हिलि सरसै लगे।
बोलै लगे दादुर मयूर लगे नाचै फेरि,
देखि कै संजोगी जन हिय हरसै लगे॥
हरी भई भूमि सीरी पवन चलन लागी,
लखि हरिचंद फेरि प्रान तरसै लगे।
फेरि झूमि-झूमि बरषा की ऋतु आई फेरि
बादर निगोरे झुकि-झुकि बरसै लगे॥

इसके बाद आचार्य महावीर प्रसाद द्विवेदी ने हिन्दी कविता को एक नई ऊर्जा प्रदान की। उन्होंने कविता की भाषा में सुधार किया और कवि खड़ी बोली में कविता करने लगे। इस युग में मुक्त काव्य के अलावा खण्ड तथा प्रबन्ध काव्य रचे गये जिनके विषय सामाजिक, ऐतिहासिक तथा पौराणिक थे। श्रीधर पाठक, मैथिली शरण गुप्त, अयोध्या सिंह उपाध्याय 'हरिऔध', राम नरेश त्रिपाठी आदि कवियों ने हिन्दी भाषा को एक नया काव्य साहित्य प्रदान किया।

तत्पश्चात् हिन्दी काव्य धारा में छायावाद का सूत्रपात हुआ। छायावाद रहस्यवाद का ही प्रतिरूप माना जाता है। डॉ० राम कुमार वर्मा ने छायावाद के विषय में लिखा है–"परमात्मा की छाया आत्मा में पड़ने लगती है और आत्मा की छाया परमात्मा में यही छायावाद है।"

जय शंकर प्रसाद

छायावादी कवियों में जयशंकर प्रसाद का नाम अग्रणी माना जाता है। इनका जन्म काशी के सम्पन्न वैश्य परिवार में हुआ था। इनके पितामह:

सुंघनी साहु के नाम से विख्यात थे। पिता-माता और बड़े भाई के निधन के कारण जयशंकर प्रसाद को किशोरावस्था में घर-परिवार संभालना पड़ा। फलस्वरूप आठवीं कक्षा से अधिक यह स्कूली शिक्षा ग्रहण नहीं कर सके। संस्कृत, हिन्दी, उर्दू और अंग्रेज़ी भाषा का इन्होंने घर पर ही अध्ययन किया।

प्रसाद जी का पहला काव्य संग्रह चित्राधार है जिसमें प्रकृति, प्रेम तथा भक्ति सम्बन्धी रचनायें हैं। कानन कुसम में खड़ी बोली में कवितायें है। इसके अलावा झरना, महाराणा का महत्त्व, लहर, प्रेम पथिक, करुणालय, आँसू तथा कामायनी इनका महाकाव्य है। इसमें सृष्टि का जलप्लावन से विनाश होने के बाद पुनः संरचना का सार्थक चित्रण उपलब्ध है।

कविताओं के अतिरिक्त प्रसादजी ने तितली तथा कंकाल नामक उपन्यास लिखे। अजातशत्रु, ध्रुव स्वामिनी तथा स्कन्दगुप्त इनके प्रसिद्ध नाटक हैं।

सन् १९३७ ई० में प्रसादजी की मृत्यु हो गई थी।

प्रसादजी छायावादी होने के साथ-साथ प्रकृति प्रेमी भी हैं–

हिमालय के आंगन में उसे प्रथम किरणों का दे उपहार।
उषा ने हँस अभिनन्दन किया और पहनाया हीरकहार॥
जगे हम लगे जगाने विश्व लोक में फैला फिर आलोक।
व्योम तमपुंज हुआ तब नष्ट अखिल संसृति हो उठी अशोक॥

एक अन्य उदाहरण–

झंझा झकोर गर्जन था बिजली थी नीरद माला।
पाकर इस शून्य हृदय को सबने आ घेरा डाला॥

सुमित्रानन्दन पन्त

सुमित्रानन्दन पन्त का जन्म उत्तरांचल प्रदेश के कुमाऊँ क्षेत्र के कौसानी नामक ग्राम में सन् १९०० ई० में हुआ था। जन्म के कुछ घंटे बाद ही इनकी माता का निधन होने के कारण इनका पालन पोषण दादी-दादा ने किया था। इनका नाम गुसाईंदत्त था। इनकी आरंभिक शिक्षा-दीक्षा अल्मोड़ा में हुई। इसके बाद इन्होंने काशी के क्वींस कॉलेज में पढ़ाई की। वहाँ से मैट्रिक उत्तीर्ण करने के बाद पंतजी इलाहाबाद में पढ़ने के लिए आ गये। इनको अपना नाम अच्छा नहीं लगता था। अतः बदल कर सुमित्रानन्दन पंत रख लिया।

'वीणा' में पंतजी की आरंभिक काव्य रचनाएं संग्रहीत हैं। इसके अलावा उच्छ्वास, पल्लव, ग्रंथि, गुंजन, ग्राम्या, युगान्त, स्वर्ण किरण आदि अनेक रचनायें हैं।

सन् १९७७ ई० में पंतजी का निधन हो गया।

पंतजी को सुकुमार भावना का कवि कहा जाता है। कोमल कल्पना तथा सौंदर्य अनुभूति के कारण उनकी कविताओं की अलग पहचान है–

तुम्हारे छूने में था प्राण संग में पावन गंगा स्थान।
तुम्हारी वाणी में कल्याणी त्रिवेणी की लहरों का गान॥

सूर्यकान्त त्रिपाठी 'निराला'

छायावादी कवियों में निराला जी का भी अत्यधिक महत्त्वपूर्ण स्थान है। इनका जन्म सन् १८९७ ई० में हुआ था। हिन्दी साहित्य में यह महाप्राण निराला नाम से प्रतिष्ठित हैं। नवीं कक्षा में आते-आते वह कविता लिखने लगे थे।

निराला के काव्य में विरोधाभास परिलक्षित होता है। इसके साथ ही ओज के साथ श्रृंगार है, यथार्थ के साथ दर्शन है, रहस्यवाद के साथ अध्यात्म है और सामाजिकता के साथ राष्ट्रीयता विद्यमान है। प्रकृति के साथ लौकिक सम्बन्ध है जिसे आत्मा और परमात्मा की अभेद्यता से जोड़ा गया है–

तुम तुंग हिमालय शृंग
और मैं चंचल गति सुर सरिता।
तुम विमल हृदय उच्छ्वास
और मैं कान्त कामिनी कविता॥

निराला प्रबंध तथा मुक्तक दोनों शैलियों में लिखने में सिद्धहस्त थे।

अनामिका, परिमल, गीतिका, कुकुरमुत्ता, अणिमा बेला, नये पत्ते, अपरा, आराधना, अर्चना आदि काव्य संग्रह हैं। इसके अलावा उनके उपन्यास-अप्सरा, अलका, काले कार नामे, प्रभावती आदि कहानी संग्रह-लिली, सखी, सुकुल की बीबी तथा नाटक, जीवनियाँ, रेखाचित्र आदि भी उपलब्ध हैं।

'राम की शक्ति पूजा' उनकी एक ऐसी लम्बी कविता है जिसने निराला को काव्य चोटी पर प्रतिष्ठित कर दिया है। 'सरोज स्मृति' उनकी अपनी पुत्री

पर लिखी एक मार्मिक एवं हृदय स्पर्शी रचना है जिसमें पिता-पुत्री का स्नेह तथा पुत्री के प्रति पिता का कर्त्तव्य तो सामाजिक धरातल पर चित्रित है, परन्तु ऐसा लगता है जैसे परमात्मा अपनी पुत्री आत्मा के पास है, उससे बतिया रहा है, उसके कल्याण के लिए चिन्तित है–

जीवित कविते शत-शर-जर्जर।
छोड़ कर पिता को पृथ्वी पर॥
तू गई स्वर्ग क्या यह विचार।
जब पिता करेंगे मार्ग पार॥

महादेवी वर्मा

महादेवी वर्मा को आधुनिक हिन्दी साहित्य की 'मीरा' कहा जाता है। छायावादी कवियों में इनका प्रमुख स्थान है। इनका जन्म सन् १९०७ ई० में हुआ था तथा बचपन से ही कविता लिखने का शौक था।

इनकी कविता में विरह-वेदना, रहस्यवाद, छायावाद तथा जीवन सत्य-दर्शन विद्यमान है जिसे उन्होंने स्वयं सहज रूप से संभवतः भोगा, परखा और जीवन में ढाला होगा। महादेवी वर्मा ने इस अनुभूति को अपने शब्दों में अभिव्यक्त किया है–

"बहिर्जगत अन्तर्जगत तक फैले और ज्ञान तथा भाव क्षेत्र में समान रूप से व्याप्त सत्य की सहज अभिव्यक्ति के लिए माध्यम खोजते-खोजते ही मनुष्य ने काव्य और कलाओं का आविष्कार कर लिया होगा। कला सत्य को ज्ञान के सिकता-विस्तार में नहीं खोजती; अनुभूति की सरिता के तट से एक विशेष बिन्दु पर ग्रहण करती है, तट पर एक ही स्थान पर बैठे रहकर भी हम असंख्य नई तरंगों को सामने आते और पुरानी लहरों को आगे जाते देख कर नदी से परिचित हो जाते हैं, वह किस पर्वतीय उद्‌गम से निकल कर, कहाँ-कहाँ बहती हुई किस समुद्र की अगाध तरलता में विलीन हो जाती हैं, यह प्रत्यक्ष न होने पर भी हमारी अनुभूति में नदी पूर्ण है और रहेगी।"

ओ चिर नीरव!
मैं सरित विकल,
तेरी समाधि को सिद्धि अकल

चिर निद्रा में सपने का पल
ले चली लास में लय गौरव।

महादेवी वर्मा के यामा, नीहार, रश्मि, नीरजा, सांध्यगीत, दीपशिखा आदि काव्य ग्रन्थ हैं।

आत्मा–परमात्मा का सम्बन्ध उन्होंने किस प्रकार अभिव्यक्त किया है–

बीन भी हूँ मैं तुम्हारी रागिनी भी हूँ।

x x x

पात्र भी मधु भी, मधुप भी मधुर स्मृति भी
अधर भी हूँ और स्मित की चाँदनी भी हूँ॥

महादेवी लोक कल्याण की कामना करती हैं। लोक कल्याण के लिए करुणा आवश्यक है और करुणा से प्रेम उत्पन्न होता है जिससे ईश्वर को प्राप्त किया जा सकता है। सांसारिक जीवों के प्रति प्रेम की भावना ही ईश्वर से साक्षात्कार है अर्थात् आत्मा और परमात्मा का मिलन।

डॉक्टर राम कुमार वर्मा

डॉ० राम कुमार वर्मा का जन्म १५ सितम्बर सन् १९०५ ई० को मध्य प्रदेश के सागर जनपद में हुआ था। इनके पिता लक्ष्मी प्रसाद डिप्टी कलेक्टर तथा माता राजरानी देवी सुप्रसिद्ध संगीतज्ञ एवं कवयित्री थीं।

छायावादी कवियों की श्रेणी में डॉ० वर्मा को भी गिना जाता है। प्रकृति के चित्रण के अलावा दलित कल्याण के लिए भी इन्होंने रचनाएं की हैं। इनकी अंजलि, रूपराशि और चित्ररेखा ऐसी कृतियाँ हैं जिन में छायावादी स्वर मुखरित हैं। सच तो यह है कि चित्ररेखा के कारण ही वर्मा जी को छायावादी कवि कहा जाता है–

जानता हूँ इस जगत में
फूल की है आयु कितनी,
और यौवन की उभरती
सांस में है वायु कितनी,
इसलिए आकाश का विस्तार सारा चाहता हूँ।
मैं तुम्हारी करुणा का सहारा चाहता हूँ॥

माखन लाल चतुर्वेदी

माखन लाल चतुर्वेदी का जन्म चार अप्रैल सन् १८८८ ई० को होशंगाबाद जनपद के बाबई नामक गाँव में हुआ था। संस्कृत, उर्दू, फारसी, अरबी, बंगाली, मराठी, गुजराती तथा अंग्रेज़ी भाषाओं पर उनका पूरा अधिकार था।

चतुर्वेदी जी ने राष्ट्रीयता जगाने के लिए सशक्त गीत लिखे हैं–

द्वार बलि का खोल
चल भू डोल कर दे।
एक हिमगिरि एक सिर
का मोल कर दे।

इनको छायावादी कवियों की श्रेणी में गिना जाता है परन्तु बिम्बों की स्पष्टता के कारण वह प्रगतिवाद, राष्ट्रवाद तथा यथार्थवाद के पोषक भी हैं। प्रकृति के साथ राष्ट्रीयता का ऐसा चित्रण अन्यत्र कहीं नहीं मिलता।

चाह नहीं मैं सुरबाला के गहनों में गूंथा जाऊँ,
चाह नहीं प्रेमी की माला में विंध प्यारी को ललचाऊँ।
x x x
मुझे तोड़ लेना वनमाली उस पथ में देना तुम फेंक
मातृभूमि पर शीश चढ़ाने जिस पथ जायें वीर अनेक।

कविता के इस धरातल पर इन कवियों के बाद बाल कृष्ण शर्मा नवीन, सुभद्रा कुमारी चौहान, सोहन लाल द्विवेदी, रामधारी सिंह दिनकर आदि कवियों ने कविता को सजाया संवारा। राष्ट्रीय चेतना को पुनर्जीवित किया।

धीरे-धीरे हिन्दी साहित्य के इस युग में एक भारी बदलाव आया। पद्य के साथ गद्य का अद्भुत विकास हुआ। कविता में राष्ट्रीय चेतना के अलावा समाजवाद, समानता, जातिवाद के विरुद्ध विद्रोह, छुआछात का खात्मा करने के लिए नये स्वर, अमीरी-ग़रीबी की खाई पाटने को ऊंची आवाज़ का अंकुरण हुआ।

इस प्रकार की आवाज़ उठाने वाले अनेक कवियों ने काव्य शास्त्र के संविधान के अनेक नियमों की भी परवाह न करके 'अतुकान्त' कविता लिखनी आरम्भ कर दी। जिसे 'नई कविता' नाम भी दे दिया गया।

'महाकाव्य' लिखने की परम्परा ठहर सी गई। अनेक कवि फुटकर काव्य अथवा खण्ड काव्य लिखने में व्यस्त हो गये। एक बार तो ऐसा भी लगने लगा कि शायद 'गीत' और तुकान्त काव्य अब नहीं लिखा जा सकेगा परन्तु ऐसा नहीं हो सका और ऐसा कभी होगा भी नहीं।

ऐसा ही बदलाव कहानी, उपन्यास, नाटक, लघु कथा आदि के क्षेत्र में आया। ऐसा होना स्वाभाविक भी था। क्योंकि अब साहित्यकार सीमित दायरे में नहीं है। उसका सम्बन्ध और सम्पर्क समूचे विश्व से है। जब एक देश दूसरे देश पर आक्रमण करता है अथवा ग़रीब और अमीर देश की पहचान होती है अथवा सशक्त और कमज़ोर देश की परिभाषा की जाती है तो साहित्यकार अछूता नहीं रहता है। उस पर इन सबका प्रभाव पड़ता है और उसकी लेखनी 'सत्य' खोजने का प्रयास करने लगती है।

स्वतंत्रता प्राप्ति के बाद भारत में सामाजिक, आर्थिक, राजनीतिक जागरण उत्पन्न हुआ जिसमें लेखकों का अमूल्य योगदान है साथ ही लेखकों ने इसके प्रचार-प्रसार के लिए भी साहित्य रचा।

चीन, पाकिस्तान से भारत को युद्ध लड़ने पड़े। ऐसी स्थिति में कविता ने फिर मोड़ लिया। आतंकवाद-उग्रवाद के विरुद्ध निरंतर साहित्य रचा जा रहा है। इसके साथ ही अंधविश्वास के विरुद्ध भी साहित्य की संरचना हो रही है।

आज का साहित्यकार यथार्थवाद में विश्वास रखता है। वह मानवीय कल्याण और चहुँमुखी विकास चाहता है।

आज स्वतंत्र भारत की राजभाषा हिन्दी है, इसलिए हिन्दी के विकास के लिए हिन्दी साहित्यकार भी निरंतर हिन्दी साहित्य को नये आयाम प्रदान करने में जुटे हैं। लेकिन एक बात उल्लेखनीय है वह यह कि नवीनतम् दृष्टिकोण के साथ पुरानी परम्परा नया आकार लेकर साहित्य के साथ निरंतर जुड़ती रहती है। संभवत: इसीलिए विद्वान् साहित्य को समाज का दर्पण कहते हैं। हमारे विचार से साहित्य समाज को स्वाभिमानपूर्वक जीना सिखाने वाला प्रथम सांसारिक सोपान है। बिना साहित्य के समाज को सिर्फ जंगली पशुओं का समूह ही कहना ठीक होगा।

अध्याय-१९

कुछ पर्यायवाची शब्द

शब्द तो शब्द होता है जिसका कोई अलग से अर्थ नहीं होता। समझाने की दृष्टि से समानार्थी शब्द बताये जाते हैं। ऐसे ही शब्द पर्यायवाची कहलाते हैं। यहाँ कुछ पर्यायवाची शब्दों का विवरण दिया जा रहा है।

अमृत- सुधा, सोम, पीयूष, अमिय, चंद्ररस।

अग्नि- आग, आँच, अनल, ज्वाला, पावक।

असुर- राक्षस, दैत्य, दानव, निशाचर, दनुज।

अश्व- हय, तुरंग, घोड़ा, सारंग, घोटक।

अपमान- अनादर, असम्मान, बेइज़्ज़त, अप्रतिष्ठा, तिरस्कार, निन्दा।

अश्रु- आँसू, अश्क़, अश्रुजल, कतरा, नयनज।

आँख- नयन, लोचन, दृग, अम्बुज, दीदा, चक्षु।

आम- आम्र, अमृतफल, रसाल, पिकबन्धु, मन्मथालय।

आदर- सम्मान, इज़्ज़त, प्रतिष्ठा, मान।

आकुल- व्याकुल, परेशान, पीड़ित, कष्टयुक्त।

इच्छा- आकांक्षा, चाह, कामना, अभिलाषा, मनोरथ।

इन्द्र- सुरेश, देवेन्द्र, पुरन्दर, देवराज, सुरेन्द्र, सुरपति।

उमा- पारवती, शिवा, शैलजा, भवानी, सती।

ईश्वर- परमेश्वर, भगवान्, परमात्मा, प्रभु, सृष्टिकर्ता।

कमल- नीरज, पंकज, जलज, सरोज, राजीव, अरविन्द।

कृष्ण- श्याम, वासुदेव, गोविन्द, योगेश्वर, नन्द नन्दन, मुरलीधर।

कामदेव- मदन, मार, मनसिज, रतिपति, मनोज।

कोयल- पिक, कोकिल, वसंत दूती, परभृत, कोकिला।

कंचन- सोना, स्वर्ण, कनक, हेम, कुन्दन, कलधौत, हिरण्य।

किरण- रश्मि, मयूख, कर, अंशु, मरीचि।

खग- पक्षी, नभचर, पंछी, खेचर, विहंग, शकुंत, सारंग।

गदहा- गर्दभ, खर, धूसर, वेशर, वैशाखनन्दन, चक्रीवन।

गरुण- खगेश, खगपति, अहिरिपु, विष्णुरथ, विष्णुवाहन।

गाय- गऊ, धेनु, कपिला, रोहिणी, सुरभि।

गंगा- भागीरथी, सुरसरि, जाह्नवी, मंदाकिनी, त्रिपथगा, तनया, विष्णुपदी।

गणेश- विनायक, लम्बोदर, एकदन्त, गजानन, गणपति, गौरीपुत्र, गजबदन।

घर- गृह, भवन, आलय, निकेतन, अयन, आगार, गेह, धाम।

चन्द्रमा- शशि, राकेश, इन्दु, सारंग, राकापति, तारापति, कलानिधि, द्विजराज, मयंक, सुधांशु, सोम, उदधिपुत्र, रजनीकर, चाँद, शशधर, विधु।

चाकर- दास, नौकर, सेवक, सेवादार, किंकर, स्वामिभक्त, अनुचर, भृत्य।

चाँदनी- ज्योत्स्ना, जुन्हैया, कौमुदी, चंद्रिका, चंद्रमरीचि।

झण्डा- पताका, ध्वजा, केतन, फरहरा, वैजयन्ती।

तरकश- तूणीर, तूण, निसंग, उपसंग, भाथा।

तीर- बाण, शर, इंषु, शायक, शिलीमुख, नाराच।

तलवार- खड्ग, असि, चन्द्रहास, करवाल, कृपाण।

तालाब- तड़ाग, ताल, सर, जलाशय, सरोवर, पुष्कर, कासार।

दिन- दिवस, वासर, वार, दिवा, अहन।

दुःख- क्लेश, कष्ट, व्यथा, वेदना, तकलीफ, अवसाद, क्षोभ।

देवता- सुर, अमर, अजर, देव, विबुध, वसु, अमर्त्य, अमरपुरवासी।

दूध- दुग्ध, पय, क्षीर, गोरस, अमृत, स्तन्य।

धनुष- कोदंड, चाप, शरासन, सारंग, पिनाक।

धन- सम्पत्ति, अर्थ, वित्त, राशि, रक़म, दौलत, पूंजी।

नदी- सरिता, निर्झरिणी, तटिनी, सरित्, तरंगिणी, प्रवाहिणी, अपगा।

नमस्ते- नमस्कार, प्रणाम, नमः, नमन, अभिवादन, वन्दे, वन्दन।

निर्मल- स्वच्छ, साफ, शुद्ध, पवित्र, बेमैल।

नारी- औरत, त्रिया, स्त्री, अबला, मानवी, कलत्र, कामिनी।

नर- मानव, मनुपुत्र, मनुज, नारीपति, नारीसुत।

पुष्प- सुमन, प्रसून, कुसुम, फूल, पुहुप, मंजरी।

पानी- जल, नीर, बारि, तोय, पय, जीवन।

पत्थर- प्रस्तर, शिला, पाषाण, उत्पल, कुलिश।

पर्वत- पहाड़, शैल, अचल, गिरि, नग, भूधर, महीधर, मेरु, धराधर।

पवन- हवा, समीर, वायु, मारुत, अनिल, समीकरण, जगत्प्राण।

पुत्र- बेटा, सुत, नन्दन, आत्मज, जात, तनुज, तनय।

पुत्री- सुता, दुहिता, बेटी, तनुजा, आत्मजा, तनया।

पृथ्वी- धरती, भू, धरा, अवनि, मही, वसुंधरा, वसुधा, रसा, धरित्री, वसुमती।

प्रकाश- ज्योति, उजाला, चमक, प्रभा, छवि, द्युति, रोशनी, कांति, आलोक।

पत्नी- दारा, भार्या, भामिनी, सहचरी, वामा, वामांगी, वल्लभा, प्राणप्रिया, अर्धांगिनी।

पति- प्राणनाथ, कंत, भर्त्ता, स्वामी, वल्लभ, नाथ।

पेड़- वृक्ष, तरु, तरुवर, रूख, गाछ, पादप, द्रुम, विटप।

बिजली- चपला, तड़त, चंचला, दामिनी, सौदामिनी, विद्युत।

बादल- मेघ, घन, जलधर, पयोद, पयोधर, वारिद, नीरद, जलद।

बाग- उपवन, मधुवन, बग़ीचा, वाटिका, उद्यान, बगिया।

बाल- केश, कुंतल, जटा, चिकुर, सिरोरूह, चूल।

ब्राह्मण- विप्र, वटु, भूदेव, द्विज, भूसुर।

ब्रह्मा- विधि, विधाता, स्वयंभू, सृष्टा, विरंचि, चतुरानन, अज।

बुद्धि- मति, प्रज्ञा, मेधा, मनीषा, धी।

बंदर- मर्कट, कपि, वानर, कीश, शाखामृग।

भ्रमर- भौंरा, मधुकर, मधुप, अलि, मिलिंद।

भ्रात्र- भाई, अनुज, अग्रज, सहोदर, मातसुत, भैया।

मछली- मीन, मत्स्य, शकली, शफरी, जलजीव, जलतोरई।

मोर- मयूर, करपी, शिखी, केकी, शिखण्डी।

मित्र- सखा, दोस्त, मीत, सनेही, साथी।

माता- माँ, अम्मा, जननी, धात्री, माई, मैया, अम्बा।

मधु- शहद, पराग, मकरंद, कुसुमा, शहत, सौर।

मृग- हिरण, कुरंग, करसायर, कृष्ण, मुणिक।

मंदिर- देवालय, देवघर, पूजास्थल, शिवालय, देवस्थान।

मूर्ख- अज्ञानी, अबोध, जड़, मूढ़, अज्ञ।

यमुना- कालिन्दी, रविसुता, तरणि, तनुजा, हंससुता।

युद्ध- समर, संग्राम, रण, विग्रह, भारत।

राजा- नृप, भूपति, भूपाल, महीप, नरेश, नरनाथ, नरपति, नरेन्द्र, भूप, महिपाल, महीपति।

रात्रि- निशा, विभावरी, यामिनी, रजनी, रात, रैन, तमसा।

रोग- बीमारी, तकलीफ, ताप, वेदना, पीड़ा, पीर।

लक्ष्मी- श्री, कमला, रमा, सिंधुजा, इंदिरा, चंचला, विष्णुप्रिया।

लोभी- लालची, लोलुप, लबार, लम्पट, कंजूस, सूम।

वर्षा- मेह, बरसात, बारिश, वृष्टि, पावस।

विष्णु- श्रीपति, रमापति, लक्ष्मीपति, श्रीनाथ, दामोदर, जनार्दन, चतुर्भुज, श्रीधर, नारायण।

विष- ज़हर, गरल, हलाहल, माहुर, कालकूट।

वसंत- मधुऋतु, ऋतुराज, माधव, मधु, ऋतुपति।

शराब- मदिरा, सुरा, मद्य, सोमरस, वारुणी, आसव, हाला।

शरीर- देह, तन, काया, कलेवर, गात, अंग, बदन।

शिव- महादेव, शंकर, भोलेनाथ, भूतनाथ, भूतेश्वर, हर, नीलकंठ, उमापति, महेश, महेश्वर, पिनाकी, शंभु, गंगाधर, चन्द्रमौलि, वृषकेतु।

शत्रु- वैरी, अरि, रिपु, आराति, दुश्मन।

शोभा- सुषमा, दीप्ति, सुन्दरता, आभा, छटा।

शिक्षक- गुरु, आचार्य, अध्यापक, उपाध्याय, पथप्रदर्शक।

स्वर्ग- सुरपुर, देवलोक, अमरलोक, अमरपुर, त्रिदिव, देवधाम।

समुद्र- सागर, जलधि, उदधि, तोयनिधि, सिन्धु, वारीश, नदीश, पारावार, रत्नाकर, अम्बुधि।

सूर्य- रवि, भास्कर, दिनकर, दिनपति, मित्र, पतंग, आदित्य, दिवाकर, अर्क, हंस, दिनमणि, भानु, सविता, दिनेश, सूरज, मिहिर।

सर्प- व्याल, भुजंग, उरग, अहि, विषधर, हरि, सरीसृप।

सिंह- शेर, व्याघ्र, मृगराज, केहरि, केसरी, वनराज।

सोना- स्वर्ण, हेम, कनक, कलधौत, कंचन, कुन्दन, हिरण्य।

सरस्वती- शारदा, वाणी, वीणापाणि, वागीश्वरी, भारती, इड़ा।

सुन्दर- रमणीय, रम्य, ललाम, मनोज, मनोहर, चारु, अभिराम, ख़ूबसूरत, कमनीय, रुचिकर, रुचिर, सुरम्य।

हाथ- कर, हस्त, पाणि, शय, पंचशाख।

हाथी- गज, कुंजर, मतंग, करि, गयन्द, दन्ती।

क्षत्री- वीर, रणपति, समरसाधक, रणबांकुरा, बहादुर।

ज्ञानी- विद्वान्, विवेकी, प्रज्ञावान, ज्ञानपुंज, ज्ञाता।

अध्याय-२०

चुनिंदा मुहावरे

मुहावरे लोक मानस के सूक्ष्म अनुभव होते हैं जिनकी व्यापकता से उनका अर्थ असीमित हो जाता है। मुहावरों के प्रयोग से भाषा को पुष्टता एवं सुन्दरता प्राप्त होती है। इसके साथ ही मुहावरे में वाक्य का महत्त्वपूर्ण अंशभर होता है जिसका अर्थ शाब्दिक न होकर किसी विशेष प्रयोजन की सिद्धि स्पष्ट करता है।

यहाँ कुछ चुनिंदा मुहावरों का वर्णन किया जा रहा है।

१. **अक्ल का दुश्मन :–** महामूर्ख। शेखर तो निरा अक्ल का दुश्मन है।

२. **अंग-अंग मुस्काना :–** अत्यधिक प्रसन्न होना। अपना परीक्षा फल देखते ही मोहन का अंग-अंग मुस्काने लगा।

३. **अंग छूना :–** शपथ उठाना। लक्ष्मण ने अपना अंग छूकर राम से कहा कि मैं भी आपके साथ वनवास चलूँगा।

४. **अपना उल्लू सीधा करना :–** अपना स्वार्थ सिद्ध करना। इस दुकानदार पर भरोसा मत करना। यह तो अपना उल्लू सीधा करने में माहिर है।

५. **अपने पैर पर स्वयं कुल्हाड़ी मारना :–** अपना नुकसान स्वयं करना। झूठ बोल कर तुम अपने पैर पर स्वयं कुल्हाड़ी मार रहे हो।

६. **अक्ल के घोड़े दौड़ाना :–** चिन्तन-मनन करना। राजा मानसिंह ने खूब अक्ल के घोड़े दौड़ाये फिर भी महाराणा प्रताप को पकड़ नहीं पाया।

७. **अँगारे बरसाना :–** बहुत क्रोधित होकर देखना। रावण को देखते ही राम की आँखों से अँगारे बरसने लगे।

८. **अक़्ल के पीछे लटठ् लिए फिरना :–** समझाने के बाद भी न समझना। दुर्योधन जीवन भर अक़्ल के पीछे लटठ् लिए फिरता रहा।

९. **आँखें फेर लेना :–** विमुख हो जाना। रावण के व्यवहार से खिन्न होकर विभीषण ने उससे आँखे फेर लीं।

१०. **आँख का काँटा :–** अच्छा न लगने वाला। अपने बुरे व्यवहार के कारण मोहन सारे गाँव की आँख का काँटा बन गया।

११. **आँख का तारा :–** सबसे अधिक प्रिय। दीपक अपनी माँ की आँख का तारा है।

१२. **अंकुश लगाना :–** प्रतिबंधित रखना। बच्चों पर अंकुश लगाना चाहिए अन्यथा वे बिगड़ सकते हैं।

१३. **अपने मुँह मियाँ मिट्ठू बनना :–** अपनी प्रशंसा स्वयं करना। अपने मुँह मियाँ मिट्ठू बनने वाले व्यक्ति का लोग आदर नहीं करते।

१४. **आसमान सिर पर उठा लेना :–** अपनी बात मनवाने के लिए ज़िद्द करना। अपने पीहर जाने के लिए सोहन की पत्नी ने आसमान सिर पर उठा लिया।

१५. **आस्तीन का साँप :–** मित्र बन कर धोखा देने वाला। हम दीपक को अपना दोस्त समझते थे परन्तु वह तो आस्तीन का साँप निकला।

१६. **आँख की पुतली :–** अत्यधिक प्रिय। कौशल्या ने दशरथ से कहा कि मेरा राम मेरी आँख की पुतली है। इसे वनवास मत भेजो।

१७. **आग लगाना :–** चुगली करना। अरुण पड़ोसियों के घर आग लगाने में माहिर है।

१८. **आग में घी डालना :–** बात बढ़ाना। राम और श्याम के परपस्पर झगड़े में मोहन ने आग में घी डालने का काम कर दिया।

१९. **आग बबूला होना :–** बहुत क्रोधित होना। रावण को देखते ही लक्ष्मण आग बबूला हो उठे।

२०. **आँखों में धूल झोंकना :–** धोखा देना। शिवाजी मुग़लों की आँखों में धूल झोंक कर जेल से निकल गये।

२१. **आँखें चार होना :–** आमने–सामने हो जाना। जैसे ही राम और रावण की आँखें चार हुईं वैसे ही दोनों में युद्ध आरम्भ हो गया।

२२. **आँखों में खून उतर आना :–** बेहद क्रोधित होना। लक्ष्मण को मूर्छित देख राम की आँखों में खून उतर आया।

२३. **आकाश–पाताल एक कर देना :–** बहुत मेहनत करना। हरीश ने प्रथम श्रेणी में उत्तीर्ण होने के लिए आकाश–पाताल एक कर दिया।

२४. **आँखें दिखाना :–** भयभीत करना। उदण्डता करने पर बच्चे को आँखें दिखाना चाहिए।

२५. **आँख मारना :–** इशारे करना। मदारी ने आँख मारी तो भालू ने नाचना आरम्भ कर दिया।

२६. **अंग–अंग ढीला हो जाना :–** बहुत थकान हो जाना। मुझ से अब पैदल नहीं चला जाता। मेरा तो अंग–अंग ढीला हो गया है।

२७. **आँख बिछाना :–** इंतज़ार करना। दीपक शाम तक आँखें बिछाये बैठा रहा, परन्तु उसका मित्र नहीं आया।

२८. **आँखों पर पर्दा गिरना :–** सत्य को जानबूझ कर नकारना। उसकी आँखों पर पर्दा पड़ गया है, इसलिये उसे झूठ–सच में फर्क नज़र नहीं आता।

२९. **आँख खुलना :–** असलियत जान लेना। यदि समय पर हरीश की आँख न खुलती तो उसका सहपाठी उसे ठग चुका होता।

३०. **आँख सेकना :–** सुन्दर वस्तु देखते रहना। हर समय आँख सेकना अच्छा नहीं होता।

३१. **अंधे की लाठी :–** एक मात्र सहारा। वृद्धावस्था में पुत्र ही अंधे की लाठी होता है।

३२. **आँख लाल करना :–** क्रोधित होना। राम ने जैसे ही सीता स्वयंवर में धनुष तोड़ा तो परशुराम की आँख लाल हो गई।

३३. **अपना–सा मुँह लेकर रह जाना :–** लज्जित हो जाना। मीरा की चोरी पकड़ी गई तो वह अपना सा मुँह लेकर रह गई।

३४. **आसमान से बातें करना :–** अपने आपको ऊँचा समझना। सरकारी नौकरी मिलते ही सोहन आसमान से बातें करने लगा है।

३५. **आड़े हाथ लेना :–** नियंत्रण कर लेना। दीपक ने जैसे ही मोहन को आड़े हाथ लिया तो वह तुरन्त शांत हो गया।

३६. **आँखें पथराना :–** राह देखते-देखते थक जाना। इंतज़ार करते-करते हमारी तो आँखें पथरा गईं, परन्तु पिताजी अब तक नहीं आये।

३७. **इधर-उधर की हांकना :–** व्यर्थ की बातें करना। हर समय तुम इधर-उधर की हांकते रहते हो। कभी कुछ काम की बात कर लिया करो।

३८. **ईंट का जवाब पत्थर से देना :–** दुष्ट के लिए दुष्ट बन जाना। शत्रु को ईंट का जवाब पत्थर से ही देना चाहिए।

३९. **ईद का चाँद हो जाना :–** कभी-कभी दिखाई पड़ना। आप तो ईद के चाँद हो रहे हैं। आजकल नज़र ही नहीं आते।

४०. **ईंट से ईंट बजाना :–** पूरी तरह नष्ट कर देना। कारगिल में भारतीय फौज ने शत्रु की ईंट से ईंट बजा दी।

४१. **ईमान का सौदा करना :–** विश्वास खो देना। उसने तो अपने ईमान का सौदा कर लिया वरना उसे कोई हरा नहीं सकता था।

४२. **इधर का उधर होना :–** विश्वास पात्र न रहना। मेरा मित्र ही इधर का उधर हो गया अन्यथा दीपक को मैं सबक़ सिखा देता।

४३. **इक्का-दुक्का बोलना :–** कम बोलना। महेश की बात मत करो, वह इक्का-दुक्का बोलता है।

४४. **इसकी टोपी उसके सिर :–** अपनी कार्य सिद्धि के लिए दूसरों को मूर्ख बनाना। अपना व्यापार बढ़ाने के लिए बलजीत ने इसकी टोपी उसके सिर पर रखना आरम्भ कर दिया।

४५. **इधर का माल उधर करना :–** हेरा-फेरी करना। ठग इधर का माल उधर करने में माहिर होते हैं।

४६. **आटा-दाल का भाव मालूम पड़ना :–** तकलीफ महसूस करना।

सिर पर जब ज़िम्मेदारी आती है तब आटा-दाल का भाव मालूम पड़ता है।

४७. **आठ-आठ आँसू रोना :–** फूट-फूट कर रोना। गीता पहली बार ससुराल जाते समय आठ-आठ आँसू रो रही थी।

४८. **अँगुली पकड़कर पहुँचा पकड़ना :–** थोड़ा प्राप्तकर चालाकी से अधिक प्राप्त करने की कोशिश करना। सोहन की मदद की तो उसने अँगुली पकड़ कर पहुँचा पकड़ना आरम्भ कर दिया।

४९. **उल्टी गंगा बहाना :–** नियमानुसार कार्य न करना। नेता बनते ही उसने उल्टी गंगा बहाना आरम्भ कर दिया।

५०. **उल्लू बनाना :–** मूर्ख समझना। घी वाला नकली घी देकर सबको उल्लू बना कर चला गया।

५१. **उलटा चोर कोतवाल को डाँटे :–** अपराधी द्वारा न्यायाधीश को अपराधी बताना। ग़ैर-कानूनी काम न करने के लिए जब उसे समझाया तो उलटा चोर कोतवाल को ही डाँटनें लगा।

५२. **ऊँट किस करवट बैठेगा :–** संदेह की स्थिति। ऊँट किस करवट बैठेगा, यह तो परीक्षाफल प्राप्त होने पर ही पता चलेगा।

५३. **उड़ती चिड़िया पहचानना :–** वास्तविकता जानना। प्रधानाचार्य को बेवकूफ बनाना आसान नहीं है, वह उड़ती चिड़िया पहचानते हैं।

५४. **एड़ी चोटी का ज़ोर लगाना :–** पूरी ताक़त लगाकर काम करना। एड़ी-चोटी का ज़ोर लगाकर काम करने वाला कभी असफल नहीं होता।

५५. **एक आँख से देखना :–** सबको समान समझना। भीष्म कौरवों तथा पाण्डवों को एक आँख से देखते थे।

५६. **एक ही लकड़ी से हांकना :–** अच्छे-बुरे का भेद न करना। सबको एक लकड़ी से हांकना ठीक नहीं होता।

५७. **एक और एक ग्यारह :–** मेल में शक्ति। रावण को मार कर राम ने सिद्ध कर दिया कि एक और एक ग्यारह होते हैं।

५८. **एक थैले के चट्टे-बट्टे :–** सब एक समान। नेता चाहे गाँव के हों अथवा शहर के, सब एक ही थैले के चट्टे-बट्टे होते हैं।

५९. **एक म्यान में दो तलवारें :–** एक स्थान पर दो प्रतिद्वन्द्वी। जैसे एक म्यान में दो तलवारें नहीं रखी जा सकतीं उसी प्रकार एक मांद में दो शेर नहीं रह सकते।

६०. **आड़े हाथ लेना :–** नियंत्रण कर लेना। भीम ने शकुनि को आड़े हाथ लिया तो वह शान्त हो गया।

६१. **आसमान से तारे तोड़ना :–** असम्भव कार्य भी कर लेना। सुग्रीव ने राम से कहा कि रावण को परास्त करना आसमान से तारे तोड़ने के समान है।

६२. **एक पंथ दो काज :–** एक कार्य के साथ दूसरा कार्य भी कर लेना। चलो डेरी चलते हैं, वहाँ से दूध तो लेना ही है, घी भी ले लेंगे। एक पंथ दो काज हो जाएंगे।

६३. **अँगुली पर नचाना :–** वश में कर लेना । गोपियों ने कृष्ण को माखन खिलाकर खूब अँगुली पर नचाया।

६४. **ओखली में सिर देना :–** जानबूझ कर मुसीबत में फंसना। ओखली में सिर दिया तो मूसलों से क्या डरना।

६५. **कमर कसना :–** तैयार रहना। अबकी बार परीक्षा के लिए हमने कमर कस ली है।

६६. **कुत्ते की मौत मरना :–** बुरी तरह मरना। चोर-लुटेरे कुत्ते की मौत मरते हैं।

६७. **कलई खुल जाना :–** भेद खुलना। ज़्यादा शोर मत मचाओ वरना तुम्हारी कलई खुल जाएगी।

६८. **काया पलट हो जाना :–** बहुत बदलाव आ जाना। गाँव की आबो-हवा से तो तुम्हारी काया पलट हो गई।

६९. **कोल्हू का बैल :–** निरंतर अपने कार्य में जुटा रहने वाला। ज़मीदार ने अपने नौकर को कोल्हू का बैल बना दिया है।

७०. **कलम तोड़ना :–** लेखन में सबसे आगे रहना। निराला जी ने अतुकान्त कविता लिखने में कलम तोड़ दी है।

७१. **कागज़ काले करना :–** अर्थहीन लिखते रहना। परीक्षा में कागज़ काले करके आया होगा, वरना पास न हो जाता।

७२. **कलेजे पर हाथ रखना :–** हृदय की बात कहना। अपने कलेजे पर हाथ रख कर बताओ कि तुमने सोहन की पुस्तक नहीं चुराई।

७३. **कान कतरना :–** चतुर होना। उसकी बात छोड़ो वह तो बड़े-बड़ों के कान कतर देता है।

७४. **काला अक्षर भैंस बराबर :–** निरक्षर। उसके लिए तो काला अक्षर भैंस बराबर है।

७५. **किस्मत फूटना :–** बदनसीब होना। बचपन में शादी हो जाने से बेचारी रामा की तो किस्मत ही फूट गई।

७६. **किस्मत को रोना :–** भाग्य को बुरा कहना। पढ़ाई-लिखाई न करने वाला छात्र फेल होने पर अपनी किस्मत को रोता है।

७७. **करवटें बदलना :–** नींद न आना। खाँसी के कारण सोहन रातभर करवटें बदलता रहता है।

७८. **कच्ची गोलियां खेलना :–** सावधानी बरतना। मैंने कच्ची गोलियां नहीं खेली हैं जो तुम मुझे उल्लू बनाना चाहते हो।

७९. **काफूर होना :–** समाप्त हो जाना। शराबी को जैसे ही सिपाही ने थप्पड़ मारा वैसे ही उसका नशा काफूर हो गया।

८०. **काम तमाम करना :–** सफाया कर देना। भीम के एक ही घूंसे से कीचक का काम तमाम हो गया।

८१. **किस्मत चमकना :–** भाग्य अच्छा होना। सरकारी नौकरी मिलने से दीपक की किस्मत चमक गई।

८२. **किताबी कीड़ा हो जाना :–** हर समय पढ़ते रहना। किताबी कीड़ा बनने से स्वास्थ्य ख़राब हो जाता है।

८३. **कान पर जूं न रेंगना :–** किसी प्रकार का असर न पड़ना। अध्यापक ने छात्र को खूब समझाया परन्तु उसके कान पर जूं तक नहीं रेंगी।

८४. **कफन सिर पर बाँधना :–** मरने-मारने के लिए तैयार रहना। डाकू सदैव कफन सिर पर बाँधे रहते हैं।

८५. **कान का कच्चा :–** झूठ-सत्य को न समझना। सोहन का अधिकारी बेहद कान का कच्चा है।

८६. **कान भरना :–** चुगली करना। कान भरने वाला व्यक्ति अच्छा नहीं होता है।

८७. **कानों-कान ख़बर न होना :–** पता न चलना। उसकी बेटी ने कोर्ट में शादी भी कर ली मगर किसी को कानों-कान ख़बर तक नहीं पड़ी।

८८. **कलेजा ठण्डा होना :–** संतुष्ट हो जाना। धावा बोलने वाले उग्रवादी मारे गये तो ग्रामीणों का कलेजा ठण्डा हो गया।

८९. **कसौटी पर कसना :–** परखना। असली सोने की पहचान कसौटी पर कसने से होती है।

९०. **कंचन बरसना :–** अपार धन सम्पत्ति प्राप्त होना। जैसे ही उसके लड़के ने व्यापार शुरू किया, उसके घर कंचन बरसने लगा।

९१. **खटाई में पड़ना :–** संदिग्ध होना। गवाहों के मुकरने से तुम्हारा मुकद्दमा खटाई में पड़ गया है।

९२. **ख़ाक़ छानना :–** भाग-दौड़। नौकरी प्राप्त करने के लिए उसे दफ्तरों की ख़ाक़ छाननी पड़ी।

९३. **खून का प्यासा होना :–** प्राण लेने को तत्पर रहना। सम्पत्ति के पीछे मनोहर अपने पिता के खून का प्यासा हो गया है।

९४. **काटो तो खून नहीं :–** भयभीत हो जाना। अचानक घर में शेर देखते ही घरवालों को काटो तो खून नहीं।

९५. **खाने को दौड़ना :–** बदतमीज़ी से बात करना। उससे बात करना बेकार है, वह तो हमेशा खाने को दौड़ता है।

९६. **खून खौलना :–** जोश में आ जाना। अँग्रेज़ों के जुल्म देखकर सरदार भगत सिंह का खून खौलने लगता था।

९७. **खिल्ली उड़ाना :–** मज़ाक उड़ाना। अपाहिज व्यक्ति की खिल्ली उड़ाना ठीक नहीं होता।

९८. **ख़ाला का घर :–** आसान न होना। बिना पढ़े-लिखे पास होना ख़ाला का घर नहीं है।

९९. **खरी-खोटी सुनाना :–** भला-बुरा कहना। महेश ख़ूब खरी-खोटी सुनाता रहा और राघव चुपचाप सुनता रहा।

१००. **खेल-खेल में :–** सुगमता से कार्य करना। खेल-खेल में भारतीय फौज ने दुश्मन की फौज को भगा दिया।

१०१. **खुशामदी घोड़ा :–** चापलूसी करने वाला। एक ओर स्वतंत्रता सेनानी आज़ादी के लिए अंग्रेज़ों से जूझ रहे थे तो दूसरी ओर कुछ भारतीय अंग्रेज़ों के खुशामदी घोड़े बने हुए थे।

१०२. **खुल कर खेलना :–** साफ बात कहना। उसको खुलकर खेलने की आदत है।

१०३. **गले पड़ना :–** ज़बरदस्ती कार्य करवाने के लिए पीछे पड़ना। वह जब भी मिलता है अपनी नौकरी लगवाने के लिए हमारे गले पड़ जाता है।

१०४. **गड़े मुर्दे उखाड़ना :–** बीती बातें याद करना। मीरा के पति को तो गड़े मुर्दे उखाड़ने की आदत पड़ गई है।

१०५. **गुल खिलाना :–** ग़लत काम करना। आपको मालूम नहीं, सोहन का लड़का आजकल क्या गुल खिला रहा है।

१०६. **गुल छर्रे उड़ाना :–** मौज-मस्ती में रहना। आजकल के ज़्यादातर बच्चे पढ़ते-लिखते नहीं, गुलछर्रे उड़ाते हैं।

१०७. **गुदड़ी का लाल :–** अनमोल। सब सोचते थे कि हरी ग़रीबी के कारण पढ़ नहीं पाएगा, पर वह तो गुदड़ी का लाल निकला, पूरे बोर्ड में प्रथम आया।

१०८. **गिरगिट की तरह रंग बदलना :–** एक बात पर न टिकना। आज कल के तमाम नेता गिरगिट की तरह रंग बदलते हैं।

१०९. **गागर में सागर भरना :–** छोटे में विशाल समाहित कर देना। कवि बिहारी ने अपने छोटे-छोटे दोहों में गागर में सागर भर दिया है।

११०. **गाल बजाना :–** बेकार की बातें करना। सोहन पढ़ता-लिखता तो है नहीं बस गाल बजाता रहता है।

१११. **गुरु-घंटाल :–** महाधूर्त। राम प्रसाद बड़ा गुरु घंटाल है, मतलब के लिए तुरन्त पाँव पकड़ लेता है।

११२. **घड़ों पानी पड़ना :–** बेइज्ज़त होना। उस पर घड़ों पानी पड़ गया फिर भी कम्बख़्त मुस्कराता रहा।

११३. **घर का भेदी लंका ढाये :–** अपना भेद दूसरों को बताना। सुग्रीव ने जब राम को अपने परिवार के भेद बता दिए और राम जब बालि को मारने पहुँचे तो बालि ने सुग्रीव की ओर देख कर कहा कि जब घर का भेदी ही लंका ढा रहा है तो भला मैं कैसे बच पाऊँगा।

११४. **घी के दिए जलाना :–** अत्यधिक खुशी। जब मैं मर जाऊँ तो घी के दिए जलाना।

११५. **घोड़े बेचकर सोना :–** निश्चिंत हो जाना। मज़दूर रात में ऐसे सोते हैं, मानो घोड़े बेच कर सो रहे हों।

११६. **घर सिर पर उठाना :–** शोर मचाना। घरवालों के बाहर जाते ही बच्चों ने सारा घर सिर पर उठा लिया।

११७. **घाव हरा रहना :–** पुराना दुःख याद आना। भाई से मिलते ही बहन का घाव हरा हो गया और वह अपने मरे पति की याद करके रोने लगी।

११८. **घाट-घाट का पानी पीना :–** विभिन्न प्रकार के अनुभव होना। मुझसे बहस मत करो। मैंने घाट-घाट का पानी पिया है।

११९. **घाव पर नमक छिड़कना :–** परेशान व्यक्ति को और परेशान करना। मैं जैसा भी हूँ ठीक हूँ तुम घाव पर नमक क्यों छिड़कते हो।

१२०. **घात में रहना :–** मौक़े की तलाश। चोरी करने के बाद चोर भागने की घात में रहते हैं।

१२१. **घास खोदना :–** समय व्यर्थ करना। क्यों हर समय घास खोदते रहते हो, पढ़ाई-लिखाई किया करो।

१२२. **चल बसना :–** मर जाना। तुमने सुना होगा कि महात्मा गांधी चल बसे।

१२३. **चिराग तले अंधेरा :–** अच्छाई के समीप छिपी बुराई। पुलिस के बड़े अधिकारी के घर चोरी होने पर एक सिपाही दूसरे सिपाही से बोला, चिराग तले अंधेरा।

१२४. **चुल्लू भर पानी में डूब मरना :–** लज्जा महसूस करना। दुश्मन के बीस फौजी देखकर तुम पचास फौजी भाग आये। चुल्लू भर पानी में डूब मरते।

१२५. **चींटी के पर निकलना :–** मृत्यु का समय पास आना। लगता है चींटी के पर निकल आये हैं, वरना तुम मेरे द्वार पर धमकी देने न आते।

१२६. **चैन की बंसी बजाना :–** चिंता रहित होना। रावण की मृत्यु का समाचार सुनते ही देवता चैन की बंसी बजाने लगे।

१२७. **चारों ख़ाने चित्त करना :–** बुरी तरह परास्त कर देना। महात्मा गाँधी के सत्याग्रह आंदोलन से अंग्रेज़ सरकार चारों ख़ाने चित्त हो गई।

१२८. **चेहरे पर हवाइयाँ उड़ना :–** घबराहट होना। प्रश्न पत्र देखते ही पढ़ाई ध्यान से न करने वाले विद्यार्थी के चेहरे पर हवाइयाँ उड़ने लगीं।

१२९. **चूल्हा न जलना :–** रोटी के लाले पड़ना। मज़दूर के घर कभी-कभी चूल्हा भी नहीं जलता।

१३०. **चिकना घड़ा :–** जिस पर किसी भी तरह असर न पड़े। मोहन को चाहे मारो, चाहे गाली दो, वह तो चिकना घड़ा है।

१३१. **चपर-चपर करना :–** हर समय बोलते रहना। संदीप को चपर-चपर करने की आदत पड़ गई है।

१३२. **छक्के छुड़ाना :–** पराजित करना। शिवाजी ने कई बार मुग़ल सेना के छक्के छुड़ा दिए थे।

१३३. **छठी का दूध याद आना :–** घबरा जाना। आ गया न छठी का दूध याद, अब कभी मत उलझना मुझसे समझे!

१३४. **छाती पर पत्थर रखना :–** बर्दाश्त करलेना। बेटे के ग़म में कब तक रोता। बेचारे बूढ़े ने अब तो अपनी छाती पर पत्थर रख लिया।

१३५. **छाती पर मूंग दलना :–** प्रतिद्वन्द्वी के साथ साहसपूर्वक रहना। मैं इसी घर में रहूँगा और तुम्हारी छाती पर ही मूंग दलूंगा।

१३६. **छोटा मुँह बड़ी बात :–** बढ़-चढ़ कर बोलना। एक चूहा अन्य चूहों से बोला, "छोटा मुंह बड़ी बात मत समझना, बिल्ली के गले में घण्टी मैं बाँधूंगा"।

१३७. **छप्पर फाड़ कर देना :–** अचानक धन मिल जाना। पंकज को मिलने वाली लाटरी की ख़बर सुनते ही उसका मित्र बोला कि भगवान् देता है तो ऐसे ही छप्पर फाड़ कर देता है।

१३८. **जलती आग में घी डालना :–** लड़ाई को और बढ़ावा देना। मामा शकुनि सदैव कौरवों-पाण्डवों के बीच लड़ाई के लिए जलती आग में घी डालने का कार्य करते रहे।

१३९. **जूते चटकाते रहना :–** इधर-उधर भटकते रहना। पढ़ाई-लिखाई की नहीं और अब नौकरी के लिए जूते चटकाता रहता है।

१४०. **जूते चाटना :–** ख़ुशामद करना। साहूकार से कर्ज़ लेने के लिए बेचारे ग़रीब उसके जूते चाटते रहते हैं।

१४१. **जान के लाले पड़ना :–** गम्भीर मुसीबत में फँसना। जैसे ही शेर झपटा तो शिकारी को जान के लाले पड़ गये।

१४२. **ज़िन्दगी के दिन पूरे करना :–** व्यर्थ में समय बिताना। मन से पढ़ाई-लिखाई कर लो। क्यों ज़िन्दगी के दिन पूरे कर रहे हो।

१४३. **जी का जंजाल :–** मुसीबत मोल लेना। सीताहरण करके रावण ने जी का जंजाल मोल ले लिया।

१४४. **जूतों से ख़बर लेना :–** बुरी तरह मार-पीट करना। अगर वह दुबारा हमारे घर चोरी करने आया तो उसकी जूतों से ख़बर ली जाएगी।

१४५. **ज़हर का घूंट पीना :–** क्रोध पर नियंत्रण कर लेना। भरी सभा में द्रौपदी का अपमान देखकर भीम ज़हर का घूंट पीकर रह गया।

१४६. **जली-कटी सुनाना :–** अपमान करना। आज कल की औलाद बात-बात में अपने माता-पिता को जली-कटी सुनाने लगती है।

१४७. **जीते जी मक्खी निगलना :–** जानबूझ कर ग़लती करना। तुम तो बार-बार जीते जी मक्खी निगल जाते हो।

१४८. **जैसे को तैसा मिलना :–** बराबर वाला मिल जाना। कमज़ोर रामू को स्वस्थ श्यामू मारने लगा तो उससे भी अधिक स्वस्थ धीरू ने श्यामू को पकड़ कर मारना आरम्भ कर दिया तो भीड़ में से अनेक लोग एक साथ बोल पड़े अब जैसे को तैसा मिला।

१४९. **टस से मस न होना :–** ज़िद न छोड़ना। उसे कितना भी समझाओ कभी टस से मस नहीं होता।

१५०. **टोपी उछालना :–** बेइज़्ज़त करना। बनारसी दास जब वर पक्ष को मन चाहा दहेज़ न दे सके तो उन लोगों ने बनारसी दास की टोपी उछालनी शुरू कर दी।

१५१. **टका-सा जवाब देना :–** मना कर देना। मैं रामू से रुपये उधार लेने गया था, परन्तु उसने तो टका सा जवाब दे दिया।

१५२. **टांग अड़ाना :–** रुकावट पैदा करना। उसको कितना भी समझाओ, मानता ही नहीं है। हरेक काम में टांग अड़ाता है।

१५३. **टांग पसार कर सोना :–** निश्चिंत होकर सोना। बैंक का कर्ज़ अदा करने के बाद मातादीन किसान टांगें पसारकर सोने लगा है।

१५४. **टिन्न फिस्स करना :–** अर्थहीन बातें करना। उसे तो टिन्न फिस्स करने की आदत पड़ गई है।

१५५. **टुकुर-टुकुर देखना :–** मासूमियत से देखना। बाराती खाना खा रहे थे और भूखे भिखारी टुकुर-टुकुर देख रहे थे।

१५६. **टट्टी की आड़ में शिकार खेलना :–** बहाने बना कर अपना काम निकालना। हमारा पड़ौसी टट्टी की आड़ में शिकार खेलना ख़ूब जानता है।

१५७. **ठोकरें खाना :–** इधर-उधर भटकना। आजकल अनेक पढ़े-लिखे नौजवान काम की तलाश में दर-दर की ठोकरें खाते फिरते हैं।

१५८. **ठन-ठन गोपाल :–** धन हीन होना। सेठ गिरधारी लाल अब तो ठन-ठन गोपाल हो गये हैं।

१५९. **ठिकाने लगाना :–** बुरी स्थिति में पहुँचाना। चोरी करना छोड़ दो वरना पुलिस ठिकाने लगा देगी।

१६०. **डंका बजना :–** ऊँचा नाम करना। रामचरित मानस का सारी दुनिया में डंका बजता है।

१६१. **डूबते को तिनके का सहारा :–** मुसीबत में कुछ मदद मिल जाना। सीताहरण के बाद उनके कुछ वस्त्राभूषण मिलने पर राम को ऐसा लगा मानो डूबते को तिनके का सहारा मिल गया हो।

१६२. **डूब मरना :–** अत्यधिक शर्मिंदा होना। अपने पुत्र द्वारा चोरी करने की बात सुनकर न्यायाधीश के लिए तो डूब मरना हो गया।

१६३. **डकार लेना :–** हड़प लेना। उसने मुझसे रुपये उधार लिये परन्तु डकार गया।

१६४. **ढुलमुल बात करना :–** पक्की अथवा विश्वसनीय बात न करना। जब से वह नेता बन गया है, ढुलमुल बात करने लगा है।

१६५. **ढोल का पोल :–** सत्य से दूर। उसकी बात पर कभी विश्वास मत करना वह तो पक्का ढोल का पोल है।

१६६. **तिकड़म लड़ाना :–** बिगड़ा कार्य बनाने का प्रयास करना। इंजीनियर ने सारे दिन तिकड़म लड़ाई फिर भी पानी के पाइप से पानी नहीं निकाल पाया।

१६७. **तिल का ताड़ बनाना :–** बात बढ़ाना। कुछ भी बात नहीं थी सासु माँ ने बेमतलब तिल का ताड़ बना दिया।

१६८. **तीन तेरह हो जाना :–** बिखर जाना। उसका सारा परिवार तीन तेरह हो गया।

१६९. **तुरक की नज़र से देखना :**– क्रोधित होकर देखना। वह हमेशा हमें तुरक की नज़र से देखता है।

१७०. **तितर-बितर हो जाना :**– बिखर जाना। दीवार से गिर कर सारे कपड़े तितर-बितर हो गये।

१७१. **त्यौरी चढ़ाना :**– क्रोधित होना। सीता स्वयंवर में जब राम ने धनुष तोड़ दिया तो परशुराम ने त्यौरी चढ़ा कर कहा कि यह कौन शठ बालक है जिसने शिव जी का धुनष तोड़ दिया है।

१७२. **थूक कर चाटना :**– वचन मुकर जाना। थूक कर चाटना उसकी पुरानी आदत है।

१७३. **दाल न गलना :**– सफलता न मिलना। तुम कुछ भी करो अब तुम्हारी यहाँ दाल नहीं गलेगी।

१७४. **दिया लेकर ढूंढ़ना :**– अच्छी तरह खोजना। तुम कहीं भी दिया लेकर ढूंढ़ना जो मर गया वह अब कहीं नहीं मिलेगा।

१७५. **दिल छू लेना :**– प्रभावित करना। तुमने मेरा दिल छू लिया अब तुम कुछ भी मांग सकते हो।

१७६. **दिल तोड़ देना :**– तकलीफ पहुँचाना। झूठ बोल कर तुमने मेरा दिल तोड़ दिया।

१७७. **दिमाग़ खा जाना :**– परेशान करना। आज सुबह-सुबह आकर उसने मेरा दिमाग़ खा लिया।

१७८. **दोनों हाथों में लड्डू :**– दोनों तरफ से लाभ ही लाभ। मंत्री बनो या न बनो तुम्हारे तो दोनों हाथों में लड्डू हैं।

१७९. **धरपकड़ करना :**– गिरफ्त में लेना। जुआ बिल्कुल मत खेलना। आजकल पुलिस डटकर धरपकड़ कर रही है।

१८०. **धज्जियां उड़ाना :**– सही बात को भी ग़लत सिद्ध कर देना। भाषण प्रतियोगिता में मनोहर ने अतुल के भाषण की धज्जियाँ उड़ा दी।

१८१. **धोती ढीली हो जाना :**– भयभीत हो जाना। घर पर डाकुओं का हमला देखते ही सेठ जी की धोती ढीली हो गई।

१८२. **धेले का न कौड़ी का :–** महत्त्वहीन। यह पुजारी धेले का न कौड़ी का फिर भी पूजन कराने के लिए घर-घर पहुँच जाता है।

१८३. **नाक में दम करना :–** बहुत परेशान करना। अपनी करतूतों से दीपक ने घरवालों की नाक में दम कर रखा है।

१८४. **थाली का बैंगन :–** जिसके विचार स्थिर नहीं रहते। जब से वह राजनीति में आया है तब से थाली का बैंगन हो गया है।

१८५. **दाँत काटी रोटी :–** घनिष्ट दोस्ती। दुर्योधन और कर्ण में दाँत काटी रोटी थी, जिसे जीवन पर्यन्त कोई तोड़ नहीं पाया।

१८६. **दाँत खट्टे करना :–** बुरी तरह परास्त करना। महाराणा प्रताप ने अपने मुट्ठी भर सिपाहियों की मदद से विशाल मुग़ल सेना के दाँत खट्टे कर दिए थे।

१८७. **दाँत पीसना :–** अत्यधिक क्रोधित होना। दुर्योधन की उदण्डता देखकर भीम दाँत पीस कर रह गये।

१८८. **दाँतों तले उँगली दबाना :–** आश्चर्यचकित होना। जादूगर ने जब मंच पर एक व्यक्ति को दस फीट ऊपर हवा में उड़ाया तो दर्शक दाँतों तले उँगली दबाने लगे।

१८९. **दाने-दाने को मोहताज होना :–** गरीब हो जाना। किसी ज़माने के जाने-माने सेठ रामजी लाल आज कल दाने-दाने को मोहताज हैं।

१९०. **दो दिन का मेहमान :–** अस्थाई। बेचारा बूढ़ा शायद दो दिन का मेहमान और है।

१९१. **दिया गुल हो जाना :–** सब कुनवा समाप्त हो जाना। राम से युद्ध करने के कारण रावण का दिया गुल हो गया।

१९२. **दिन दूना रात सवाया :–** अत्यधिक उन्नति। उसने ईमानदारी से व्यापार शुरू किया इसीलिए दिन दूना रात सवाया हुआ है।

१९३. **दाल में कुछ काला :–** रहस्य। दाल में कुछ काला अवश्य है वरना अब तक तुम खामोश नहीं रहते।

१९४. **नमक मिर्च लगाना :–** बढ़ा-चढ़ाकर बोलना। उसकी बात पर कभी विश्वास मत करना। वह हमेशा नमक मिर्च लगाकर बोलता है।

१९५. **नाक रगड़ना :–** गिड़गिड़ाना। नकलची विद्यार्थी ने निरीक्षक के सामने खूब नाक रगड़ी, परन्तु निरीक्षक ने उसे परीक्षा भवन से बाहर कर ही दिया।

१९६. **नाक कटना :–** सम्मान समाप्त हो जाना। महेश के कुकृत्य के कारण उसके घरवालों की नाक कट गई।

१९७. **नाक पर मक्खी न बैठने देना :–** अपने ऊपर आरोप न लगने देना। वह कभी भी अपनी नाक पर मक्खी नहीं बैठने देता।

१९८. **नानी याद आना :–** मुसीबत में पड़ना। यकायक सामने फन फैलाये काला नाग देखते ही रमेश को नानी याद आ गई।

१९९. **नौ दो ग्यारह हो जाना :–** भाग जाना। सिपाहियों को देखते ही चोर नौ दो ग्यारह हो गया।

२००. **नाक रखना :–** मान रखना। उसने सच बोल कर हमारी नाक रख दी।

२०१. **नाकों चने चबाना :–** बेहद परेशान होना। गाँधी जी के सत्याग्रह के कारण अंग्रेज़ों को नाकों चने चबाने पड़े।

२०२. **ना नुकुर करना :–** अवज्ञा करना। जब भी सोहन अपने पुत्र से कोई काम करने को कहता है तो वह हमेशा ना नुकुर करता है।

२०३. **नफ्ज़ टटोलना :–** असलियत जानने का प्रयास करना। जो भी मिलने आता है वह उसकी नफ्ज़ टटोलने की कोशिश करता है।

२०४. **नाक भौं चढ़ाना :–** मन में क्रोधित होना। उसके घर जब भी कोई रिश्तेदार आता है तो वह नाक भौं चढ़ा लेता है।

२०५. **नींद उड़ जाना :–** परेशान हो जाना। दीपक को जब पता चला कि उसका बेटा चोरी करते पकड़ा गया है तो दीपक की नींद उड़ गई।

२०६. **नसीब फूट जाना :–** भाग्य कोसना। ऐसी नाकारा औलाद जन्मी कि हमारा तो नसीब ही फूट गया।

२०७. **पगड़ी उछालना :–** सबके सामने अपमान करना। दहेज में कमी देखकर जब वर पक्ष ने विवाह करने से मना किया तो लड़की का पिता बोला कि हमारी पगड़ी मत उछालो। हम बक़ाया दहेज विवाह के बाद अवश्य दे देंगे।

२०८. **पानी-पानी होना :–** लज्जित होना। बहू को चोरी से घर में कुछ खाते देख सासु माँ ने उसके सिर पर हाथ फेरते हुए स्नेह से कहा कि बेटी यह तेरा अपना घर है जो भी खाना है सबके सामने खा। यह सुनते ही बहू पानी-पानी हो गई।

२०९. **पापड़ बेलना :–** कष्टमय जीवन जीना। हमने बड़े पापड़ बेले हैं तब जाकर इस मंज़िल तक आ सके हैं।

२१०. **पाप काटना :–** छुटकारा मिलना। रावण की मृत्यु का समाचार सुनते ही विभीषण ने लंकावासियों से कहा कि आज तुम्हारा पाप कट गया।

२११. **पेट में चूहे कूदना :–** बहुत ज़ोर की भूख लगना। पेट में चूहे कूद रहे हैं, चलो कुछ खाने चलते हैं।

२१२. **पोल खोलना :–** असलियत पता चलना। उग्रवादी पकड़े गये तो उन्होंने पाकिस्तान की पोल खोल दी।

२१३. **पीठ दिखाना :–** हार स्वीकार करना। झांसी की रानी ने अपनी फौज से कहा कि युद्ध में लड़ते हुए बेशक मारे जाना, परन्तु पीठ मत दिखाना।

२१४. **पाँचों उँगलियां घी में होना :–** लाभ ही लाभ मिलना। सोहन की मत पूछो उसकी तो आजकल पाँचों उँगलियां घी में है।

२१५. **पत्थर की लकीर :–**सत्य वचन। राम ने जो भी कह दिया पत्थर की लकीर हो गया।

२१६. **पैर उखड़ना :–** हार जाना। जैसे ही भारतीय फौज ने हमला बोला वैसे ही पाकिस्तानी फौज के पैर उखड़ गये।

२१७. **पट्टी पढ़ाना :–** अपनी बात स्वीकार करवाना। आजकल राकेश हमारे बेटे को खूब पट्टी पढ़ा रहा है।

२१८. **पिल पड़ना :–** मार-पीट करना। चोर को देखते ही सिपाही पिल पड़ा।

२१९. **फूट-फूट कर रोना :–** बिलख-बिलख कर रोना। राम, सीता, और लक्ष्मण जब वन जाने लगे तो राजा दशरथ फूट-फूट कर रोने लगे।

२२०. **फूटी आँख न भाना :–** बिलकुल अच्छा न लगना। सोबरन को अपनी ससुराल का कोई भी व्यक्ति फूटी आँख नहीं भाता है।

२२१. **फूंक-फूंक कर पैर रखना :–** सोच समझ कर कार्य करना। कोई भी कार्य करते समय वह फूंक-फूंक कर पैर रखता है।

२२२. **फूला न समाना :–** बेहद प्रसन्न रहना। जैसे ही उसे पता चला कि वह पूरे बोर्ड में प्रथम श्रेणी में उत्तीर्ण हुआ है तो वह फूला न समाया।

२२३. **फटे हाल रहना :–** ग़रीबी में रहना। उसके पास धन होता तो वह ऐसे फटे हाल कभी न रहता।

२२४. **बकर-बकर करना :–** व्यर्थ बोलना। वह हमेशा बकर-बकर करता रहता है।

२२५. **बाग़-बाग़ होना :–** अत्यधिक प्रसन्न होना। सरकारी नौकरी का नियुक्ति पत्र मिलते ही संजय का दिल बाग़-बाग़ हो गया।

२२६. **बात का बतंगड़ :–** छोटी घटना को बढ़ा-चढ़ा कर कहना। उसकी कुछ मत पूछो वह तो बात का बतंगड़ बनाने में माहिर है।

२२७. **बाल की खाल उतारना :–**बात में से बात निकालना। रामा की सासु बाल की खाल उतारती है।

२२८. **बंदर घुड़की :–** झूठा भय प्रकट करना। हम तुम्हारी बंदर घुड़की से डरने वाले नही हैं। अखाड़े में उतरोगे तब पता चलेगा।

२२९. **बंदर बांट :–**ग़लत बटवारा। श्याम लाल की मृत्यु होते ही उनकी सम्पत्ति का उनके लड़कों ने बंदर बांट कर डाला।

२३०. **बाँह थामना :–**सहारा देना। बच्चों को अपने बूढ़े माता-पिता की बाँह थामनी चाहिए।

२३१. **बछिया का ताऊ :–** बैल की तरह मूर्ख। उसके चक्कर में मत पड़ो, वह तो बछिया का ताऊ है।

२३२. **बट्टा लगाना :–**कलंकित करना। उधार न चुका कर उसने अपने परिवार पर बट्टा लगा लिया।

२३३. **बेगार टालना :–** काम मन से न करना। पढ़ना है तो मन से पढ़ो, क्यों बेगार टालते हो।

२३४. **भकभकाते रहना :–** सदैव क्रोधित रहना। उसे कितना भी समझाओ, वह तो हर समय भकभकाता रहता है।

२३५. **भाड़ झौंकना :–** व्यर्थ समय बिताना। तुम पढ़ाई करते हो अथवा भाड़ झौंकते रहते हो।

२३६. **भिड़ों के छत्ते में हाथ डालना :–** नुकसान पहुँचाने वाले से उलझना। जानबूझ कर भिड़ों के छत्ते में हाथ मत डालो।

२३७. **भड़ा जोड़ना :–** धन एकत्र करना। जब कमाने लगोगे तब देखेंगे कि तुम कितना भड़ा जोड़ते हो।

२३८. **भीगी बिल्ली बन जाना :–** भयभीत हो जाना। कम तौलने वाला ग़लती मानने के बजाय उलटा अकड़ रहा था, लेकिन जैसे ही पुलिस आई तो भीगी बिल्ली बन गया।

२३९. **मन के लड्डू फोड़ना :–** कोरी कल्पनाओं में समय बर्बाद करना। आज कल के बेरोज़गार नौजवान सिर्फ मन के लड्डू फोड़ते रहते हैं।

२४०. **मगज़ चाटना :–** व्यर्थ की बातों से परेशान करना। क्यों मेरा मगज़ चाट रहे हो, मुझे अब सोने दो।

२४१. **माथा ठनकना :–** संदेह होना। मेरा तो पहले ही माथा ठनक रहा था कि इस छात्र ने कुछ न कुछ गड़बड़ ज़रूर किया है।

२४२. **मुँह की खाना :–** हार स्वीकार कर लेना। राम और श्याम के व्यक्तिगत मामले में बोलने के कारण मोहन को मुँह की खानी पड़ी।

२४३. **मक्खियाँ मारना :–** व्यर्थ समय बिताना। सारे दिन मक्खियाँ मारते रहते हो, कुछ तो काम-धाम किया करो।

२४४. **मुँह छिपाना :–** लज्जित होना। चोरी करते रंगे हाथ पकड़े गये, अब मुँह छिपाते फिरते हो।

२४५. **मुँह ताकना :–** दूसरों के भरोसे रहना। दूसरों का मुँह ताकने से जीवन का निर्वाह नहीं हो पाएगा।

२४६. **मुँह तोड़ जवाब देना :–** सख़्त उत्तर देना। पाकिस्तान को भारत ने कारगिल युद्ध में मुँह तोड़ जवाब दिया तो वह तिलमिला उठा।

२४७. **मुँह में पानी भर आना :–** मन ललचाना। पकवान की खुश्बू सूंघते ही मोहन के मुँह में पानी भर आया।

२४८. **माथे पर बल पड़ना :–** क्रोध आना। अपशब्द सुनते ही सोहन के माथे पर बल पड़ गये।

२४९. **मुँह उतरना :–** उदास होना। पुत्र के फेल होने पर पिता का मुँह उतर गया।

२५०. **मज़ा किरकिरा होना :–** खुशी के कार्य में विघ्न पड़ना। रमेश की शादी में झगड़ा होने के कारण सारा मज़ा किरकिरा हो गया।

२५१. **मौत मंडराना :–** मृत्यु के निकट। डाकुओं के सिर पर हमेशा मौत मंडराती रहती है।

२५२. **मुट्ठी गरम करना :–** घूस देना। अधिकारियों की मुट्ठी गरम करके लोग अपना काम आसानी से करवा लेते हैं।

२५३. **मुँह पर कालिख मलना :–** कलंकित करना। मुँह पर कालिख मलने पर भी बेशर्म व्यक्ति कभी सुधरता नहीं है।

२५४. **यारी गई भाड़ में :–** मित्रता समाप्त हो जाना। सोहन ने जब अपने मित्र मोहन के साथ गद्दारी की तो मोहन बोला–यारी गई भाड़ में।

२५५. **राई का पहाड़ बनाना :–** छोटी बात बड़ी बताना। राई का पहाड़ बनाना तुम अच्छी तरह जानते हो।

२५६. **रफू-चक्कर हो जाना :–** भाग जाना। टिकट चैक करने वाले को देखते ही बेटिकट यात्री रफू-चक्कर हो गया।

२५७. **रंग में भंग होना :–** खुशी ग़म में बदल जाना। विवाह के समय अचानक दूल्हे के पिता की मृत्यु हो जाने से रंग में भंग हो गया।

२५८. **रंग बदलना :–** एक रूप में स्थिर न रहना। कश्मीर मसले पर पाकिस्तान हमेशा गिरगिट की तरह रंग बदलता है।

२५९. **रंग उड़ जाना :–** घबरा जाना। सिपाही को देखते ही जुआरियों का रंग उड़ गया।

२६०. **रट लगाना :–** एक ही काम के लिए ज़िद करना। सुदामाजी ने अपनी पत्नी से खीझ कर कहा कि तुम तो एक ही रट लगाकर रह गई हो– द्वारिका जाओ–द्वारिका जाओ।

२६१. **रोटी की जुगाड़ करना :–**आजीविका के लिए प्रयास करना। सरकारी नौकरी मिल जाए तो रोटी की जुगाड़ हो जाए।

२६२. **लाल-पीला होना :–** गुस्सा होना। कांच का गिलास टूट गया तो टूट गया। बच्चों पर लाल पीले क्यों हो रहे हो।

२६३. **लम्बी चौड़ी हांकना :–** व्यर्थ की बातें करना। लम्बी-चौड़ी हांकने से कोई फायदा नहीं जो कहना है, साफ-साफ कह दो। इसी में तुम्हारी भलाई है।

२६४. **लुटिया डुबोना :–** काम बिगाड़ देना। मैंने कितनी मेहनत से घर सजाया था, परन्तु तुमने सारा सामान इधर-उधर करके घर की लुटिया ही डुबो दी।

२६५. **लेने के देने पड़ना :–** लाभ की जगह हानि होना। पिता की यकायक मृत्यु हो जाने से राजन को व्यापार में लेने के देने पड़ गये।

२६६. **लट्टू हो जाना :–** पूरी तरह आसक्त हो जाना। नर्त्तकी का नृत्य देखकर राजकुमार लट्टू हो गया तो राजा ने उसका विवाह उसी से करवा दिया।

२६७. **लोहा मानना :–** श्रेष्ठ समझना। राजा मानसिंह हमेशा महाराणा प्रताप का लोहा मानते रहे।

२६८. **लकीर का फकीर होना :–** पुरानी घिसी-पिटी परम्पराओं का अनुसरण करना। लेखक को कभी भी लकीर का फकीर नहीं होना चाहिए।

२६९. **लोहे के चने चबाना :–** कठिनाई का सामना करना। शिवाजी के छापामार युद्ध के कारण मुग़ल फौज को लोहे के चने चबाने पड़े।

२७०. **लोहू का घूंट पीना :–** क्रोध नियंत्रित करना। लक्ष्मण की उदण्डता पर परशुराम लोहू का घूंट पीकर रह गये।

२७१. **विष का पुतला :–** सिर्फ बुराइयों से भरपूर। गुण्डे विष का पुतला होते हैं। उनसे सदैव सावधान रहना चाहिए।

२७२. **विष घोलना :–** अनिष्ट करना। मित्रता में विष घोलना अच्छा नहीं होता।

२७३. **विष उगलना :–** बुराई करना। रमा की सासु माँ हमेशा रमा के लिए विष उगलती रहती है।

२७४. **शैतान के कान काटना :–** बहुत चालाक होना। मातादीन से बचकर रहना। वह शैतान के कान काटता है।

२७५. **श्री गणेश करना :–** आरम्भ करना। कल विद्यालय खुलेगा और हम तो कल से ही पढ़ाई का श्रीगणेश कर देंगे।

२७६. **शहद लगाकर चाटना :–** बेकार चीज़ को महत्त्व देना। यह चादर बिल्कुल फट चुकी है। फिर भी तुमने संभाल कर रखी है, क्या शहद लगाकर चाटोगे।

२७७. **शिकार होना :–** मर जाना अथवा वश में हो जाना। भूकम्प के कारण गुजरात में हज़ारों लोग मौत का शिकार हो गये अथवा आजकल के नौजवान बिना सोचे समझे मौहब्बत के शिकार हो जाते हैं।

२७८. **सिर नीचा करना :–** शर्मा जाना। नई दुल्हन सिर नीचा करके बैठ गई।

२७९. **सब्ज़ बाग़ दिखाना :–** अपनी ओर आकर्षित करने के लिए प्रलोभन देना। सब्ज़ बाग़ दिखाने वाले की जब पोल खुलती है तो वह मुँह दिखाने लायक़ नहीं रहता।

२८०. **सिर पर खून सवार होना :–** मरने-मारने के लिए तैयार रहना। गुण्डे के मुँह क्यों लगे हो, उसके सिर पर तो खून सवार है।

२८१. **सिर पर मौत मण्डराना :–** एकदम मृत्यु के निकट होना। जयद्रथ अभिमन्यु को मारने दौड़ते हुए बोला–अभिमन्यु तू बच नहीं सकता तेरे सिर पर मौत मण्डरा रही है।

२८२. **सिर पर भूत सवार होना :–** लगन लगना। गाँव जाने के लिए उसके सिर पर भूत सवार है।

२८३. **सिर मुंडाते ही ओले पड़ना :–** कार्य शुरू करते ही रुकावट होना। सिर मुंडाते ही ओले पड़ गये। मेरे विचार से परचून की दुकान तुम बन्द ही कर दो।

२८४. **सिर उठाना :–** विद्रोह करना। औरंगज़ेब के राज्य में जिसने भी सिर उठाया उसे कुचल दिया गया।

२८५. **हवा हो जाना :–** ग़ायब हो जाना। देखते–देखते चोर हवा हो गया।

२८६. **हाथ खाली होना :–** धन न होना। मुझसे कुछ मत माँगो। आज कल मेरा हाथ खाली है।

२८७. **हवा लगना :–** प्रभाव पड़ना। आज कल पूर्वी देशों को भी पश्चिमी देशों की हवा लग गई है।

२८८. **हाथ से तोते उड़ जाना :–** यकायक दु:ख से हैरान होना। फेल होने का समाचार सुनते ही उसके हाथ के तोते उड़ गये।

२८९. **हथियार डाल देना :–** हार मान लेना। अंत में पाकिस्तानी फौज को हथियार डालने ही पड़े।

२९०. **हवाई क़िले बनाना :–** कोरी कल्पना करना। वह काम–धाम कुछ करता नहीं। सारे दिन बैठा–बैठा हवाई क़िले बनाता रहता है।

२९१. **हाथ मलना :–** पश्चाताप करना। जो होना था सो हो गया। अब हाथ मलने से क्या फायदा।

२९२. **हाथ–पैर मारना :–** प्रयास करना। नौकरी मिले या न मिले तुम हाथ पैर मारना तो शुरू करो।

२९३. **हाथ पर हाथ धरे बैठे रहना :–** निकम्मा हो जाना। घर चलाने के

लिए कुछ न कुछ तो करना ही पड़ेगा। हाथ पर हाथ धरे बैठै रहने से काम नहीं चलेगा।

२९४. **हाथ खींचना :–** साथ न देना। बुरे वक़्त में सब हाथ खींच लेते हैं।

२९५. **हाथ साफ करना :–**चोरी कर लेना। हम सब लोग गाँव गये थे। पीछे से किसी ने घर पर हाथ साफ कर दिया।

२९६. **हक्का-बक्का हो जाना :–** आश्चर्यचकित हो जाना। पानी पर पत्थर तैरता देख सुग्रीव हक्के-बक्के रह गये।

२९७. **हाथ की सफाई दिखाना :–** ग़ायब कर देना अथवा चोरी कर लेना। जादूगर के हाथ की सफाई देख सब दर्शक मंत्रमुग्ध हो गये अथवा नौकर आज फिर घर में हाथ की सफाई दिखा गया।

२९८. **त्राहि-त्राहि मचना :–** हा-हाकार मचना। जवान लड़के की मृत्यु का समाचार सुनते ही पूरे मौहल्ले में त्राहि-त्राहि मच गई।

कुछ अन्य मुहावरे

२९९. **आपे से बाहर होना :–** क्रोध पर नियंत्रण न कर पाना। बात-बात पर वह आपे से बाहर हो जाता है।

३००. **खून-सूखना :–** भयभीत होना। जंगल में अचानक शेर का सामना होते ही शिकारी का खून सूख गया।

३०१. **घुटने टेकना :–** हार मान लेना। चोर ने सिपाहियों के सामने अंततः घुटने टेक दिए।

३०२. **डींग मारना :–** बढ़ा-चढ़ा कर बात बताना। हर किसी के साथ डींग मारना अच्छा नहीं होता।

३०३. **तारे गिनना :–**सो न पाना। अस्वस्थ होने के कारण बेचारा राजीव रात भर तारे गिनता रहता है।

३०४. **किस खेत की मूली :–** अस्तित्त्व हीन। मैंने बड़े-बड़े चोरों को ठिकाने लगा दिया तुम किस खेत की मूली हो।

३०५. **गिन-गिन कर पाँव रखना :–** धीरे-धीरे चलना। क्या नई दुलहन की तरह गिन-गिन कर पाँव रख रहे हो।

३०६. **ढाक के तीन पात :–** बिखराव। उसका परिवार तो ढाक के तीन पात हो गया है।

३०७. **ढपोर शंख :–** झूठी बातें बताने वाला। कमल तो पूरा ढपोर शंख है। उसकी किसी बात पर विश्वास मत करना।

३०८. **दबे पाँव आना :–** बेआहट आना। शेर बिल्ली की तरह दबे पाँव आया और गाय उठा कर ले गया।

३०९. **कलेजा जलाना :–** कष्ट पहुँचाना। तुमने मेरा कलेजा जला कर राख कर दिया।

३१०. **ढिंढोरा पीटना :–** प्रचार करना। परीक्षा में प्रथम श्रेणी में उत्तीर्ण होने का उसने खूब ढिंढोरा पीटा, परन्तु परीक्षा परिणाम आया तो वह अनुत्तीर्ण निकला।

३११. **मौत से लड़ना :–** संघर्ष करना। वह ज़िन्दगी भर मौत से लड़ता रहा।

३१२. **टेढ़ी अँगुली से घी निकालना :–** युक्ति से कार्य सम्पूर्ण करना। यदि वह सीधी तरह न माना तो टेढ़ी अँगुली से घी निकालना पड़ेगा।

३१३. **भाव-विभोर होना :–** भावुक होना। अपनी सहेली की दुःखभरी कहानी सुनकर मीरा भाव-विभोर हो गई।

३१४. **लुटिया डूबना :–** नुकसान हो जाना। वह व्यापार करने की सोच रहा था, मगर उसकी तो पहले ही लुटिया डूब गई।

३१५. **मुँह नोचना :–** चेहरा विकृत कर देना। तू गालियाँ देना बंद कर दे नहीं तो तेरा मुँह नोच लूँगी।

३१६. **चील के घर में मांस ढूंढना :–** सर्वभक्षी के घर में भोजन की तलाश। तुम भी चील के घर में मांस ढूंढ रहे हो। घर में जो कुछ बनता है, गज्जू लाला सब अकेला खा जाता है।

३१७. **बूढ़े तोते को पढ़ाना :–** ना-समझ को समझाना। बार-बार मना

करने के बाद भी तुम्हारा भाई सिगरेट पीना बंद नहीं करता। बूढ़े तोते को पढ़ाने से क्या फायदा?

३१८. **चौराहे पर हंडिया फूटना :–** सरेआम भेद खुल जाना। अभी तुम्हारा लड़का चुपके-चुपके चोरी करता है। उसे समझाओ, वरना एक दिन चौराहे पर हंडिया फूट जाएगी।

३१९. **हाथ से फिसलना :–** वश में न आना। उसने ख़ूब कोशिश की, लेकिन अंत में उसका लड़का उसके हाथ से फिसल गया।

३२०. **बैल दुहना :–** जिससे जो प्राप्त न हो सके उससे वही प्राप्त करने का प्रयास करना। लाला राम लाल जैसे कंजूस आदमी से चंदा लेकर तुमने बैल दुहने जैसा काम कर लिया।

३२१. **दुधारू गाय की लात सहना :–** स्वार्थ सिद्धि के लिए नुकसान भी उठा लेना। अपना काम बनाने के लिए दुधारू गाय की लात सहने में भी बुराई नहीं है।

३२२. **हथियार भांजना :–** दूसरों को भयभीत करना। वह तो बात-बात पर हथियार भांजने लगता है।

३२३. **मूंछों पर ताव देना :–** क्रोध प्रकट करना। मुझे देखते ही वह मूंछों पर ताव देने लगा।

३२४. **गधे को बाप बनाना :–** अपना काम बनाने के लिए कुछ भी करना। ज़रूरत पड़ने पर वह गधे को भी अपना बाप बना लेता है।

३२५. **गुड़ न देकर गुड़ जैसी बात करना :–** झूठे आश्वासन देना। नेताजी गुड़ न देकर गुड़ जैसी बातें तो कर ही देते हैं।

३२६. **हाथ पीले करना :–** लड़की का विवाह करना। इस साल मैं बेटी के हाथ पीले कर दूँ। अगले साल मैं संन्यासी बन जाऊँगा।

३२७. **शेर के मुँह में हाथ डालना :–** जानबूझ कर संकट में फंसना। पहलवान ने बूढ़ी औरत से क्रोधित होकर कहा, अपने बेटे को बता देना कि उसने शेर के मुँह में हाथ डाल दिया है।

३२८. **साँप के बिल में हाथ डालना :–** अपने आप को संकट में डालना। उसको समझा देना कि आइन्दा वह साँप के बिल में हाथ न डाले।

३२९. **छठी का दूध याद दिलाना :–** कमज़ोरी का आभास कराना। अपने लड़के को समझा देना। इतना पीटूंगा कि उसे छठी का दूध याद आ जाएगा।

३३०. **गिद्ध दृष्टि रखना :–**दूर से देख या समझ लेना। सुग्रीव ने राम से कहा, रावण के साथ होशियारी से युद्ध करना उसके पास गिद्ध दृष्टि है।

३३१. **पहाड़ टूटना :–** परेशानी में पड़ना। पति की मृत्यु होने से रामा पर पहाड़ टूट पड़ा।

३३२. **चाँदी काटना :–** अत्यधिक मुनाफा प्राप्त करना। लकड़ी के व्यापार में आजकल खूब चाँदी काट रहे हो।

३३३. **कबाब में हड्डी बनना :–** किसी का बनता कार्य बिगाड़ने का प्रयास करना। कबाब में हड्डी बनना छोड़ दे वरना पछताएगा।

३३४. **गले की हड्डी बनना :–** मुसीबत बनना। पांडवों के लिए दुर्योधन के अलावा कर्ण भी गले की हड्डी बन गया था।

३३५. **कीचड़ में पत्थर मारना :–**अपने आपको जान-बूझकर बुराई से जोड़ना। कीचड़ में पत्थर मारोगे तो छींटे आप पर भी आयेंगे।

३३६. **आसमान पर थूकना :–** अपने से बड़े का अपमान कर स्वयं अपमानित होना। आसमान पर थूकने से थूक तो आपके ऊपर ही गिरेगा।

३३७. **जले पर नमक छिड़कना :–** उत्तेजित को और उत्तेजित करना। उससे कह दो कि वह जले पर नमक छिड़कना बंद कर दे, वरना किसी दिन अनर्थ हो जाएगा।

३३८. **भैंस के आगे बीन बजाना :–** अज्ञानी के समक्ष ज्ञान की चर्चा करना। उसको समझाना भैंस के आगे बीन बजाने के बराबर है।

३३९. **पीला पड़ जाना :–** बुरी तरह घबरा जाना। पुलिस देखते ही चोर का चेहरा पीला पड़ गया।

३४०. **होम करते हाथ जलना :–** अच्छा कार्य करते समय अहित हो जाना। मैंने सोचा था कि उसकी मदद कर दूं, परन्तु मेरे तो होम करते हाथ जल गये।

३४१. **सीना चौड़ा करना :–** अपने आपको बहादुर समझना। सीना चौड़ा करते हो लेकिन मार मक्खी भी नहीं सकते।

३४२. **सूरज को दिया दिखाना :–** अपने से अधिक सक्षम के आगे डींग मारना। सूरज को दिया दिखाने की कोशिश मत करो। पहले अपनी औक़ात पहचानो।

३४३. **लंका को सोना दिखाना :–**अपने से हर तरह ऊँचे को नीचा समझना। लंका को सोना दिखाने की कोशिश मत करो। मैं तुमसे बहुत अधिक पढ़ा-लिखा हूँ।

३४४. **ग़लत फहमी में रहना :–** अपने आपको सर्वश्रेष्ठ समझना। ग़लतफहमी में मत रहो। राम तुमसे ज़्यादा धनवान है।

३४५. **बहती गंगा में हाथ धोना :–** अवसर का लाभ उठाना। सब लूट कर ले जा रहे हैं, तुम भी बहती गंगा में हाथ धो लो।

३४६. **साँप को दूध पिलाना :–** शत्रु को शरण देना। विभीषण के साथ राम की मित्रता देख सुग्रीव ने कहा, राम आप साँप को दूध पिला रहे हैं। विभीषण हमारे शत्रु रावण का भाई है।

३४७. **पीठ में छुरा भौंकना :–**मित्र के साथ दग़ा करना। उसने तुम्हारी पीठ में छुरा भौंका है। वह तुम्हारा मित्र कैसे हो सकता है।

३४८. **मक्खन लगाना :–** चापलूसी करना। चपरासी हमेशा अपने साहब के मक्खन लगाता रहता है।

३४९. **बगलें झांकना :–** असमंजस में पड़ना। जब भी अध्यापक अपने विद्यार्थी सुदेश से कोई प्रश्न पूछता है तो वह बगलें झांकने लगता है।

३५०. **चुटकी मारना :–** हँसी उड़ाना। अपाहिज व्यक्ति को देखकर राकेश ख़ूब चुटकी मारता था। अब खुद अपाहिज हो गया तो अपाहिजों से सहानुभूति दिखाने लगा है।

३५१. **तमाशा देखना :**— दूसरों के हाल पर हँसना। दूसरों का तमाशा देखने वालो कभी लोग तुम्हारा भी तमाशा देखेंगे।

३५२. **मेहनत पर पानी फेरना :**— किया हुआ कार्य ख़राब कर देना। पकी फसल पर पानी बरसने से किसान की सारी मेहनत पर पानी फिर गया।

३५३. **चोटी में गांठ बांधना :**— दृढ़ निश्चय करना। मैंने चोटी में गांठ बांध ली है। अबकी बार पास होकर अवश्य दिखाऊँगा।

३५४. **गाड़ी पटरी पर लाना :**— बिगड़ा काम बनाने का प्रयास करना। सफलता मिले या न मिले हम गाड़ी पटरी पर लाने की कोशिश कर रहे हैं।

३५५. **चींटी की चाल चलना :**— कार्य मंथर गति से करना। काम पूरा हो या न हो, वह तो हमेशा चींटी की चाल चलता है।

३५६. **दुम हिलाना :**— शरणागत होना। वह तो बेचारा हमेशा आगे-पीछे दुम हिलाता रहता है।

३५७. **गुड़गोबर करना :**— काम ख़राब कर देना। हमने इतनी मेहनत की परन्तु उसने सारा गुड़ गोबर कर दिया।

३५८. **मटियामेट करना :**— बर्बाद कर देना। उसने तो हमारा सारा घर मटियामेट कर दिया।

अध्याय-२१

महत्त्वपूर्ण लोकोक्तियां अथवा कहावतें

लोकोक्ति अथवा कहावत एक दूसरे के पर्याय हैं। लोकोक्ति किसी न किसी घटना से सम्बंधित होती है तथा उसका प्रयोग भी वैसी ही घटना में किया जाता है। लोकोक्ति मुहावरे की तरह अधूरा वाक्य न होकर पूरे एक वाक्य के समान होती है और उसका अर्थ विशिष्ट तथा महत्त्वपूर्ण होता है। यहाँ कुछ महत्त्वपूर्ण लोकोक्तियों का वर्णन किया जा रहा है।

१. **अधजल गगरी छलकत जाय :**–कम गुण होने के बावजूद अधिक दिखावा करना। उसने बी० ए० पास कर लिया तो वह समझता है, उससे अधिक पढ़ा-लिखा सारी दुनिया में कोई नहीं है। उसकी हालत तो अधजल गगरी छलकत जाय जैसी हो गई है।

२. **अक्ल बड़ी या भैंस :**–शारीरिक ताकत से मानसिक ताकत अधिक महत्त्वपूर्ण होती है। भीम चक्रव्यूह नहीं तोड़ सके, परन्तु अभिमन्यु ने तोड़ दिया। इसे कहते हैं अक्ल बड़ी या भैंस।

३. **अब पछताये होत का जब चिड़िया चुग गई खेत :**–अवसर बीत जाने के बाद पश्चाताप करने से क्या लाभ। पूरे साल तुमने पढ़ाई नहीं की। दो दिन पढ़ कर क्या पास हो जाओगे। अब पछताये होत का जब चिड़िया चुग गई खेत।

४. **अंतभला सो सब भला :**–जिसका अंतिम परिणाम अच्छा है, वही सबसे उत्तम है। सारी उम्र उसने चोरी की, परन्तु मरने से कुछ दिन पहले वह खूब दान करने लगा था। तभी तो लोग कहते हैं, अंतभला सो सब भला।

५. **अंधेर नगरी चौपट राजा :**–अयोग्य शासक के राज्य में हर जगह

धांधली होती है। तभी कहा जाता है-अंधेर नगरी चौपट राजा, टके सेर भाजी टके सेर खाजा।

६. **अंधों में काना राजा :**-मूर्खों में थोड़ा सा ज्ञान रखने वाला भी महाज्ञानी मान लिया जाता है। पूरे गाँव में अकेला मनीराम पाँचवीं कक्षा तक पढ़ा था। इसलिए सारा गाँव उसे अंधों में काना राजा समझता था।

७. **अपनी-अपनी डफली, अपना-अपना राग :**-मतभेद। घर के मुखिया के मरते ही उनके घर में अपनी-अपनी डफली अपना-अपना राग शुरू हो गया।

८. **अनाज के साथ घुन भी पिस जाता है :**-सशक्त के साथ कमज़ोर भी कुचला जाता है। जब नंदा जैसा पहलवान पिट गया तो तुम्हारी तो बिसात क्या? तुम तो अनाज के साथ घुन की तरह पिस जाओगे।

९. **आम के आम गुठलियों के भी दाम :**-एक कार्य से दो लाभ। हमारे संस्थान में पढ़ाई के साथ नौकरी की भी व्यवस्था है अर्थात् आम के आम और गुठलियों के भी दाम।

१०. **आँख के अंधे नाम नैन सुख :**-गुण के विपरीत नाम। सेनापति उस सिपाही को महावीर समझता था, लेकिन वह तो बेहद कायर निकला यानि आँख का अंधा नाम नैनसुख।

११. **अंधा क्या चाहे दो आँखें :**-जरूरत मंद की जरूरत पूरी होना। जाड़ा बहुत तेज़ है। तुम्हारे पास गर्म कपड़े नहीं हैं। स्वेटर लोगे? दे दो भैया अंधा क्या चाहे दो आँखें।

१२. **अंधे के हाथ बटेर :**-कुपात्र को अच्छी चीज़ मिल जाना। उस अनपढ़ को धनवान होने के कारण शिक्षित व सुन्दर पत्नी मिल गई। इसे कहते हैं अंधे के हाथ बटेर।

१३. **अंधे पीसें कुत्ते खायें :**- परिश्रम से अर्जन करे कोई तथा उपभोग करे कोई और। सेठ करोड़ीमल कमाते-कमाते मरा जा रहा है और उसका लड़का गुलछर्रे उड़ा रहा है। है न अंधे पीसें कुत्तें खायें वाली बात।

१४. **आँख के अंधे गांठ के पूरे** :–मतलब में चौकस। बुधू एकदम अनपढ़ मूर्ख है पर पैसे वाला है। लोग उसे बेवकूफ समझते हैं। परन्तु उसे कोई ठग नहीं सकता। इसी को कहते हैं आँख के अंधे गांठ के पूरे।

१५. **आधी छोड़ सारी को धावै आधी रहै न सारी पावै** :–अधिक प्राप्त करने के लालच में पास में कम है उसे भी गंवा देना। राजीव अधिक धनवान होने के लिए ज़मीन जायदाद बेच कर कलकत्ता व्यापार करने गया था, परन्तु सब कुछ गंवा कर वापस आ गया। इसी को कहते हैं आधी छोड़ सारी को धावै, आधी रहै न सारी पावै।

१६. **अउआ मीठा दउआ मीठा सरगै को जाय** :–परिवार का प्रत्येक व्यक्ति प्रिय होता है, लेकिन मौत से जूझने वाला कार्य करने के लिए आवश्यकता पड़ने पर किसी न-किसी को जाना ही पड़ेगा। किसान ने अपने बड़े पुत्र को रात में खेत की रखवाली के लिए जाने को कहा तो उसने कहा छोटे भाई को भेज दो। इस पर किसान ने समझाया भाई किसी न किसी को जाना ही पड़ेगा। अउआ मीठा दउआ मीठा सरगै को जाय वाली बात क्यों करते हो।

१७. **अरहर की टट्टी गुजराती ताला** :–छोटे से कार्य के लिए भारी इन्तज़ाम। टूटे-फूटे मकान में मज़बूत किवाड़ देख कर रामू के दोस्तों ने रामू से कहा, वाह। अरहर की टट्टी गुजराती ताला।

१८. **आसमान से गिरा खजूर पे अटका** :– एक परेशानी खत्म होने के बाद दूसरी परेशानी आ जाना। पहले नौकरी के लिए परेशान थे, नौकरी मिली तो रहने को घर नहीं मिल रहा है, सचमुच अपनी हालत तो ऐसी हो गई, जैसे आसमान से गिरा खजूर पे अटका।

१९. **अपनी करनी, अपनी भरनी** :–जैसा कर्म वैसा फल। लालता प्रसाद बेचारा हमेशा हंसता रहता था और हँसते-हँसते ही स्वर्ग सिधार गया। किसी ने सच कहा है, जैसी करनी वैसी भरनी।

२०. **आटा दाल का भाव पता लगना** :–वास्तविकता का ज्ञान होना। पिता ने पुत्र से कहा, बेटा विवाह होते ही आटा दाल के भाव का पता लग जाएगा।

२१. **अंधे को तब पतिआय जब भरि भेंट ले** :–जांच-परख कर विश्वास करना। मोहन कहता है कि विदेश में बड़े ऊँचे ओहदे पर कार्य करता है, पर मुझे तो भरोसा नहीं है। भैया अंधे को तब पतिआय जब भरि भेंट ले।

२२. **आस पराई जो करे सो होतहिं मर जाय** :–दूसरों पर निर्भर न रहना। अरे भाई कमाओ और खाओ। किसी ने ठीक ही कहा है, आस पराई जो करे सो होतहिं मर जाय।

२३. **आधे में अध घर आधे में सब घर** :–बड़े हिस्से पर कम और कम हिस्से पर अधिक लोगों का अधिकार होना अर्थात् ग़लत बंटवारा। बहुत अच्छा फैसला किया आपने! आधे में अध घर और आधे में सब घर।

२४. **अपने मुँह मियाँ मिट्ठू :–** अपनी प्रशंसा स्वयं करना। अपने मुँह मियाँ मिट्ठू मत बनो। तुम कितने विद्वान हो यह सब जानते हैं।

२५. **आग लगे खोदे कुआ कैसे आग बुझाय** :–भविष्य की चिन्ता न करना। अपने वेतन में से कुछ धन भविष्य के लिए बचाया करो। कभी यकायक परेशानी आ गई तो मुश्किल होगी। किसी ने ठीक ही कहा है-आग लगे खोदे कुआ कैसे आग बुझाय।

२६. **ओछे की प्रीति बालू की भीति :–** मूर्ख से मित्रता स्थायी नहीं हो सकती। बुरे व्यक्ति की संगति अच्छे व्यक्ति के लिए ओछे की प्रीति बालू की भीति के समान होती है।

२७. **आये थे हरि भजन को औटन लगे कपास** :–अच्छा कार्य करने के लिए आने वाला व्यर्थ के कार्य में उलझ जाये। हमने सोचा था कि मामा के यहाँ आकर हम अपनी पढ़ाई पूरी करेंगे, परन्तु मामा ने अपने व्यापार में उलझा लिया। किसी ने ठीक ही कहा है, आये थे हरि भजन को औटन लगे कपास।

२८. **आधा तीतर आधा बटेर :–** दोहरी स्थिति में फंसना। कुछ दिन तक तो ससुराल में उसे दामाद की तरह आदर मिला, पर अब उसे नौकर की तरह काम करना पड़ता है। हो गया न आधा तीतर आधा बटेर।

२९. **अकेला चना भाड़ नहीं फोड़ता :**–संगठन के बिना सफलता नहीं मिल सकती। अकेला चना भाड़ नहीं फोड़ सकता। अगर तुम सब आज से ही काम बन्द कर दो तो मिल मालिक हमारा वेतन अवश्य बढ़ाएगा। मैं अकेला कुछ नहीं कर सकता।

३०. **अंधा बांटे रेवड़ी अपनों-अपनों को देय**–स्वार्थी व्यक्ति द्वारा अपनों के लिए पक्षपात करना। सरकारी राशन की दुकान का दुकानदार सिर्फ अपनी पहचान वालों को ही मुफ्त राशन देता है। जबकि अनेक ग़रीब बेचारे खाली हाथ वापस लौट आते हैं। उसका तो वही हाल है अंधा बांटे रेवड़ी अपनों-अपनों को दे।

३१. **अपना ही पैसा खोटा तो परखने वाले का क्या दोष :**– अपना व्यक्ति जब ठीक नहीं होता तभी बाहर वाले उसकी आलोचना करते हैं। राधा ने अपने पति से कहा राजू के मित्रों को बुरा भला क्यों कहते हो। जब हमारा राजू स्वयं ही उनके साथ आवारागर्दी करने जाता है तो दोस्तों की क्या ग़लती। किसी ने ठीक ही कहा है जब अपना ही पैसा खोटा तो परखने वाले का क्या दोष।

३२. **अटका बनिया दे उधार :**–दबाव महसूस होने पर काम अवश्य होना। वह तुमको अवश्य उधार देगा। कल जब उसके खेतों में हल चलाने की बात होगी तो तुम्हारे बिना हल कौन चलायेगा। इसलिए कहते हैं अटका बनिया दे उधार।

३३. **आप मरे जग परलै :**–खुद का विनाश होने पर सारे संसार का विनाश मान लेना। उसकी फसल सिंचाई के बिना सूख गई तो वह सोचता है सबकी फसलें सूख गईं। वाह आप मरे जग परलै।

३४. **इस हाथ दे उस हाथ ले :**–जैसा कर्म वैसा ही फल। दीनू ने चीनू की खड़ी फसल में आग लगा दी थी। किसी ने नहीं देखा, भगवान् ने तो देखा। आज दीनू की फसल में आग लग गई तो चीखता फिर रहा है इसीलिए तो कहा गया है कि इस हाथ दे, उस हाथ ले।

३५. **ईश्वर देता है तो छप्पर फाड़ कर देता है :**–बिना प्रयास के कुछ भी प्राप्त हो जाना। श्यामलाल के पास एक अनजान आदमी आकर

बोला, यह लो भाई पूरे एक हज़ार रुपये तुम्हारे दादा जी से मेरे पिताजी ने लिए थे और वह चला गया। श्यामलाल की पत्नी ने उससे पूछा कि यह अनजान आदमी किस बात के लिए रुपये दे गया तो श्यामलाल बोला, भाई ईश्वर देता है तो छप्पर फाड़ कर देता है।

३६. **इसकी टोपी उसके सिर :**—दूसरों को बेवकूफ बना कर अपना स्वार्थ सिद्ध करना। राम लाल इसकी टोपी उसके सिर करने में माहिर है।

३७. **ईश्वर की माया, कहीं धूप कहीं छाया :**—भगवान् के कार्य निराले हैं। बहुत तेज़ बरसात और चिलचिलाती धूप देखकर महेश ने अपने मित्रों से कहा, है न ईश्वर की माया, कहीं धूप कहीं छाया।

३८. **इक लख पूत सवा लख नाती, ता रावण घर दिया न बाती :**—सम्पूर्ण कुटुम्ब नष्ट हो जाना। राम लाल का तो एक ही बेटा मरा है और वह पागल हो रहा है। शायद उसे यह कहावत मालूम नहीं कि इक लख पूत सवा लख नाती, ता रावण घर दिया न बाती।

३९. **ईश्वर जो करता है, अच्छा करता है :**—प्रकृति अथवा भगवान् का प्रत्येक कार्य अच्छा होता है। अपने स्वार्थवश हम अच्छा अथवा बुरा कहने लगते हैं। सुन्दर धोखे से तालाब में गिर गया। उसे तैरना आता नहीं था, सो कुछ लोग उसे बचाने के लिए तालाब में कूद गये। वे सुन्दर को डूबने से बचा रहे थे तभी उन्हें तालाब में एक लोहे का बक्सा भी मिल गया, जिसे खोला तो उसमें सोना चाँदी भरा था। जिसे देख लोग कहने लगे ईश्वर जो करता है, अच्छा करता है।

४०. **ऊँट के मुँह में जीरा :**— आवश्यकता के हिसाब से बहुत कम उपलब्ध करवाना। इतनी गरमी में सिर्फ दो घूँट पानी, ऊँट के मुँह में जीरे के समान है।

४१. **उलटा-चोर कोतवाल को डांटे :**—अपना अपराध स्वीकार न कर न्यायकर्त्ता को ही दोषी ठहराना। हमने उसे चोरी न करने के लिए समझाया तो उलटा चोर कोतवाल को ही डांटने लगा।

४२. **ऊँची दुकान फीका पकवान :**— बड़प्पन में छुपा ओछापन। सोचा

था सरकारी दुकान पर अनाज सस्ता और साफ सुथरा मिलेगा परन्तु वहाँ तो ऊँची दुकान, फीका पकवान है। अनाज में कूड़ा भरा है।

४३. **ऊँट के गले में चम्पाकली :**—जो व्यक्ति जिस वस्तु को पाने का अधिकारी न हो, फिर भी उसे वह संयोगवश मिल जाए। अपने कुरूप दोस्त के साथ उसकी सुन्दर पत्नी देख एक दोस्त बोला, वाह ऊँट के गले में चम्पाकली।

४४. **उलटे बांस बरेली को :**—नासमझ द्वारा समझदार को समझाना। मैं तुमसे ज़्यादा पढ़ा लिखा हूँ। तुम मुझे क्या पढ़ाओगे। उलटे बाँस बरेली की कहावत चरितार्थ मत करो।

४५. **उलटी गंगा मत बहाओ :**—जो कार्य करना चाहिए वह न करके उसके विपरीत कार्य करना। तुमको जो बताया गया है वह करो। उलटी गंगा मत बहाओ।

४६. **एक अनार सौ बीमार :**—एक ही चीज़ के अनेक चाहने वाले। मैं विदेश से सिर्फ एक घड़ी लाया हूँ। हर रिश्तेदार माँग रहा है। किस-किस को दूँ। एक अनार सौ बीमार।

४७. **एक मछली सारे तालाब को गंदा कर देती है :**— सज्जनों के बीच यदि एक दुर्जन बुरे कार्य करने लगे तो उन सज्जनों को भी लोग दुर्जन समझने लगते हैं। मनोहर का सारा परिवार बहुत ईमानदार है, परन्तु उनके एक लड़के ने चोरी करना शुरू कर दिया तो सब लोग मनोहर से यही कहते हैं कि भाई अपने लड़के को सुधार लो वरना एक मछली सारे तालाब को गंदा कर देती है वाली कहावत चरितार्थ हो जाएगी।

४८. **उतने पाँव पसारिये जितनी लम्बी सौर :**—अपनी हैसियत के अनुसार ही कार्य करना चाहिए। रामू ने अपने खर्चीले पुत्र को समझाया, बेटा किसी ने ठीक ही कहा है उतने पाँव पसारिए जितनी लम्बी सौर।

४९. **एक हाथ से ताली नहीं बजती :**—लड़ाई अथवा बात बढ़ाने के लिए कभी भी एक पक्ष अकेला ज़िम्मेदार नहीं होता। तुमने ज़रूर कुछ न

कुछ कहा होगा, वरना वह तुम्हें पीट नहीं सकता था। ध्यान रखो कभी एक हाथ से ताली नहीं बजती।

५०. **एक तो करेला दूसरा नीम चढ़ा :–** स्वाभाविक दोष में किसी कारणवश और वृद्धि हो जाना। दीपक पहले से ही छोटी-मोटी चोरी करता था। लेकिन जब से डाकुओं के साथ रहने लगा तब से वह कभी-कभी डकैती भी करने लगा है। इसी को कहते हैं एक तो करेला, दूसरा नीम चढ़ा।

५१. **एक पे एक ग्यारह :–** साथ निभाना। रात अंधेरी और बहुत दूर तक पैदल चलना है, अगर तुम भी मेरे साथ चल पड़ो तो एक पे एक ग्यारह हो जाएंगे।

५२. **एक चना भाड़ नहीं फोड़ सकता :–**कुछ कार्य ऐसे होते हैं जिन्हें एक अकेला व्यक्ति नहीं कर सकता। वो चार थे और मैं अकेला इसलिए उन्होंने मेरा सामान छीन लिया। क्या, करें अकेला चना भाड़ नहीं फोड़ सकता।

५३. **ऐसी नथनियां क्यों पहनें जो नाक फट जाए :–**ऐसा कोई कार्य मत करो जिससे नुकसान हो। हम उधार भी दें और गालियां भी खायें। ना भाई ऐसी नथनियां क्यों पहनें जो नाक फट जाए।

५४. **एक-एक आँख से नौ-नौ आँसू :–**ख़ूब बिलख-बिलख कर रोना। हाय मेरा लाल कैसा रो रहा है। एक-एक आँख से नौ-नौ आँसू।

५५. **एक तो रुआसी दूसरे आ गया भैया फिर झेंग भर के ख़ूब रोई:–** कोई कार्य करने की आतुरता परन्तु अवसर न मिलने के कारण वह कार्य न कर पाना लेकिन अवसर मिलते ही वह कार्य करने लगना। सुन्दर का बेटा ससुराल जाना तो चाहता था, परन्तु अपने मुँह से जाने के लिए नहीं कह सकता था, परन्तु जैसे ही सुन्दर ने ससुराल जाने को कहा तो तुरन्त चल पड़ा। इसे कहते हैं एक तो रुआसी दूसरे आ गया भैया फिर झेंग भर के ख़ूब रोई।

५६. **ओखली में सिर दियां तो मूसलों से क्या डर :–** कठिन कार्य करते

समय परेशानियों से घबराना नहीं चाहिए। जब रात में अकेले जा ही रहे हो तो चोर डाकुओं से क्या डरना। किसी ने ठीक ही कहा है जब ओखली में सिर दिया तो मूसलों से क्या डर।

५७. **ओस के चाटे प्यास नहीं बुझती** :–बड़े उद्देश्य के लिए छोटे प्रयास से बात नहीं बन सकती। पत्नी ने पति से कहा कि साड़ी खरीदने के लिए कम से कम पाँच सौ रुपये चाहिए और तुम दे रहे हो पचास। ओस के चाटने से प्यास नहीं बुझती समझे!

५८. **काम का न काज का नौ मन अनाज का** :–व्यर्थ में समय नष्ट कर दूसरों पर निर्भर रहने वाला। माँ ने अपने न पढ़ने-लिखने वाले पुत्र से खीझ कर कहा, काम का न काज का नौ मन अनाज का।

५९. **काला अक्षर भैंस बराबर** :–मूर्ख की दृष्टि में ज्ञान का कोई महत्त्व नहीं होता। तुम्हारे लिए तो पढ़ाई-लिखाई काला अक्षर भैंस बराबर की तरह है।

६०. **काठ की हांडी बार-बार नहीं चढ़ती** :–ग़लत कार्य बार-बार फलीभूत नहीं होता है। धन्ना तेली मिलावटी तेल बेचने लगा था, पकड़ा गया न। किसी ने सच कहा है, काठ की हांडी बार-बार नहीं चढ़ती।

६१. **कोयले की दलाली में हाथ काले** :– बुरे लोगों के साथ रहने से अच्छा आदमी भी बुरा कहलाने लगता है। मोहन बिल्कुल चोरी नहीं करता था, परन्तु एक चोर से उसकी दोस्ती हो गई। सो एक दिन पुलिस ने मोहन को भी गिरफ्तार कर लिया। हो गये न कोयले की दलाली में हाथ काले।

६२. **का पै करूँ सिंगार पिया मोरे आँधरे** :–अज्ञानी के समक्ष ज्ञान के प्रदर्शन का कोई फायदा नहीं होता। रश्मि ने मीना को अनेक बार भारत का नक्शा बनाना सिखाया परन्तु वह नहीं सीख पाई तो रश्मि बोली का पै करूँ सिंगार पिया मोरे आँधरे।

६३. **कहाँ राजाभोज कहाँ गंगू तेली** :–ज़मीन-आसमान का अन्तर। तुम सुरेश का मुकाबला वकालत में महेश से करते हो। अरे भाई कहाँ राजा भोज कहाँ गंगू तेली।

६४. **का बरसा जब कृषी सुखानी :**–कार्य के लिए समय पर साधन उपलब्ध न होना। रोटी के साथ सब्जी की आवश्यकता थी। अब तो सब लोग अचार के साथ रोटी खा चुके हैं, सब्जी वापस ले जाओ। का बरसा जब कृषी सुखानी।

६५. **कहने से धोबी गधे पर नहीं चढ़ता :**– हठी व्यक्ति कहना नहीं मानता। बार-बार समझाने के बाद भी जब रमेश अपने माता-पिता से अलग रहने की ज़िद करने लगा तो लोग एक साथ बोल पड़े, कहने से धोबी गधे पर नहीं चढ़ता।

६६. **कंगाली में आटा गीला :**– परेशानी-दर-परेशानी। बेचारे रघु का कल हाथ टूट गया, सुबह पैर टूट गया और अभी-अभी घुटना उतर गया। इसी को कहते हैं, कंगाली में आटा गीला।

६७. **काले के आगे दिया नहीं जलता :**–दुष्ट को कितना भी समझाया जाए वह अपनी दुष्टता कभी नहीं छोड़ सकता। चोर को पुलिस अधिकारी ने पिछली दफा चोरी न करने के लिए खूब समझाया था। कल फिर चोरी करते पकड़ा गया। किसी ने सच कहा है कि काले के आगे दिया नहीं जलता।

६८. **क्या पिद्दी क्या पिद्दी का शोरबा :**–किसी को महत्त्व न देना। मोहन अपने सामने किसी को महत्त्व नहीं देता। इसे कहते हैं। क्या पिद्दी क्या पिद्दी का शोरबा।

६९. **कभी-कभी चींटी मारने को हाथी सजाना पड़ता है :**–छोटे को परास्त करने के लिए कभी-कभी बहुत बड़ी शक्ति तैयार करनी पड़ती है। महाराजा मानसिंह से अकबर ने कहा कि कभी-कभी चींटी मारने को हाथी सजाना पड़ता है। महाराणा प्रताप को परास्त करने के लिए तुम सारी सेना ले जाओ।

७०. **कानी के ब्याह में सौ-सौ खोट :**–बिगड़े कार्य में और विघ्न पड़ना। बेचारा राघव पहले फेल हुआ, फिर माँ मर गई, उसके बाद पिता का देहान्त हो गया और अब सगाई भी टूट गई। है न कानी के ब्याह में सौ-सौ खोट।

७१. **काजर की कोठरी में सब कारे :**–समान गुणों वाले के साथ रहने वाले सब समान गुणों वाले ही होते हैं। राधा ने अपनी सखियों से उद्धव के बारे में बताया कि चाहे कृष्ण हों चाहे उद्धव काजर की कोठरी में सब कारे ही होते हैं।

७२. **कौआ चला हंस की चाल :**–ज्ञानी की अज्ञानी द्वारा अथवा अच्छे की बुरे द्वारा नकल करना। महात्मा गांधी ने जब असहयोग आंदोलन पर भाषण दिया तो उनके एक शत्रु ने भी ऐसा ही किया तो महात्मा गांधी के अनुयायियों ने कहा कि कौआ चला हंस की चाल।

७३. **खोदा पहाड़ निकली चुहिया :**– अत्यधिक परिश्रम के बाद अल्प लाभ। राम ने पूरे साल डट कर पढ़ाई की। नतीजा निकला तो वह तृतीय श्रेणी में उत्तीर्ण हुआ तब उसने निराश होकर अपने मित्रों से कहा, भाई खोदा पहाड़ निकली चुहिया।

७४. **ख़रबूज़े को देख ख़रबूज़ा रंग बदलता है :**– एक की दूसरे द्वारा नकल करना। सुना है धनीराम ने हवन करवाया था सो तुम भी हवन करवाने जा रहे हो। इसे कहते हैं ख़रबूज़े को देख ख़रबूज़ा रंग बदलता है।

७५. **खग ही जाने खग की भाषा :**– साथी की साथी ही प्रकृति समझता है। सुना है बलदेव तुम्हारा बहुत गहरा मित्र है। होगा क्यों न, खग ही जाने खग की भाषा।

७६. **खिसियानी बिल्ली खम्भा नौचती है :**–चिढ़ कर पागल प्राणी की तरह कार्य करने लगना। सोहन पहलवान जब मोहन पहलवान से कुश्ती हार गया तो अखाड़े से बाहर जाकर नीम के पेड़ से कुश्ती करने लगा। इसी को कहते हैं खिसियानी बिल्ली खम्भा नौचती है।

७७. **खरा कहवैया दारी जार :**–सत्यवादी का अनादर होता है। पंचायत में बैठकर लालता प्रधान सदैव न्याय करता है। इसलिए कुछ लोग पीठ पीछे उसे बुरा भला भी कहते हैं। किसी ने ठीक कहा है, खरा कहवैया दारी जार।

७८. **खरा खेल फर्रुख़ाबादी :**—फर्रुख़ाबाद उत्तर प्रदेश के एक नगर का नाम है। वहाँ के अधिकांश लोग निडर होकर सच्ची (खरी) बात कह देते हैं। इसीलिए यह कहावत प्रचलित हो गई है। ऐसा माना जाता है। सच्ची बात सच्चा व्यक्ति ही कह देता है। यह घर मेरा है और मैं इसी घर में रहूँगा। खरा खेल फर्रुख़ाबादी। जिसमें दम हो वह निकाल कर देखे।

७९. **ग़रीब की जोरू सबकी भौजाई :**— कमज़ोर पर सब अपना अधिकार जताते हैं। साधु इतना सीधा सादा है कि प्रत्येक व्यक्ति उससे गुलाम की तरह काम करवाता है। इसे कहते हैं गरीब की जोरू सबकी भौजाई।

८०. **गंगा गये गंगादास, जमुना गये जमुनादास :**— सिद्धान्तहीन। दिनेश जब तुमसे मिलता है तो तुम्हारी तारीफ और मेरी बुराई करता है और जब मुझसे मिलता है तो मेरी तारीफ और तुम्हारी बुराई करता है। ऐसे व्यक्ति के लिए ही कहा जाता है गंगा गये गंगादास, जमुना ग़ये जमुना दास।

८१. **गेहूँ के साथ घुन भी पिस जाता है :**—बुरे की संगति से अच्छा भी प्रभावित हो जाता है। चोर दोस्त के साथ दोस्ती के कारण श्याम जैसे ईमानदार इंसान को भी पुलिस पकड़ कर ले गई। इसे कहते हैं गेहूँ के साथ घुन भी पिस जाता है।

८२. **गागर में सागर भर देना :**—विस्तृत विवरण संक्षेप में कह देना। कविवर बिहारी ने अपने दोहों में गागर में सागर भर दिया है।

८३. **गुड़ खाये गुलगुलों से परहेज़ करे :**— किसी पदार्थ से बनी वस्तु न खाना पर वह पदार्थ खा लेना। सुरेन्द्र लहसुन नहीं खाता परन्तु लहसुनयुक्त सब्ज़ी खूब खाता है। तभी तो उसकी माँ उससे कहती है गुड़ खाये, गुलगुलों से परहेज़ करे।

८४. **घर की मुरगी दाल बराबर :**—परिवार में विद्वान व्यक्ति का आदर न होना। उस प्रोफेसर की विद्वता से पूरा विश्वविद्यालय प्रभावित है, पर उसकी पत्नी उसे मूर्ख समझती है। है न घर की मुरगी दाल बराबर।

८५. **घर का जोगी जोगिया आन गाँव का सिद्ध :–** परिवार में गुणी व्यक्ति का अनादर तथा बाहर के मूर्ख का भी आदर करना। उनके घर में उनका बड़ा पुत्र अच्छा डॉक्टर है जिसको कोई महत्त्व नहीं देता और एक ढोंगी डॉक्टर उनके परिवार में आता-जाता है उसे सब महान् समझते हैं। इसे कहते हैं घर का जोगी जोगिया आन गाँव का सिद्ध।

८६. **चार दिन की चाँदनी फेरि अंधेरी रात :–**सांसारिक वैभव अस्थायी होता है। क्यों अपनी सुन्दरता पर घमण्ड करते हो। अरे भाई चार दिन की चाँदनी फेरि अंधेरी रात।

८७. **चोर का साथी गिरहकट :–**अपने जैसा साथी-संगी। राजकुमार खुद भी पढ़ता-लिखता नहीं है। ऊपर से आजकल वह सोहन के साथ घूमने लगा है जो एकदम आवारा है। इसे कहते हैं चोर का साथी गिरहकट।

८८. **चोर के पैर नहीं होते :–**असत्य सदैव अस्थाई होता है। जब दीपक से अध्यापक ने कलम चुराने के विषय में पूछताछ की तो वह बदल-बदल कर बयान देने लगा। तब अध्यापक ने कहा दीपक सच बता दे, क्योंकि चोर के पैर नहीं होते।

८९. **चोर-चोर मौसेरे भाई :–** एक ही वर्ग के प्राणियों का एक सा ही स्वभाव होता है। ग्राम प्रधान ने गाँव वालों को समझाया था जनता को ठगने वाले किसी भी दल के नेता हों। सब चोर-चोर मौसेरे भाई होते हैं।

९०. **चमड़ी जाए पर दमड़ी न जाए :–**अत्यधिक कंजूसी। सेठ छंगामल धनवान होने के बावजूद अनेक बार घर में सब्ज़ी तक नहीं पकवाता। पूरा परिवार नमक से रोटी खा लेता है। इसे कहते हैं, चमड़ी जाए पर दमड़ी न जाए।

९१. **चोरी की चोरी और सीना ज़ोरी :–** ग़लती करने के बावजूद अकड़ दिखाना। उसे रामू की कलम चुपचाप उठाते हुए श्यामू ने देख लिया और जब रामू ने अपनी कलम मांगी तो वह अकड़ कर बोला, मैंने तुम्हारी कलम नहीं उठाई है। इसे कहते हैं चोरी की चोरी और सीना ज़ोरी।

९२. **चोर चोरी से से जाय, हेरा-फेरी से न जाए :**–दुष्ट का स्वभाव कभी नहीं बदलता। सर्प के दाँत टूट जाएं और वह डसना छोड़ दे, परन्तु फुफकारना नहीं छोड़ सकता। इसे कहते हैं चोर चोरी से जाए हेरा फेरी से न जाए।

९३. **छछूंदर के सिर में चमेली का तेल :–** अयोग्य प्राणी को ऐसी वस्तु मिल जाना जिसके वह योग्य न हो। कहाँ काला कलूटा राहुल और कहाँ बेहद ख़ूबसूरत उसकी पत्नी मीना। तभी राहुल के दोस्त उससे कहते हैं, छछूंदर के सिर में चमेली का तेल।

९४. **छाती पर साँप लोट गया :**–ईर्ष्या–द्वेष से मन में जलन। जैसे ही दीपक ने सुना कि मृणाल प्रथम श्रेणी में उत्तीर्ण हुआ है तो उसकी छाती पर साँप लोटने लगा।

९५. **जल में रह कर मगरमच्छ से बैर :**–समर्थ से शत्रुता अच्छी नहीं होती। पारस ने अपने विभाग से पंगा ले लिया और मुकद्दमा लड़ने की योजना बना रहा है। यह ज्ञात होने पर उंसके पिता ने समझाया, राहुल जल में रहकर मगरमच्छ से बैर अच्छा नहीं होता।

९६. **जैसा दूल्हा वैसे बाराती :**–समान स्वभाव के लोगों का साथ। महेश शराबी–कबाबी है वैसे ही उसे दोस्त मिल गये हैं, यानि जैसा दूल्हा वैसे बाराती।

९७. **जैसा देस वैसा भेस :**–स्थान और अवसर के अनुसार कार्य करना। हमेशा बैठ कर भोजन करने वाले संत शीतल को बारातियों के साथ खड़े होकर भोजन करते देख उनके शिष्य ने आश्चर्य से संत शीतल से पूछा, यह क्या, तो उन्होंने मुस्कुराकर कहा, भाई जैसा देस वैसा भेस।

९८. **जिन खोजा तिन पाइयाँ गहरे पानी बैठ :–** अत्यधिक परिश्रम से जब कोई कुछ प्राप्त करने का प्रयास करता है तो वह उसे अवश्य मिलता है। पुत्र ने पिता से पूछा कि क्या वह पूरे बोर्ड की परीक्षा में प्रथम आ सकता है तो पिता ने समझाया जिन खोजा तिन पाइयां गहरे पानी बैठ। तुम मेहनत करो अवश्य प्रथम आओगे।

९९. **जाको राखे साइयां मारि सकै ना कोय :–** जिसका संरक्षण ईश्वर करता है उसको कोई मार नहीं सकता। दयाराम का पाँच वर्षीय पुत्र चौथी मंज़िल से नीचे गिर गया, परन्तु उसको खरोंच तक नहीं आई तो मुहल्ले के कई लोग एक साथ बोल पड़े, जाको राखै साइयां मारि सकै ना कोय।

१००. **जैसा राजा वैसी प्रजा :–**जिस चरित्र का राजा होगा प्रजा भी वैसे ही चरित्र की होगी। महाराणा प्रताप देशभक्त थे तो उनकी प्रजा भी देशभक्त थी। इसे कहते हैं, जैसा राजा वैसी प्रजा।

१०१. **जैसे जाके नदी नवारे तैसे ताके भरिका, जैसे जाके मात-पिता तैसे ताके लरिका :–**जिस प्रकार के नदी-नाले होते हैं उसी प्रकार के उनके गढ़े होते हैं और जिस चरित्र (गुणों) के माता-पिता होते हैं, उसी तरह की उनकी औलाद होती है। संदीप के पिता ने आई० ए० एस० में प्रथम स्थान पाया था। उनका पुत्र भी जब आई० ए० एस० में प्रथम आया तो सभी नाते रिश्तेदार कहने लगे, जैसे जाके नदी नवारे तैसे ताके भरिका, जैसे जाके मात-पिता तैसे ताके लरिका।

१०२. **जो गरजते हैं वे बरसते नहीं :–**बढ़-चढ़ कर बोलने वाले कोई कार्य करने में सक्षम नहीं होते। अखाड़े में जाने से पहले भीम पहलवान बार-बार कह रहा था कि उसे कुश्ती में हराने वाला कोई पहलवान आज तक पैदा नहीं हुआ, परन्तु वह तो अपने से कमज़ोर पहलवान से भी हार गया तो लोग कहने लगे जो गरजते हैं वे बरसते नहीं।

१०३. **जिसकी लाठी उसकी भैंस :–** शक्तिशाली की सब जगह सदैव जीत होती है। राम स्वरूप ने जब धनीराम के मकान पर ज़बरदस्ती अधिकार कर लिया तो लोग कहने लगे, भैया जिसकी लाठी उसकी भैंस।

१०४. **जब तक सांस तब तक आस :–**जीवन की अंतिम सांस तक आशावादी बने रहना। क्यों रो रहे हो, अभी दादी की सांस चल रही है। वैद्य को बुलाओ जब तक सांस तब तक आस।

१०५. **जहाँ न पहुँचे रवि वहाँ पहुँचे कवि :–** कवि की कल्पना अलौकिक होती है। सूर्यकान्त त्रिपाठी 'निराला' की 'राम की शक्ति पूजा' पढ़ने के बाद कहा जा सकता है कि जहाँ न पहुँचे रवि वहाँ पहुँचे कवि।

१०६. **जंगल में मोर नाचा किसने देखा :–** सार्वजनिक प्रदर्शन सब देखते हैं, एकान्त के प्रदर्शन को कोई नहीं देख पाता। इसलिए वह व्यर्थ है। बारात चढ़ने से पहले ही सब आतिशबाज़ी छुड़ा दी गई जब बारात चढ़ी तो आतिशबाज़ी न देख लोग कहने लगे, अरे इस बारात में तो आतिशबाज़ी है ही नहीं। तब बाराती बोले हम तो बहुत आतिशबाज़ी लाये थे सब छुड़ा चुके हैं तो लोग कहने लगे, जंगल में मोर नाचा किसने देखा।

१०७. **जो कुत्ते भौंकते हैं वे काटते नहीं :–**शोर मचाने वाले हानि नहीं पहुँचाते। राजन श्याम के दरवाज़े पर उसे मारने पीटने की धमकी देकर चीखता-चिल्लाता रहा और फिर चला गया तो श्याम के परिवार वाले सहम कर बोले आज अगर राजन तुमको पकड़ लेता तो पता नहीं क्या होता। यह सुन श्याम मुस्कुराकर बोला जो कुत्ते भौंकते हैं, वे काटते नहीं।

१०८. **जैसे नाग नाथ वैसे साँप नाथ :–**समान गुण या अवगुण वाले लोग अलग-अगल होने पर भी समान ही माने जाते हैं। लखन चोरी करता है पर उसका भाई अजय चोरी नहीं करता। तब कुछ लोग बोले, अरे भाई वह भी चोरी करता है। जैसे नाग नाथ वैसे साँप नाथ।

१०९. **जैसे को तैसा :–**जिस तरह का जो व्यवहार करे उसके साथ वैसा ही व्यवहार करना। श्रीधर ने रघुनन्दन को बुरा भला कहा तो रघुनन्दन ने श्रीधर की पिटाई कर दी। इसे कहते हैं जैसे को तैसा।

११०. **जाट रे जाट तेरे सिर पे खाट :–** किसी व्यक्ति पर झूठा दोषारोपण कर चिढ़ाना। सुना है आधार आजकल तुम ख़ूब रिश्वत ले रहे हो तब आधार बोला, क्यों सुनी सुनाई बातों पर विश्वास करते हो। ज़बरदस्ती जाट रे जाट तेरे सिर पे खाट।

१११. **जैसा बाप वैसा बेटा :–** समान गुण अवगुण वाले पिता पुत्र। सुना है आजकल मुंशीराम लोगों को ख़ूब ठग रहा है? उसका बेटा खुशी राम कौन सा कम है। वह भी तो ठगने लगा है जैसा बाप वैसा बेटा।

११२. **टके सेर भाजी टके सेर खाजा :**–असमान वस्तुओं को एक सा महत्त्व देना। मौहम्मद शाह रंगीले के राज में चोर-ईमानदार, अधर्मी-धर्मी, ढोंगी-साधु सबका बराबर महत्त्व था। कोई किसी की परवाह नहीं करता था। इसको कहते हैं टके सेर भाजी, टके सेर खाजा।

११३. **डूबते को तिनके का सहारा :**–अंत समय तक असहाय द्वारा सहायता की उम्मीद रखना। राम स्वरूप की जैसे ही नींद खुली तो सीने पर फन फैलाए बैठे काले नाग को देख वह भयभीत हो गया, फिर भी हिम्मत कर उसने सांस साध ली कि शायद नाग उसे मरा समझ कर अपने आप चला जाए। इसे कहते हैं डूबते को तिनके का सहारा।

११४. **तू कहे न मेरी, मैं कहूँ न तेरी :**–एक दूसरे की बात गोपनीय रखना। दो मित्रों में तकरार हुई। एक दूसरे से बोला, तूने राधा की कलम चुराई थी तो दूसरा बोला, तूने श्याम की पुस्तक चुराई थी। तब पहला बोला, ठीक है हम दोनों एक से ही हैं इसलिए तू कहे न मेरी मैं कहूँ न तेरी।

११५. **तेली का तेल जले मसालची का दम निकले :**–जिसकी सम्पत्ति हो वह परेशान न हो तथा जिससे वह सम्पत्ति ख़र्च करवाये वह परेशान हो। राम लाल को दावतें करने का बेहद शौक है और उसका भाई चिढ़ता है। इसे कहते हैं तेली का तेल जले मसालची का दम निकले।

११६. **तेली से ना धोबी घाट, बाके मूगर बाके लाट :**– मिलती-जुलती आदत वाले अथवा मिलती-जुलती चीज़ें रखने वाले एक दूसरे से कम नहीं होते। सुनते हैं फकीरे के पास पाँच सौ तोले सोना है तो क्या हुआ उसका भाई बसीरे जो अलग रहता है, उसके पास दस हीरे हैं। इसे कहते हैं तेली से ना धोबी घाट बाके मूगर बाके लाट।

११७. **थोथा चना बाजे घना :**– निम्नवृत्ति का व्यक्ति दिखावा अधिक करता है। मुझे तो संजय की बातों पर एक दम भरोसा नही है। किसी ने ठीक ही कहा है थोथा चना बाजे घना।

११८. **दुविधा में दोनों गये माया मिली न राम :**–अस्थिर बुद्धि वाला व्यक्ति हमेशा नुकसान में रहता है। दो नौकरियों के एक साथ नियुक्त

पत्र मिल गये। मैं सोचता रहा इसके लिए जाऊँ या उसके लिए जाऊँ। इसी में दोनों की अंतिम तिथि समाप्त हो गई। इसे कहते हैं दुविधा में दोनों गये माया मिली न राम।

११९. **दूध का जला छाछ को फूंक-फूंक कर पीता है :–** किसी कार्य में नुकसान हो जाने के बाद दूसरा कार्य करते समय नुकसान के भय से डरना चाहे भले ही उसमें नुकसान न हो। एक बार एक भिखारी राम बाबू को ठग ले गया तब से वह हर भिखारी को शक की दृष्टि से देखने लगा है। इसी को कहते हैं दूध का जला छाछ को भी फूंक-फूंक कर पीता है।

१२०. **दूर के ढोल सुहावने :–**जो वस्तु प्राप्त न हो पा रही हो वह अच्छी लगना। उसे अपने मामा का लड़का बहुत अच्छा लगता था जब वह उसके घर में आकर साथ रहने लगा तो उसकी बुरी आदतें देख वह परेशान रहने लगा। तब उसके दादा ने उसे समझाया, बेटा! दूर के ढोल सुहावने लगते हैं।

१२१. **दोनों हाथों में लड्डू :–** हर तरफ से लाभ ही लाभ। एक तो वह खुद पहले से अमीर था और ऊपर से उसको मामा की सम्पत्ति मिल गई तब से उसके दोनों हाथों में लड्डू हैं।

१२२. **दुल्हन वही जो पिया मन भाये :–**जिसके मन को जो अच्छा लगे उसके लिए वही सर्वश्रेष्ठ होता है चाहे दूसरों को वह बेशक अच्छा न लगे। उसे किसी की पसन्द का लाया कपड़ा अच्छा नहीं लगता, सिर्फ माँ का लाया पसन्द आता है वह चाहे जैसा हो। इसे कहते हैं दुल्हन वही जो पिया मन भाये।

१२३. **दूध का दूध पानी का पानी :–** सच्चा न्याय करना। कल पंचायत में महावीर प्रधान ने दूध का दूध और पानी का पानी कर दिया।

१२४. **दुधारू गाय की लात खाना भी अच्छा होता है :–** जो लाभदायक होता है उसके अवगुण नहीं देखे जाते। उसे कामता खूब गालियाँ देता है और मारता-पीटता भी है फिर भी वह कुछ नहीं कहता। कहे भी

क्यों कामता उसके परिवार का लालन-पालन जो करता है। तभी किसी ने ठीक ही कहा है कि दुधारू गाय की लात खाना भी अच्छा होता है।

१२५. **दाल में कुछ काला :–** अशुभ होने का संकेत। इस मकान में से चुपचाप निकल चलो। मुझे तो दाल में कुछ काला नज़र आ रहा है।

१२६. **तेल देख तेल की धार देख :–** समय की नज़ाकत समझना। अभी तू कुछ मत बोल। सिर्फ तेल देख, तेल की धार देख।

१२७. **टका ऊँट बिकता है, टका ही नहीं तो खरीदोगे कैसे :–** कोई वस्तु कितनी भी सस्ती बिक रही हो, जब धन ही न हो तो उसे कैसे ख़रीदा जा सकता है राम ने कहा, राधा सोना बहुत सस्ता है, अब तू अपने लिए कंगन बनवाले। भैया टका ऊँट बिकता है, टका ही नहीं तो कैसे ख़रीदा जा सकता है।

१२८. **धोबी का कुत्ता न घर का न घाट का :–** जिसका कोई स्थायी ठौर ठिकाना न हो। भगतराम कहीं एक जगह टिक कर नहीं रहता है और न काम करता है। इसे कहते हैं धोबी का कुत्ता न घर का न घाट का।

१२९. **धुना, जुलाहा और मनिहार अपने लल्ला के तीन यार :–** किसी के ऐसे गिने-चुने समान गुणों वाले मित्र जो सफलतम् सुगमतम व सरलतम काम करना जानते हों। भेड़ें चराने वाले लतीफ के मित्रों में सभी ऐसे हैं कि कोई ईंटें पाथता है, कोई लीपा-पोती करता है और कोई सारे दिन बंसी डाले मछलियां पकड़ता रहता है। इसे कहते हैं धुना, जुलाहा और मनिहार, अपने लल्ला के तीन यार।

१३०. **न नौ मन होगा न राधा नाचेगी :–** (कुछ लोग 'न नौ मन तेल होगा न राधा नाचेगी' कहते हैं। यह ग़लत है। नाचने के साथ तेल का कोई सम्बन्ध नहीं है। (श्री कृष्ण जब मथुरा चले गये तो राधा उदास रहने लगी तब यह लोकोक्ति गढ़ ली गई 'न नौ मन (न नया मन) होगा जिसके साथ बाद में तेल शब्द पता नहीं कहाँ से कैसे जुड़ गया। मन अप्रसन्न होने पर कोई कार्य अच्छा नहीं लगता। सावन में सब सहेलियाँ

झूल रही थीं और गीत गा रही थीं, परन्तु रितु उदास बैठी थी। परदेश से उसके पति को आज आना था। लेकिन वह नहीं आया तो सहेलियों ने उसे ख़ूब समझाया, फिर भी वह ख़ामोश ही रही। तब उसकी एक सहेली बोली। भई रहने दो न नौ मन होगा न राधा नाचेगी।

१३१. **नानक दुखिया सब संसार :–** संसार में हर प्राणी दुखी है। वृद्धा श्यामा देवी के जब वृद्ध पति स्वर्ग सिधार गये तो सभी लोग समझाने लगे दादी मत रोओ। सब्र करो किसी ने ठीक ही कहा है कि नानक दुखिया सब संसार।

१३२. **नेकी कर दरिया में डाल :–** उपकार करने के बाद उसका कभी बखान नहीं करना चाहिए। तुमने अपने चचेरे भाई की हर तरह से मदद की है। सब दुनिया जानती है। वह इसे कुछ नहीं मानता। तुम भी इस बात का किसी से ज़िक्र मत करो। किसी ने ठीक ही कहा है नेकी कर दरिया में डाल।

१३३. **नाच न जाने आँगन टेढ़ा :–** कार्य करने का तरीका न जानने वाला बहानेबाज़ी करता है। वह खुद तो समझने का प्रयास करता नहीं अध्यापक के अध्यापन में कमी बताता रहता है। इसे कहते हैं नाच न जाने आँगन टेढ़ा।

१३४. **नौ नक़द न तेरह उधार :–** जो कुछ आवश्यकतानुसार तुरन्त मिल जाय वह बाद में ज़्यादा भी मिलने से अच्छा है। तुम गेहूँ पाँच न दो, चार क्विंटल ही दो लेकिन अभी दो। नौ नक़द न तेरह उधार।

१३५. **नीम हकीम ख़तराये जान :–** अयोग्य तथा अक्षम का प्रत्येक कार्य दूसरों के लिए जानलेवा होता है। उस व्यक्ति से ट्यूशन मत पढ़ना। वह तो नीम हकीम ख़तराये जान है।

१३६. **पराधीन सपनेहुं सुख नाहीं :–** परतंत्रता में कभी सुख प्राप्त नहीं होता। नौकरी तो नौकरी है। इसमें आराम कहाँ। तभी किसी ने कहा है कि पराधीन सपनेहुं सुख नाहीं।

१३७. **पढ़े फारसी बेचें तेल ये देखो कुदरत का खेल :–** सुयोग्य द्वारा

मज़बूरी में न करने लायक कार्य करना। प्रकृति का भी क्या करिश्मा है। विद्वान् लोग मज़दूरों की तरह छोटा-मोटा कार्य कर जीवन यापन करते हैं। एम०ए०, पी-एच०डी० करने के बाद भी जब जीवन प्रकाश को अच्छी नौकरी नहीं मिली तो उसने जीवन यापन के लिए दर्जीगिरी शुरू कर दी। इसे कहते हैं पढ़े फारसी बेचें तेल ये देखो कुदरत का खेल।

१३८. **नया नौ दिन पुराना सौ दिन :–** प्रत्येक क्षेत्र में पुरानापन नयेपन से अत्यधिक महत्त्वपूर्ण होता है। तुम्हारी राम से नई रिश्तेदारी है, जबकि हमारी बहुत पुरानी है। किसी ने ठीक ही कहा है नया नौ दिन पुराना सौ दिन।

१३९. **पगली ने जाया पूत, चूमा-चाटा और मार दिया :–** अनाड़ी को यदि कोई महत्त्वपूर्ण चीज़ मिल जाए तो वह उसे सहेज संभाल नहीं सकता। सोहन ने अपने अनपढ़ व नासमझ भाई को एक कीमती घड़ी ख़रीद कर दे दी जिसे वह कभी गीले कपड़े से रगड़ कर, कभी पत्थर पर घिस कर साफ करता, कभी साबुन-पानी से धोता। अंततः वह कीमती घड़ी एकदम ख़राब हो गई। इसे कहते हैं पगली ने जाया पूत, चूमा-चाटा और मार दिया।

१४०. **पहने ओढ़े महरिया झाड़े पौंछे दहरिया :–** प्रत्येक चीज़ साफ-सुथरी, तथा सजी-धजी अच्छी लगती है। अलग रह रहे अपने पुत्र का मकान साफ सुथरा न देखकर पिता ने समझाया बेटा पहने ओढ़े महरिया, झाड़े पौंछे दहरिया अच्छी लगती है।

१४१. **फटी न जाके पाम बिवाई सो का जाने पीर पराई :–** जिसको स्वयं कोई तकलीफ न हुई हो वह दूसरे की तकलीफ का अहसास नहीं कर सकता। मनोहर के पेट में तेज़ दर्द हो रहा था जिस कारण वह चीख रहा था और उसका मित्र शीतल हँस कर कह रहा था कि यार क्यों मक्कड़ कर रहा है। इतना तेज़ दर्द है जो तू रो रहा है। यह सुन पास बैठा उसका तीसरा मित्र श्यामल शीतल से बोला यार फटी न जाके पाम बिवाई सो का जाने पीर पराई।

१४२. **फटे हाल गिरधारी जिसके लोटा न थारी :**– बेहद ग़रीब। उस चेतराम की बात करते हो। मैं उसके लड़के के लिए अपनी बेटी का रिश्ता लेकर जाऊँगा। फटे हाल गिरधारी जिसके लोटा न थारी।

१४३. **बीत गई सो बात गई :**– पुरानी घटना अथवा बात भूल जाना चाहिए। चंदन ने अपनी पत्नी से कहा कि रक्षा बंधन पर तुम अपने भाई के घर हो आओ मैं नहीं जाऊँगा, क्योंकि पिछले वर्ष वह मुझ से लड़ पड़ा था। इस पर उसकी पत्नी ने समझाते हुए कहा जो बीत गई सो बात गई। तुम भी मेरे साथ चलो पुरानी बातें भूल जाओ।

१४४. **बंदर क्या जाने अदरक का स्वाद :**–अयोग्य किसी भी महत्त्वपूर्ण चीज़ की कद्र करना नहीं जानता। तुम खुरजा की खुरचन को बेकार बता रहे हो। तुमने शायद पहले कभी खाई नहीं है। बेटा इसे कहते हैं बंदर क्या जाने अदरक का स्वाद।

१४५. **बीती ताहि बिसारि दे आगे की सुधि ले :**– जो घट गया उसे भूल कर भविष्य के लिए सावधान रहना चाहिए। रिंकू के फेल होने पर उसके पिता ने समझाया, बेटा बीती ताहि बिसारि दे आगे की सुधि ले। अगले साल के लिए तैयारी करो।

१४६. **बेकारी से बेगार भली :**– खाली बैठने से कुछ न कुछ करना अच्छा है। ज़मींदार मज़दूरी तो बहुत कम देता है, फिर भी मज़दूरी कर रहा हूँ। सोचता हूँ, बेकारी से बेगार भली।

१४७. **बाल उखाड़ने से मुर्दा हलका नहीं हो जाता :**– किसी भारी अथवा बड़ी चीज़ में से कुछ कम कर दिया जाय तो वह चीज़ हलकी नहीं हो जाती। पत्नी ने पति को समझाया कि मैंने आपके दस लाख रुपयों में से सिर्फ दस रुपये अगरबत्ती के लिए ख़र्च कर लिए। इस पर आप इतना परेशान हो रहे हैं। बाल उखाड़ने से मुर्दा हलका नहीं हो जाता।

१४८. **बाप ने मारी मेंढकी बेटा तीरंदाज़ :**– व्यर्थ शेखी बघारना। अनेक बार हारने वाला पहलवान मोहल्ले के लोगों से बार-बार कहने लगा कि इस बार मैं पूरे भारत का चैम्पियन बनूंगा तो कई लोग एक साथ बोल पड़े बाप ने मारी मेंढकी बेटा तीरंदाज़।

१४९. **बाप बड़ा ना भैया सबसे बड़ा रुपैया :–** धन-दौलत के आगे सभी नाते-रिश्तेदार महत्त्वहीन होते हैं। बूढ़े पिता से जवान पुत्र ने कहा कि तुम्हें जेब खर्च बिल्कुल नहीं मिलेगा। सिर्फ रोटी खानी है तो घर में रहो अन्यथा कहीं और जाकर रहो। तब एक पड़ौसी ने उस बूढ़े को समझाया, ताऊ! बाप बड़ा ना भैया सबसे बड़ा रुपैया।

१५०. **बिन माँगे मोती मिले माँगे मिले न भीख :–** कई बार अनचाहे बहुत महत्त्वपूर्ण चीज़ मिल जाती है और कई बार चाहने पर भी साधारण चीज़ भी नहीं मिलती। उसे पढ़ाई करते समय ही नौकरी मिल गई और उसका मित्र पिछले पाँच साल से पढ़ाई के बाद नौकरी के लिए भटक रहा है। इसे कहते हैं, बिन माँगे मोती मिले, माँगे मिले न भीख।

१५१. **बिन जोरू घर भूत का डेरा :–** औरत के बिना घर मसान के समान होता है। अटल के घर में कोई औरत नहीं है उसे पूरे गाँव ने समझाया बेटा शादी कर ले बिन जोरू घर भूत का डेरा होता है, परन्तु उसने अब तक शादी नहीं की।

१५२. **बिल्ली के भाग्य छींका नहीं टूटता :–** परिश्रम से ही सब कुछ प्राप्त हो सकता है। ख़ूब मेहनत से पढ़ो तभी प्रथम श्रेणी में उत्तीर्ण हो सकते हो। कभी बिल्ली के भाग्य छींका नहीं टूटता।

१५३. **बड़े-बड़ाई ना करें बड़े न बोलें बोल :–** महान व्यक्ति कभी स्वयं अपनी तारीफ नहीं करते और न बड़ी-बड़ी बातें करते हैं। रावण जब अपनी शेखी बघारने लगा तो अंगद ने उसे समझाया, दशानन बड़े बड़ाई ना करें बड़े न बोलें बोल।

१५४. **बिना सेवा मेवा नहीं मिलती :–** परिश्रम करने से ही अच्छा प्रतिफल मिलता है। पिता ने पुत्र को समझाया, बेटा ख़ूब मेहनत से पढ़ो, तभी पास होगे। बिना सेवा मेवा नहीं मिलती।

१५५. **भैंस के आगे बीन बजाये, भैंस पड़ी रौंथाये :–** मूर्ख को समझाना व्यर्थ है। मैं तुम्हें कितना भी समझाऊँ तुम्हारी समझ में आ ही नहीं सकता, क्योंकि तुम समझने का प्रयास ही नहीं करते हो। तुम्हारा तो वही किस्सा है भैंस के आगे बीन बजाये भैंस पड़ी रौंथाये।

१५६. **भागते भूत की लंगोटी ही सही :**– जहाँ कुछ भी न मिलने की उम्मीद हो वहाँ कुछ भी मिल जाय वही अच्छा है। मैंने अपने मित्र को दस हज़ार रुपये उधार दे दिए। कुछ दिन बाद वह बेरोज़गार हो गया। उसे फण्ड के कुछ रुपये मिले। तो उसने दो हज़ार रुपये देते हुए कहा भाई इतने तो ले लो, आगे का कुछ पता नहीं। तब मैंने वे दो हज़ार रुपये लेते हुए सोचा, भागते भूत की लंगोटी ही सही।

१५७. **बोया पेड़ बबूल का आम कहाँ से खाय :**– कर्म के अनुसार ही फल मिलता है। वह मन लगाकर पढ़ा ही नहीं तो पास कैसे हो जाता। किसी ने ठीक ही कहा है, बोया पेड़ बबूल का आम कहाँ से खाय।

१५८. **भरी थाली में लात मारना :**– प्राप्त सुख-सुविधा घमण्ड के कारण त्यागना। सोहन को अच्छी नौकरी मिल गई, परन्तु उसने उसे छोड़ने का मन बना लिया तब उसके पिता ने समझाया, बेटा भरी थाली में लात मारना ठीक नहीं होता।

१५९. **माया से माया मिले कर-कर लम्बे हाथ :**– धनवान के पास और धनवृद्धि होना। राघव पहले से ही अमीर था। अब उसे ननिहाल से और सम्पत्ति मिल गई। इसे कहते हैं माया से माया मिले कर-कर लम्बे हाथ।

१६०. **मुँह में राम बगल मे छुरी :**– मन में शत्रुता रखने वाला। दीपक से शीतल ने कहा सोहन तो तुम्हारा पक्का मित्र है, तो दीपक बोला सोहन, ना भाई, मुँह में राम बगल में छुरी।

१६१. **भूखे भजन न होय गुपाला :**– अभाव में कोई भी अच्छा कार्य सम्पन्न नहीं हो सकता। उसके पास न पुस्तकें हैं, न कापियाँ हैं, न कलम है। तब भला वह कैसे पढ़-लिख पाएगा। इसे कहते हैं भूखे भजन न होय गुपाला।

१६२. **मूरख को समझाइए ज्ञान गांठ का जाय :**– नासमझ को समझाना अपना ज्ञान बर्बाद करना। उसको उसके पिता ने बहुत समझाया कि जुआ मत खेला कर परन्तु वह समझता ही नहीं। इसे कहते हैं मूरख को समझाइए ज्ञान गांठ का जाय।

१६३. **मरी बछिया पुरोहित के सिर :–** व्यर्थ बदनाम होना। वह तो मर ही गया था। राम दयाल ने उसके मुँह में चम्मच से गंगा जल डाला तो उसके परिवार वाले चीखने लगे कि इसे तो राम दयाल ने मार दिया। इसे कहते हैं, मरी बछिया पुरोहित के सिर।

१६४. **मन चंगा तो कठौती में गंगा :–** मन पवित्र है तो जहाँ भी रहोगे वही स्थान तीर्थ होगा। क्या मंदिर में ही जाप करने से भगवान् प्रसन्न होते हैं। अरे घर पर भी पूजन कर सकते हो। मन चंगा तो कठौती में गंगा।

१६५. **मान न मान मैं तेरा मेहमान :–** ज़बरदस्ती किसी को अपना बताना। मेरा पड़ौसी बोला कि राज्य के मुख्यमंत्री मेरे सगे चाचा हैं। मैं मन ही मन सोचने लगा, वाह मान न मान मैं तेरा मेहमान। क्योंकि मुख्यमंत्री और उस पड़ौसी की जाति भी अलग-अलग है।

१६६. **मेरे मन कछु और है साईं के कछु और :–** मनुष्य जो सोचता है उसका उल्टा हो जाना। बेटा अच्छे ओहदे पर पहुँच कर उसकी ख़ूब सेवा करेगा, यह सोच करमचन्द ने अपनी सारी पूंजी खपा दी, परन्तु बेटा विदेश में जाकर बस गया। अब करमचन्द धक्के खा रहा है। इसे कहते हैं मेरे मन कछु और है साईं के कछु और।

१६७. **रोज़ कुआ खोदना, रोज़ पानी पीना :–**उतना ही अर्जन करना जितनी आवश्यकता हो। वह तो मज़दूर है, रोज़ कुआ खोदता है रोज़ पानी पीता है।

१६८. **रोपे पेड़ बबूल के आम कहाँ से खाय :–** बुरे कर्म का अच्छा फल प्राप्त नहीं होता है। उसने हमेशा दूसरों का नुकसान किया था अब उसका हो रहा है तो चीखता है। इसे ही कहते हैं रोपे पेड़ बबूल के आम कहाँ से खाय।

१६९. **रात गंवाई सोय कर दिवस गंवायो खाय :–** जीवन व्यर्थ गंवाना। वह न पढ़ता लिखता है, न कुछ काम धाम करता है और न किसी के साथ उठता-बैठता है। उसका तो बस एक ही काम है रात गंवाई सोय कर दिवस गंवायो खाय।

१७०. **लातों के भूत बातों से नहीं मानते :**– दुष्ट कभी प्रेम की भाषा नहीं समझते। इस चोर को तुम ज्ञान की शिक्षा दे रहो हो। अरे भाई लातों के भूत बातों से नहीं मानते।

१७१. **लोहे को लोहा काटता है :**– दुश्मन को दुश्मन से समाप्त करवाना ठीक रहता है। डाकू खड़गसिंह से तुम क्यों भिड़ते हो। उसे तो डाकू मलखान सिंह से भिड़वादो। भैया लोहे को लोहा काटता है।

१७२. **रस्सी जल गई पर बल न गया :**– मान-मर्यादा समाप्त हो जाने के बाद भी घमंडी बना रहना। पहले उसकी नौकरी गई, उसके बाद घर बिक गया। मैंने काम दिलवाया तो छोड़ दिया। कहता है किसी की गुलामी नहीं करुँगा। इसे कहते हैं रस्सी जल गई पर बल न गया।

१७३. **रात भर पीसा पारे में बटोरा :**– बहुत परिश्रम करने के बाद थोड़ा सा फल मिलना। वह सुबह से बागीचा की गोड़ाई में लगा है और गजभर गोड़ाई नहीं कर पाया। है न रातभर पीसा पारे में बटोरा जैसा हाल।

१७४. **लंगूर के हाथ में हूर :**– बदसूरत व्यक्ति को ख़ूब सूरत चीज़ मिल जाना। सोहन जैसे दुष्ट व्यक्ति को रीता जैसी सुन्दर पत्नी मिल गई। इसे कहते हैं लंगूर के हाथ में हूर।

१७५. **विनाश काले विपरीत बुद्धि :**– जब विनाश काल आता है तो बुद्धि भी उलट जाती है। उसे कितना भी समझाओ परन्तु उसका मन पढ़ाई में लगता ही नहीं यानि विनाश काले विपरीत बुद्धि।

१७६. **साँप भी मर जाये और लाठी भी न टूटे :**– कार्य सम्पन्न भी हो जाये और नुकसान भी न हो। तुम्हारा बेटा चोरी करने लगा है। उसे ऐसी सज़ा दो कि वह चोरी करना भी बंद कर दे और तुम्हारी बदनामी भी न हो। यानि साँप भी मर जाये और लाठी भी न टूटे।

१७७. **सहज पके सो मीठा होय :**– सुगमता से किया जाने वाला कार्य स्थायी और अच्छा फल प्रदान करता है। बिगड़े लड़के को धीरे-धीरे समझा बुझा कर रास्ते पर लाओ। किसी ने ठीक ही कहा है, सहज पके सो मीठा होय।

१७८. **सौ सुनार की एक लुहार की :–** कमज़ोर के अनेक वार और सशक्त का एक वार बराबर होता है। हाथी आराम से बैठा था। एक कुत्ता बार-बार कभी उसके ऊपर कूदता, कभी उसकी पूंछ अपने दाँतों से चबाता, कभी उसके कान पर हमला करता। यकायक हाथी ने उठ कर कुत्ते को ऐसी लात मारी कि वह बेचारा मर ही गया। इसे कहते हैं, सौ सुनार की एक लुहार की।

१७९. **सुबह का भूला शाम को घर आ जाये तो उसे भूला नहीं कहते :–** गिरने के बाद फिर संभल कर चलने वालों को गिरा हुआ नहीं कहा जा सकता। इस वर्ष फेल हो गये कोई बात नहीं। अब अगले वर्ष अव्वल आकर दिखाओ। बेटा सुबह का भूला शाम को घर आ जाये तो उसे भूला नहीं कहते।

१८०. **सौ-सौ चूहे खाकर बिल्ली हज को चली :–** जानबूझ कर अपराध करने के बाद मुक्ति के लिए पूजा पाठ करना अथवा तीर्थ यात्रा करना। सारी उम्र डकैती डालता रहा अब बुढ़ापे में अनाथालयों में दान देने जाता है। इसे कहते हैं, सौ-सौ चूहे खाकर बिल्ली हज को चली।

१८१. **साँप का मुँह साँप ही सूंघ सकता है :–** सबल का मुक़ाबला सबल ही कर सकता है। रामजीत हैं ज़मींदार और करमजीत हैं बड़े व्यापारी। आजकल दोनों में ठनी है। भैया साँप का मुँह साँप ही सूंघ सकता है।

१८२. **सीधी अंगुली से घी नहीं निकलता :–** सीधे सच्चेपन से कार्य सम्पन्न नहीं होते। पिताजी मैंने इस चोर को बहुत समझाया कि मेरी घड़ी तूने चुराई है वापस कर दे, पर यह सुनता ही नहीं। तो पिताजी बोले, बेटा सीधी अंगुली से घी नहीं निकलता। इसे थाने ले जाओ।

१८३. **साँच को आँच नहीं :–** सत्यवादी कभी भयभीत नहीं होता। मैंने कोई ग़लत काम नहीं किया। तुम चाहे पुलिस बुलाओ अथवा गुंडों से पिटवाओ, साँच को आँच नहीं।

१८४. **सिर मुण्डाते ही ओले पड़े :–** कार्य आरम्भ करते ही विघ्न उत्पन्न होना। लोगों के सुझाव से खेती करने के लिए वह नया ट्रैक्टर लेकर

आ रहा था कि दुर्घटना हो गई और नया ट्रैक्टर टूट-फूट गया। बेचारे के सिर मुंडाते ही ओले पड़ गये।

१८५. **सदा दिवाली आल घर जो गुड़ गेहूँ होय :–** अमीर के घर में हमेशा खुशहाली ही रहती है। आजकल राधेश्याम रोज़ाना खूब पकवान खा रहा है। भैया किसी ने ठीक ही कहा है। सदा दिवाली आल घर जो गुड़ गेहूँ होय।

१८६. **साँप के सपोलों को नहीं पालना चाहिए :–** शत्रु के परिवारी जनों को शरण देना अच्छा नहीं होता। तुमने सुना है, धनी राम अपने शत्रु राम लाल के पुत्र की पढ़ाई के लिए खूब मदद कर रहा है। किसी दिन पछताएगा, साँप के सपोलों को नहीं पालना चाहिए।

१८७. **सब दिन चले अढ़ाई कोस :–** अत्यधिक परिश्रम करने के बाद भी थोड़ी सी सफलता प्राप्त करना। राम सारी-सारी रात पढ़ता है। दिन में कॉलेज भी नियमित रूप से जाता है। ट्यूशन भी पढ़ता है और नतीजा हमेशा तृतीय श्रेणी। इसे कहते हैं, सब दिन चले अढ़ाई कोस।

१८८. **साँप निकल गया घसीटन पीटने से क्या लाभ :–** जो कार्य जिस समय जहाँ करना चाहिए था वह न कर पाने के बाद उसे करने का प्रयास करना। जब चोर भाग गये तब रामसिंह अपनी बंदूक लेकर आये और गोलियाँ दागने लगे। तब गाँववासियों ने कहा, साँप निकल गया घसीटन पीटने से क्या लाभ।

१८९. **सीख दीजे ताय जाय सीख सुहाय :–** शिक्षा सदैव उसे देनी चाहिए जिसे वह अच्छी लगती हो। पुजारी जी चोर को समझाने लगे, बेटा भगवान् की पूजा किया करो, चोरी करना बुरी बात है, परोपकार करना सीखो तो उनका शिष्य बोला, गुरुदेव सीख दीजे ताय जाय सीख सुहाय। इसे मैं भी आपकी तरह अनेक बार समझा चुका हूँ, फिर भी इसने चोरी करना नहीं छोड़ा।

१९०. **सारे कुत्ते प्रयाग चले गये तो चाकी की भिर कौन चाटेगा :–** सारे पापी पवित्र बनने के लिए तीर्थ यात्रा पर चले जाएंगे तो फिर पाप

करने के लिए कौन बचेगा। अपने पुत्र को तृतीय श्रेणी में उत्तीर्ण हुआ देख पिता ने कहा, बेटा सब कुत्ते प्रयाग चले गये तो चाकी की भिर कौन चाटेगा। भाई सारे लड़के प्रथम और द्वितीय श्रेणी में उत्तीर्ण हुए तो तृतीय श्रेणी में उत्तीर्ण होने के लिए कोई न कोई तो होना ही चाहिए।

१९१. **हाथ कंगन को आरसी क्या :–** प्रत्यक्ष के लिए प्रमाण देने की आवश्यकता नहीं होती। इस आटे में कंकड़-पत्थर मिले हैं, मेरी मत मानो। अभी रोटी बनाकर खाओ। हाथ कंगन को आरसी क्या। आप खुद अनुभव करेंगे।

१९२. **होनहार बिरवान के होत चीकने पात :–** प्रतिभाशाली लोगों के लक्षण आरम्भ से ही नज़र आने लगते हैं। सिद्धार्थ के एकाकी पन से प्रभावित होकर सभी कहने लगे थे कि यह राज कुमार अवश्य बड़ा संत, महात्मा बनेगा। क्योंकि होनहार बिरवान के होत चीकने पात।

१९३. **हाथी के दाँत दिखाने के और खाने के और :–** कथनी और करनी में अंतर रखने वाला। राधे लालां हाँ-हाँ करता रहेगा, पर उधार देगा कभी नहीं। भैया हाथी के दाँत खाने के और दिखाने के और।

१९४. **हारा भांड दिवाली गाये :–** बनावटी बातों से मन का कष्ट या अपराध छुपाने का प्रयास करना। वह चोरी करते पकड़ा नहीं गया, पर उसका मन जानता है कि उसने चोरी की है। फिर भी सबसे कहता फिरता है कि वह चोर नहीं है। इसे कहते हैं, हारा भांड दिवाली गाये।

१९५. **ज्ञानी से ज्ञानी लड़े, लड़े नीच से नीच :–** बराबर वाले से उलझना अच्छा माना जाता है। महाभारत काल में गज सवार, गज सवार से लड़ सकता था। गज सवार, पैदल से नहीं लड़ सकता था। विद्वान् से विद्वान् ही शास्त्रार्थ कर सकता था। इसे कहते हैं, ज्ञानी से ज्ञानी लड़े, लड़े नीच से नीच।

अध्याय-२२

विलोम शब्द, अनेक शब्दों के लिए एक शब्द तथा उक्तियाँ

विलोम शब्द

आरंभ	अंत	आय	व्यय
अपना	पराया	आवश्यक	अनावश्यक
अधूरा	पूरा	आशा	निराशा
अनपढ़	पढ़ा-लिखा	आशावादी	निराशावादी
अंधकार	प्रकाश	आसान	कठिन
अखण्डित	खण्डित	अनभिज्ञ	भिज्ञ
अर्थ	अनर्थ	आज्ञा	अवज्ञा
अनुचित	उचित	अदब	बेअदब
अनुपस्थित	उपस्थित	अचल	चल
आदर	अनादर	अन्याय	न्याय
असुर	सुर	उपकार	अपकार
अगला	पिछला	अशेष	शेष
अपयश	यश	अधीर	धैर्य
अमीर	गरीब	अनुकूल	प्रतिकूल
अप्रिय	प्रिय	अफसोस	खुशी
असंभव	संभव	अच्छा	बुरा
असहयोग	सहयोग	अचेतन	चेतन
आज़ाद	गुलाम	आना	जाना

अन्दर	बाहर	अरुचि	रुचि
अधिकार	अनाधिकार	अनारक्षित	सुरक्षित
अक्षय	क्षय	अमृत	विष
अमर	नश्वर	अर्पण	ग्रहण
अजर	जर	आकर्षण	विकर्षण
आओ	जाओ	इधर	उधर
अस्वथ	स्वस्थ	इस	उस
अस्वीकार	स्वीकार	ईमानदार	बेईमान
असभ्य	सभ्य	इच्छा	अनिच्छा
असत्य	सत्य	इज़ाफा	घाटा
आदान	प्रदान	इष्ट	अनिष्ट
असली	नकली	इहिलोक	परलोक
असावधान	सावधान	उचित	अनुचित
अवगुण	गुण	उदार	अनुदार
अवैतनिक	वैतनिक	उतारना	चढ़ाना
आचार	अनाचार	उधार	नक़द
अवलोकन	अनावलोकन	उत्थान	पतन
अबोध	सुबोध	उन्नति	अवनति
आश्चर्य	अनाश्चर्य	उत्साह	निरुत्साह
अधपका	पूरापका	उठना	बैठना
आश्रय	निराश्रय	उद्देश्य	निरुद्देश्य
आयात	निर्यात	उत्तम	निकृष्ट
अज्ञानी	ज्ञानी	उत्तरदायी	अनुत्तरदायी
अनुत्तीर्ण	उत्तीर्ण	उपजाऊ	बंजर
आसक्त	अनासक्त	ऊँचा	नीचा
अति	अल्प	उपयोगी	अनुपयोगी
आरोह	अवरोह	उपकार	अपकार
अग्रज	अनुज	उगना	नष्ट होना

उतार	चढ़ाव	कृपा	कोप
उम्मीद	नाउम्मीद	खाली	भरा
ऐसा	वैसा	खट्टा	मीठा
एकता	अनेकता, फूट	खबरदार	बेखबर
इलाज	बेइलाज	खड़ा	बैठा
ऐच्छिक	अनिवार्य	खोलना	बंद करना
औपचारिक	अनौपचारिक	खोटा	सही
औरत	आदमी	खरीदना	बेचना
क्रय	विक्रय	खूबसूरत	बदसूरत
कुकर्म	सत्कर्म	खोना	पाना
कम	अधिक	खुफिया	उजागर
कड़ुवा	मीठा	खामोशी	नाखामोशी
काला	सफेद	खराब	अच्छा
कायर	वीर	गुप्त	प्रकट
कपूत	सपूत	गमन	आगमन
क़ानूनी	गै़रक़ानूनी	गर्म	ठंडा
कमज़ोर	मज़बूत	गठन	विगठन
कारगर	बेकार	गंदा	साफ
कुआरा	ब्याहा	गंवार	शऊरदार
कृतज्ञ	कृतध्न	ग़रीब	अमीर
कीर्ति	अपकीर्ति	ग़ैर हाज़िर	हाज़िर
कारण	अकारण	गुलाम	आज़ाद
कच्चा	पक्का	गाढ़ा	पतला
कठिन	सरल	ग़ायब	प्रकट
कठोर	कोमल	गुनी	निर्गुनी
कद्र	नाकद्री	ग्रहण	त्याग
काबिल	नाक़ाबिल	गत	आगत
कामयाब	नाकामयाब	गुरु	लघु

गुरु	शिष्य	जनाना	मर्दाना
घटाना	बढ़ाना	जागा	सोया
घटिया	बढ़िया	जानकारी	अज्ञानता
घेरना	छोड़ना	जालिम	विनम्र
घर का	बाहर का	जान	बेजान
घरेलू	बाहरी	ज़िम्मेदार	गैरज़िम्मेदार
घृणा	प्रेम	ज़्यादा	कम
चर	अचर	जान	अनजान
चल	अचल	जुदाई	मिलन
चालाक	बुद्धू	जीवन	मृत्यु
चापलूसी	साफगोई	जैसा	तैसा
चतुर	होशियार	ज्यों	त्यों
चंचल	अचंचल	जलन	ठंडक
चढ़ाना	उतारना	झूठा	सच्चा
चढ़ाई	उतराई	झूठ	सच
चालू	सीधा-सादा	झिझक	बेझिझक
चौड़ा	संकरा	झगड़ा	मेल
जल	थल	झटपट	आहिस्ता
जय	पराजय	टेढ़ा	सीधा
जन्म	मरण	टूटा	जुड़ा
ज़रूरी	गैरज़रूरी	ठंडा	गरम
जाली	असली	ठीक	ग़लत
जायज़	नाजायज़	ठहरा	चलता
जीत	हार	ठग	धोकेबाज़
ज़िन्दगी	मौत	डरपोक	निडर
ज़िन्दा	मरा	डोलना	स्थिर रहना
जानकार	अनजान	ढीला	कसा
जागना	सोना	ढंग	बेढंग

ढेर	बिखरा	दुर्भाग्य	सौभाग्य
तुरन्त	देर से	दुर्गंध	सुगंध
तीव्र	मन्द	दुर्गति	सद्गति
ताप	शीत	दुर्गुण	सदगुण
तारीफ	निन्दा	द्वेष	अद्वेष
ताज़ा	बासा	धर्म	अधर्म
तनिक	अधिक	धनी	निर्धन
ताकतवर	कमज़ोर	धरती	आकाश
तेज़	मुथरा	धृष्ट	विनम्र
तेज़ी से	धीरे से	धीरे	जल्दी
त्यागना	ग्रहण करना	धैर्यवान	अधीर
तोड़ना	जोड़ना	धुँधला	साफ
तोल	अतोल	निर्दय	सहृदय
तिरछा	सीधा	नर	मादा
थोड़ा	बहुत	निन्दा	स्तुति
दाग़	बेदाग़	नरक	स्वर्ग
दरिद्र	सम्पन्न	नर्म	कठोर
दासता	स्वतंत्रता	नैतिक	अनैतिक
दुःख	सुख	नकली	असली
दोषी	निर्दोष	नीचे	ऊपर
देश	परदेश	नीरस	सरस
दुश्मन	मित्र	नीति	अनीति
दुर्लभ	सुलभ	नींद	जगना
दुर्बल	सबल	निश्चय	अनिश्चय
दृश्य	अदृश्य	निर्धन	धनवान
दोस्ती	दुश्मनी	निःसंकोच	संकोच
दूर	पास	निन्दा	प्रशंसा
दुर्व्यवहार	सदव्यवहार	निकट	दूर

नियंत्रित	अनियंत्रित
नाबालिग	बालिग
नाखुश	खुश
नामंजूर	मंजूर
निडर	डरपोक
निकास	प्रवेश
नुकसान	फायदा
निष्क्रिय	सक्रिय
निर्भय	भयभीत
निर्णीत	अनिर्णीत
नियमित	अनियमित
निरक्षर	साक्षर
निकलना	घुसना
निरोगी	रोगी
नेकी	बदी
न्याय	अन्याय
निशि	वासर
निर्मल	दूषित
निर्बल	सबल
नशीला	ग़ैरनशीला
नास्तिक	आस्तिक
पक्ष	विपक्ष
पराजय	जय
पतला	गाढ़ा
प्राचीन	अर्वाचीन
पक्का	कच्चा
पकड़ना	छोड़ना
पतन	उत्थान

पक्षपात	निष्पक्ष
प्रश्न	उत्तर
प्रेम	घृणा
प्यार	नफरत
प्यासा	तृप्त
प्रिय	अप्रिय
पठित	अपठित
पुराना	नया
प्रोत्साहित	निरुत्साहित
प्रस्थान	आगमन
परिचित	अपरिचित
बदबू	खुशबू
बंद	खुला
बाहर	भीतर
बचत	खर्च
बदसूरत	खूबसूरत
बसना	उजड़ना
बहुत	थोड़ा
बहुमत	अल्पमत
बेडौल	सुडौल
बेवकूफ	अक्लमंद
बेरहम	रहमदिल
बलवान	कमज़ोर
बदनसीब	खुशनसीब
बुद्धू	होशियार
बासा	ताज़ा
बाँधना	खोलना
बेशर्म	शर्मदार

बनाना	बिगाड़ना	यार	दुश्मन
बोलना	चुपरहना	यह	वह
बिखराहुआ	जुड़ाहुआ	यहाँ	वहाँ
बंजर	उपजाऊ	रोगी	निरोगी
बताना	छिपाना	रुकना	चलना
भोला	नटखट	रात	दिन
भारी	हल्का	रफ्ता-रफ्ता	जल्दी-जल्दी
भिखारी	दाता	रोज़गार	बेरोज़गार
भोर	साँझ	रूठना	मनाना
भीगा	सूखा	रंज	खुशी
भूख	पेट भरा हुआ	लेना	देना
भलाई	बुराई	लघु	बड़ा
भला	बुरा	लज्जा	निर्लज्ज
भाग्यवान	भाग्यहीन	लौटाना	न लौटाना
भरोसा	अविश्वसनीय	लख	अलख
मूक	वाचाल	लूटना	बाँटना
मोल	अमोल	लगातार	रुक-रुक कर
मृत्यु	जीवन	लड़ाई	सुलह
मांगना	देना	लेटना	उठना
मोद	अमोद	लोग	लुगाई
मीठा	कड़ुवा	लाचार	सब लायक
मंथर	तीव्रतर	विभक्त	संयुक्त
मौखिक	लिखित	वक्ता	श्रोता
मंद-मंद	धरी-धीरे	विभव	पराभव
मिलना	बिछड़ना	विदेश	स्वदेश
मीत	दुश्मन	वर्तमान	अतीत
मुख्य	गौण	वरदान	अभिशाप
यारी	दुश्मनी	वाद	प्रतिवाद

वफा	बेवफा	सोया	जागा
व्यवस्थित	अव्यवस्थित	सबका	किसी का नहीं
विशिष्ट	सामान्य	सगा	गैर सगा
शरम	बेशरम	संयुक्त	असंयुक्त
शोर	खामोशी	सद्गुण	अवगुण
शुभ	अशुभ	सस्ता	महंगा
श्याम	श्वेत	सीधा	टेढ़ा
शीतल	गर्म	संहार	पालन
शिकार	शिकारी	संभलना	लड़खड़ाना
सफल	निष्फल	सुगम	दुर्गम
संत	असंत	सरल	कठिन
संधि	विग्रह	सहायक	ग़ैर सहायक
साधु	असाधु	सभ्य	असभ्य
समझ	नासमझ	सबल	निर्बल
संचय	असंचय	सौभाग्य	दुर्भाग्य
संकोच	नि:संकोच	हाज़िर	ग़ैर हाज़िर
सत्य	असत्य	हाथ	पैर
समता	विषमता	हालका	बासी
सारे	एकभी नहीं	हँसना	रोना
संतोष	असंतोष	हुनरदार	बेहुनर
साथ-साथ	अलग-अलग	क्षम्य	अक्षम्य
संध्या	सवेरा	ज्ञानी	अज्ञानी
संधि	विग्रह	ज्ञाता	अज्ञाता
साफ	गंदा	ज्ञेय	अज्ञेय
सफाई	गंदगी		

अनेक शब्दों के लिए एक शब्द

हिन्दी भाषा में कुछ महत्त्वपूर्ण शब्द ऐसे हैं जो अनेक शब्दों के लिए एक शब्द के रूप में प्रयोग किए जाते हैं—

एक शब्द	**अनेक शब्द**
अप्रत्याशित	जिसकी आशा न हो
अन्तरजातीय	जिसका सब जातियों से सम्बंध हो
आदरणीय	जो आदर करने लायक हो
अनिवार्य	जिसके बिना कार्य न हो सके
अपठित	जिसे पढ़ा न गया हो
आत्मघाती	जो अपनी हत्या स्वयं करे
आत्मनिर्भर	जो अपने ऊपर निर्भर रहे
अध्यापक	जो पढ़ाता हो
अध्यापिका	जो स्त्री पढ़ाती हो
अध्यापन	जो पढ़ाने का कार्य करता हो
अजातशत्रु	जिसका शत्रु न हो
आस्तिक	ईश्वर में विश्वास रखने वाला
अमूल्य	जिसका मूल्य न हो
अकाट्य	जिसे काटा न जा सके
अदृश्य	जिसे देखा न जा सके
अधिकृत	जो अधिकार रखता हो
आरक्षित	जिसका आरक्षण किया गया हो
अनधिकृत	जिस पर किसी का अधिकार न हो

आखेटक	शिकार करने वाला
अद्वितीय	जिसके मुकाबले कोई दूसरा न हो
आवेदक	जिसने आवेदन किया हो
अनुज	जो बाद में जन्मा हो
अग्रज	जो पहले जन्मा हो
अपराह्न	दो पहर का समय
अभेद्य	जो भेदा न जा सके
अनाथ	जिसके माता-पिता न हों
असहाय	जिसकी कोई सहायता करने वाला न हो
अस्तबल	जिस जगह घोड़े बंधते हों
ईर्ष्यालु	दूसरों से ईर्ष्या रखने वाला
ईश्वरीय	जो ईश्वर का हो
उत्पाती	जो उत्पात करने वाला हो
उषाकाल	सूर्य उदय होने से पहले का समय
उच्चाकांक्षी	ऊँची आकांक्षा रखने वाला
ऐश्वर्य	ईश्वरीय सुख
कवि	कविता रचने वाला
कवयित्री	कविता रचने वाली स्त्री
कृतघ्न	किया हुआ उपकार न मानने वाला
कालजयी	काल को जीतने वाला
कृतज्ञ	किया हुआ उपकार मानने वाला
कुलटा	जिस औरत का चलन अच्छा न हो
कुलद्रोही	कुल का भला न चाहने वाला
कुलीन	जिसका जन्म उच्च कुल में हुआ हो

कैलाश	शिव जी का निवास स्थान
क्रूर	दूसरों के साथ बुरा बर्ताव करने वाला
कृपण	कंजूसी करने वाला
कली	बिना खिला फूल
खगोलीय	जिसका सम्बंध आकाश से हो
खुफिया	जो गोपनीय हो
गोधूली	रात तथा संध्या के बीच का समय
गवैया	जो गाता हो
चारागाह	पशुओं के चरने का स्थान
चापलूस	चापलूसी करने वाला
छलिया	छल करने वाला
ज्योतिषी	ज्योतिष जानने वाला
जोगी	जोग धारण करने वाला
जलचर	जल में रहने वाला जीव
जुलाहा	कपड़ा बुनने वाला
ज़ालिम	जुल्म करने वाला
जुदाई	किसी का किसी से बिछड़ना
झूठा	झूठ बोलने वाला
झगड़ालू	झगड़ा करने वाला
ठग	दूसरों को ठगने वाला
तीरंदाज	तीर चलाने वाला
तकाज़ा	दूसरों से अपना माल वसूलना
दर्शनीय	देखने योग्य
दीर्घ जीवी	जो अधिक समय तक जिए

दरिद्र	बेहद गरीब
दूरदर्शी	दूर तक देखने वाला
दूरगामी	दूर गमन करने वाला
दुराग्रह	गलत बात के लिए आग्रह करना
धन्वन्तरि	आयुर्वेद का ज्ञाता (श्रेष्ठ वैद्य)
निर्भय	जो डरता न हो
निश्चिंत	चिन्ता न करने वाला
निराकार	जिसका आकार न हो
निन्दनीय	जो निन्दा करने के योग्य हो
निराशाजनक	जो निराशा को जन्म दे
निराश	जिस को किसी से कैसी भी उम्मीद न रहे
निःशुल्क	जिसके लिए कोई कैसा भी शुल्क न हो
निर्दोष	जिसका कोई दोष न हो
निरोग	जिसे कोई रोग न हो
निस्वार्थ	जो स्वार्थी न हो
निशीथ	आधी रात का वक्त
पराधीन	जो दूसरों के अधीन हो
परहित	दूसरों का भला
परोपकारी	दूसरों का भला करने वाला
प्रजातंत्र	प्रजा का राज्य
पार्थिव	पृथ्वी से सम्बंधित
पथप्रदर्शक	राह दिखाने वाला
प्रवासी	देश छोड़ विदेश में रहने लगे
पठनीय	पढ़ने योग्य

पाठक	पढ़ने वाला
पंचतत्त्व	क्षिति, जल, पावक, गगन और समीर
पंच	पंचायत का सदस्य
पंजाब	पाँच आब (नदियों) वाला प्रदेश (नदियाँ–झेलम, सतलुज, व्यास, रावी, और चिनाव)
फलीभूत	फल देने वाला
फकीर	फकीरी में जीवन यापन करने वाला
फलसफा	दर्शन शास्त्र
ब्रह्म मुहूर्त	भोर का समय
बचपना	बच्चों की तरह हरकतें करना
बहुमूल्य	बेहद कीमती
बज्रंग	बज्र के समान अंग वाला अर्थात् हनुमान
बरेठा	मज़दूरी पर कपड़े धोने वाला धोबी
बत्तीसी	बत्तीस दाँत
बातूनी	बहुत बोलने वाला इंसान
बेला	एक तार वाला बाजा सितार जैसा
बेवकूफ	कम अक्ल वाला
भट्टा	कच्ची ईटें पकाने वाला आवा
भड़भूजा	भाड़ में अनाज भूनने वाला
भोला	सीधा-साधा
भूप	किसी देश का राजा
भूपाल	धरती का पालन कर्त्ता अर्थात राजा
भूगोल	पृथ्वी का अध्ययन कराने वाला शास्त्र
भुवनेश्वर	चौदह भुवनों का ईश्वर (तीन लोक चौदह भुवन माने जाते हैं)

मार्गदर्शक	राह बताने वाला
महावट	शीत ऋतृ में होने वाली वर्षा
महावत	हाथी हाँकने वाला
मतवाला	मस्त रहने वाल प्राणी
मोहित	किसी पर आसक्त होने वाला
मंथर	धीरे-धीरे या धीमा-धीमा
मक्कार	कोई कार्य न करने वाला
मतलबी	अपना स्वार्थ सिद्ध करने वाला
मंगता	मांगने वाला
मड़ैया	घास फूस से बनी झोपड़ी
यज्ञ	हवन के साथ पूजन करने की एक विधि
यजमान	किसी पुरोहित का शिष्य
रोगी	किसी रोग से पीड़ित प्राणी
रतजगा	रात भर जगना
रंडुआ	जिस पुरुष की पत्नी मरने के बाद दूसरी शादी न हुई हो।
रखैल	बिना विवाह के कोई स्त्री किसी पुरुष के साथ पत्नी की तरह रहने वाली
रांड़	जिस स्त्री का पति मर चुका हो
रक्षक	रक्षा करने वाला
रंगीला	विभिन्न रंगों से रंगा हुआ
राही	रास्ते पर चलने वाला
रेतीला	जो रेत युक्त हो
लखटकिया	लाख टका लेकर काम करने वाला

लड्डू	विभिन्न कणों से बना गोला
लगाम	घोड़े के मुँह पर बंधने वाली रस्सी
लोकप्रिय	जिसको सब पसन्द करें
लाजवाब	जिसका कोई जवाब न हो
विधवा	जिस स्त्री का पति मर गया हो
बंध्या	जिस स्त्री के संतान न जन्मी हो
वंदनीय	जो वन्दना के योग्य हो
वनिता	वन में विचरण करने वाली स्त्री
शहरी	शहर में रहने वाला
शिकारी	शिकार करने वाला
श्मशान	मृतकों के जलाने का स्थल
शिवालय	शिवजी का स्थान
सधवा	जिस स्त्री का पति जीवित हो
सर्वज्ञ	सब कुछ जानने वाला
स्वार्थी	अपना मतलब हल करने वाला
सार्वजनिक	जो सबका हो
स्नेही	सबसे स्नेह करने वाला
संख्यावाचक	संख्या बताने वाला
संगीतज्ञ	संगीत का ज्ञान रखने वाला
संकोची	संकोच करने वाला
सहपाठी	साथ पढ़ने वाला
सहयोगी	सहयोग करने वाला
सुलक्षणा	अच्छे लक्षणों वाली स्त्री
हितैषी	सबका भला चाहने वाला

हठीला	हठ करने वाला
हलाक	जिसका गला काट दिया गया
हलवाई	मिठाई बनाने वाला
हलवाहा	हल चलाने वाला अर्थात किसान
हाज़िर	उपस्थित होने वाला
क्षणभंगुर	क्षण भर में नष्ट होने वाला
क्षणिक	क्षण भर का
ज्ञानेश्वर	ज्ञान पर अधिकार रखने वाला

उक्तियाँ

अनेक समीक्षकों, समालोचकों एवं विवेचनकर्त्ताओं ने हिन्दी साहित्य के रचनाकारों के रचनात्मक कार्य के लिए अपने-अपने दृष्टिकोण से उक्तियाँ दी हैं जो शैक्षिक दृष्टि से बेहद उपयोगी एवं सार्थक हैं। इनमें से अनेक उक्तियों के लेखकों के विषय में कोई जानकारी उपलब्ध नहीं है और जिनके विषय में जानकारी प्राप्त करने का प्रयास किया गया वह विवादास्पद है।

किसी समालोचक ने महाकवि बिहारी द्वारा रचित ग्रंथ 'बिहारी सतसई' में संग्रहीत दोहों की प्रशंसा करते हुए कहा है-

सतसइया के दोहरे ज्यों नाविक के तीर।
देखत में छोटे लगें घाव करें गंभीर॥

अर्थात् सतसई के दोहे नाविक के तीरों के समान देखने में अत्यन्त छोटे-छोटे हैं किन्तु घाव बहुत गंभीर करते हैं। बिहारी के दोहों के विषय में 'गागर में सागर' भरने की उक्ति भी प्रचलित है। प्रत्येक दोहा गूढ़ तथा गहन एवं विस्तृत भाव से सरावोर है। कोई दोहा नख-शिख तक शृंगार रस में डूबा है तो कोई एक दम नीतिपरक है। किसी दोहे में भक्तिभाव की पराकाष्ठा है तो किसी में पूरी तरह प्रकृति का चित्रण विद्यमान है। किसी दोहे में व्यंग्य है

तो किसी में भूले भटके शासक से लेकर आमआदमी तक को जगाने अर्थात् सही राह पर लाने के लिए दम खम भरी प्रेरणा है। किसी-किसी दोहे में ऐसा चित्रण है जिसकी बराबरी विश्व के किसी भी साहित्य में उपलब्ध नहीं है।

किसी समीक्षक ने यह भी कहा है–

सूर-सूर तुलसी ससी उड्गन केशवदास।
अब के कवि खद्योत सम जहँ-तहँ करत प्रकास॥

अर्थात् साहित्य रूपी आकाश में महाकवि सूर सर्वश्रेष्ठ कवि हैं जो सूर्य के समान हैं। महाकवि तुलसी चन्द्रमा के समान और महाकवि केशवदास तारे के समान हैं। आजकल के कवि जुगनू के समान हैं जो कभी-कभी, कहीं-कहीं कुछ देर चमकते हैं और फिर समाप्त हो जाते हैं।

एक अन्य समालोचक ने यह भी कहा है–

कविता कर्त्ता तीन हैं केशव, तुलसी, सूर।
कविता खेती इन लुनी सीला बिनत मजूर॥

अर्थात् कविता रचने वाले सिर्फ तीन कवि हैं। पहले महाकवि केशवदास, दूसरे महाकवि तुलसीदास और तीसरे महाकवि सूरदास। ये तीनों कवि ऐसे हैं जिन्होंने कविता रूपी खेती (पकी फसल) काटली है। अन्य कवि तो ऐसे मज़दूरों के समान हैं जो 'सीला बीन' रहे हैं। जब फसल की कटाई होती है तो उसका कुछ अंश खेत में इधर-उधर बिखरा पड़ा रह जाता है उसे सीला कहते हैं जिसे मज़दूर आदि उठा ले जाते हैं। इस प्रकार समालोचक ने अन्य कवियों को सीला बीनने वाला बताया है।

यहाँ एक बात और स्पष्ट करदी जाय कि महाकवि केशवदास को कठिन काव्य का प्रेत भी कहा जाता है।

किसी अन्य समालोचक ने एक दम अलग ही कहा है–

तत्त्व-तत्त्व सूरा कही तुलसी कही अनूठी।
बची खुची कबिरा कही और कही सिग झूठी॥

तत्त्व (मूल) महाकवि सूर ने अपने काव्य में कह दिया अर्थात् उसके बाद कहने को कुछ शेष बचा ही नहीं जिसे कोई अन्य कवि कहता। हाँ

महाकवि तुलसी ने कुछ अनूठा अवश्य कह दिया। उसके बाद जो कुछ बचा-खुचा उसे संत कवि कबीर ने कह दिया। तब कविता में कुछ कहने के लिए रह ही नहीं सका। इसीलिए इन तीनों के अलावा जिसने भी कुछ कहा वह सब झूठ है अर्थात् वह कविता है ही नहीं।

एक समीक्षक यह भी कहता है-

जहाँ न पहुँचे रवि।
वहाँ पहुँचे कवि॥

अर्थात् जहाँ सूर्य भी नहीं पहुँच सकता वहाँ कवि पहुँच जाता है अथवा पहुँच सकता है। सूर्य से तात्पर्य यहाँ प्रकाश से है और कवि की पहुँच से तात्पर्य कवि की कल्पना से है। कवि कुछ भी कैसी भी कल्पना कर सकता है। अर्थात् अस्तित्त्वहीन भी। जबकि सूर्य के बिना ब्रह्माण्ड के अस्तित्त्व की कल्पना भी नहीं की जा सकती।

किसी-किसी कवि ने अपनी काव्य प्रतिभा पर स्वयं भी टिप्पणी की है। जैसे कविवर घनानन्द कहते हैं-

लोग हैं लागि कवित्त बनावत।
मोहि तो मोरे कवित्त बनावत॥

लोग (कवि) कविता बनाने में लगे हुए हैं, परन्तु मुझको तो मेरी कविता ही कवि बना रही है। अर्थात् कविता तो कवि के हृदय से स्वयं प्रवाहित होती है। दूसरे शब्दों में कवि अवतरित होता है। कवि को कविता करना सिखाया नहीं जा सकता।

इसी प्रकार कविवर भिखारी दास ने कहा है-

आगे के कवि रीझि हैं तो कविताई
नतौ राधिका कन्हाई सुमिरन को बहानौ है॥

अर्थात् आगे के कवि यदि राधा और कृष्ण पर रीझ कर लिखेंगे तो वह असली कविता होगी अन्यथा वह तो राधा-कृष्ण को याद करने का बहाना मात्र होगी। कवि के कहने का उद्देश्य यह है कि कविता गहराई में डूब कर कवि लिखता है।

यही बात कबीर ने बताई है–

जिन खोजा तिन पाइयाँ गहरे पानी बैठ

कविवर रसलीन की पंक्तियाँ देखिए–

बाँचि आदि ते अंत लों यह समुझै जो कोइ।
ताहि और रस ग्रंथ की फेरि चाह नहिं होइ॥

जिस कविता को आरंभ से अंत तक जो पढ़े और समझ ले अर्थात् उसकी समझ में आजाये तो उसको किसी रस ग्रंथ को पढ़ने की इच्छा हो ही नहीं सकती है। इस तरह के कितने कवि हैं--यह तो पाठक ही निर्णय कर सकेंगे। बहरहाल काव्य की तुलनात्मक दृष्टि से ये पंक्तियाँ हमारे लिए महत्त्वपूर्ण हैं।

इसी प्रकार कवि वर वृन्द ने कवियों के ऊपर एक महत्त्व पूर्ण उक्ति कही है–

भले बुरे सब एक सम जौ लौं बोलत नाँहि।
जानि परत हैं काग पिक रितु वसंत के माँहि॥

जब तक बोलते नहीं हैं तब तक भले और बुरे सभी एक-से प्रतीत होते हैं। ठीक उस तरह जिस तरह कागा और कोयल भी एक-से दिखाई देते हैं। लेकिन वसंत ऋतु में जब कोयल मीठा-मीठा गाती है तो सबको पता चल जाता है कि कौन कोयल है और कौन कागा।

ऐसी ही स्थिति कवियों की है। कवि की कविता सुनकर अथवा पढ़कर पता चल जाता है कि कौन कवि श्रेष्ठ है और कौन साधारण।

डॉ० रामकुमार वर्मा ने महाकवि सूरदास की कविता के विषय में कहा है, 'सूर की कविता में संगीत की धारा इतनी सुकुमार चाल से चलती है कि हमें यह ज्ञात होने लगता है कि हम स्वर्ग के किसी पवित्र भाग में मन्दाकिनी की हिलती हुई लहरों का स्पर्शानुभव कर रहे हैं। सूरदास तो स्वभावतः ही उत्कृष्ट गायनाचार्य थे। इस कारण उन्होंने जितने पद लिखे हैं उनमें संगीत की ध्वनि इतनी सुमधुर रीति से समाई है कि वे पद संगीत के जीते-जागते अवतार से हो गये हैं'।

यह सच भी है काव्य रचनाकारों में सूर का नाम सर्वोपरि माना जाता है। एक अन्य उक्ति और देखिए–

उत्तम पद कवि गंग के कविता के बलवीर।
केशव अर्थ गंभीरता सूर तीन गुन धीर॥

अर्थात् कविवर गंग के पद अति उत्तम हैं। वह सशक्त कवि हैं। गंभीर अर्थ से ओत-प्रोत काव्य कविवर केशवदास का है। परन्तु इन सबसे भी आगे सूर का काव्य है। उसमें कविता के तीनों गुण–अभिधा, लक्षण और व्यंजना विद्यमान हैं।

एक उक्ति और देखिए जो कवि अथवा कविता पर किस प्रकार चोट करती है–

फीकी पै नीकी लगै कहिए समय विचारि।
सबको मन हरषित करै ज्यों विवाह में गारि॥

कविता बेशक फीकी हो परन्तु नीकी (अच्छी) लगनी चाहिए। ठीक उस तरह जिस तरह विवाह के समय गाई जाने वाली गालियाँ भी सबका मन मोह लेती हैं। कविता भी मन को मोहने वाली होनी चाहिए चाहे उसमें अलंकार आदि भले ही न हों।

संदर्भ-ग्रंथ

१.	भाषा और व्यवहार	–डॉ० ब्रज मोहन
२.	हिन्दी भाषा	–डॉ० भोला नाथ तिवारी
३.	भाषा विज्ञान एवं भाषा शास्त्र	–डॉ० कपिल देव द्विवेदी
४.	कनौजी लोक साहित्य में समाज का प्रतिबिम्ब	–डॉ० सुरेश चन्द्र त्रिपाठी
५.	हिन्दी व्याकरण	–डॉ० उमेश चन्द्र शुक्ल
६.	डगर चलि श्री गोवर्धन की ओर	–डॉ० वसंत यामदग्नि
७.	रस, अलंकार, पिंगल	–डॉ० शम्भुनाथ पाण्डेय
८.	रस मीमांसा	–आचार्य रामचन्द्र शुक्ल
९.	रस सिद्धान्त	–डॉ० नगेन्द्र
१०.	हिन्दी वर्तनी का विकास	–डॉ० अनीता गुप्ता
११.	भारतीय काव्य शास्त्र	–निशा अग्रवाल
१२.	बृहत् हिन्दी मुहावरा कोष	–अशोक कौशिक, गणेश शर्मा शास्त्री
१३.	व्यावहारिक हिन्दी व्याकरण कोष	–तनसुखराम गुप्त
१४.	हिन्दी राष्ट्रभाषा राजभाषा जनभाषा	–शंकर दयाल सिंह
१५.	भाषा विज्ञान	–डॉ० भोला नाथ तिवारी
१६.	शब्दार्थ विचार कोष	–आचार्य रामचन्द्र वर्मा
१७.	राजभाषा सहायिका	–अवधेश मोहन गुप्त
१८.	हिन्दी और उसकी उपभाषायें	–विमलेश कान्ति वर्मा

१९. विश्व भाषा हिन्दी स्थिति और संभावनायें	–सं० अवधेश मोहन गुप्त, सुशीला श्रावन्ती
२०. बहुद्देश्यीय बृहत् पर्यायवाची कोष	–डॉ० भोला नाथ तिवारी
२१. हिन्दी और भारतीय भाषायें	–सं० भोला नाथ तिवारी, कमल सिंह
२२. साकेत	–मैथिलीशरण गुप्त
२३. कामायनी	–जयशंकर प्रसाद
२४. हिन्दी साहित्य का इतिहास	–आचार्य रामचन्द्र शुक्ल
२५. पृथ्वीराज रासो	–चन्दबरदायी
२६. सूर सागर	–सूरदास
२७. बीजक	–कबीर
२८. रामचरितमानस	–तुलसीदास
२९. बिहारी सतसई	–बिहारी
३०. आल्हखण्ड	–(परम्परागत)
३१. साहित्य दर्पण	–शालग्राम शास्त्री
३२. शिवसिंह सरोज	–शिव सिंह सेंगर
३३. द माडर्न वर्नेक्युलर लिट्रेचर ऑफ हिन्दुस्तान	–जॉर्ज ग्रियर्सन
३४. परमाल रासो	–जगनिक
३५. कीर्तिलता, कीर्तिपताका	–विद्यापति
३६. बीसलदेव रासो	–नरपति नाल्ह
३७. विजय पाल रासो	–नल्ह सिंह
३८. गुरु ग्रंथ साहब	–सं० गुरु अर्जुन देव जी
३९. अनभेवाणी	–रविदास
४०. सुख सागर	–मलूकदास

४१. पद्मावत, आखरी कलाम —मलिक मौहम्मद जायसी

४२. मृगावती —कुतबन

४३. मधुमालती —मंझन

४४. चित्रावली —उस्मान

४५. इन्द्रावती —नूर मौहम्मद

४६. राम लला नहछू, गीतावली, विनय पत्रिका, पार्वती मंगल, बरवै रामायण —तुलसीदास

४७. परमानन्द सागर —परमानन्द दास

४८. छन्द हार पिंगल —मतिराम

४९. पिंगल प्रकाश —रघुवर दयाल

५०. छन्द मंजरी —पद्माकर

५१. छन्दोवर्णन —भिखारी दास

५२. पिंगल पीयूष —परमानन्द

५३. राम चन्द्रिका, रसिक प्रिया —केशवदास

५४. कविकुल कल्पतरु —चिन्तामणि

५५. रसराज, ललित ललाम फूलमंजरी —मतिराम

५६. शिवा बावनी, छत्रसाल दशक —भूषण

५७. सुजान सागर, विरह लीला, कोकसार —घनानन्द

५८. राग रत्नाकर, देवशतक —देव

५९. प्रबोधपचासा, गंगालहरी, जगद्विनोद —पद्माकर

६०. आँसू, अजातशत्रु, स्कन्दगुप्त, ध्रुवस्वामिनी —जयशंकर प्रसाद

६१. वीणा, ग्राम्या, युगान्त —सुमित्रा नंदन पंत

६२. राम की शक्तिपूजा, सरोज-स्मृति, परिमल, अपरा, अप्सरा, लिली —सूर्यकान्त त्रिपाठी 'निराला'

६३. यामा, नीहार, रश्मि, नीरजा, दीपशिखा –महादेवी वर्मा

६४. रामायण –आदि कवि वाल्मीकि

६५. महाभारत –महर्षि वेद व्यास

६६. हिन्दी साहित्य का इतिहास –डॉ० हुकुमचन्द राजपाल

ऐसे ही अनन्य कवि तथा लेखक पढ़ने का अवसर मिला जिनके अनमोल-अतोल ख़जानों में से कुछ खोजने का प्रयास किया है। इन सबका मैं पूरे मन से ऋणी हूँ।